数字化转型与智能制造丛书

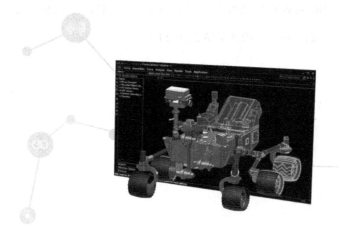

复杂装备系统数字孪生
赋能基于模型的正向研发和协同创新

方志刚 ◎ 编著

李斌 张露 ◎ 审校

机械工业出版社
CHINA MACHINE PRESS

图书在版编目（CIP）数据

复杂装备系统数字孪生：赋能基于模型的正向研发和协同创新 / 方志刚编著 . —北京：机械工业出版社，2020.11（2024.11 重印）

（数字化转型与智能制造丛书）

ISBN 978-7-111-66958-6

I. 复… II. 方… III. 制造工业－数字化－研究－中国 IV. F426.4-39

中国版本图书馆 CIP 数据核字（2020）第 228911 号

复杂装备系统数字孪生
赋能基于模型的正向研发和协同创新

出版发行：机械工业出版社（北京市西城区百万庄大街 22 号　邮政编码：100037）	
责任编辑：王　颖　曲　熠	责任校对：李秋荣
印　　刷：中煤（北京）印务有限公司	版　　次：2024 年 11 月第 1 版第 7 次印刷
开　　本：170mm×230mm　1/16	印　　张：19.5
书　　号：ISBN 978-7-111-66958-6	定　　价：79.00 元

客服电话：（010）88361066　68326294

版权所有·侵权必究
封底无防伪标均为盗版

编委会

丛书主编 梁乃明
主　　编 方志刚
副 主 编 陈铁峰　张旗利　王　雷
编　　委 何安定　张　钊　窦云江　崔继凯　黄益民　闫红军
(排名不分先后)　李荣跃　郭　然　石银明　乔玉京　李志明　万晓峰
　　　　　　詹福良　王　贺　张智渊　张　伟　曹翠莲　樊小莉
　　　　　　高　琢　赵　珵　钟　剑　叶　枭　乔英杰　李海龙
　　　　　　李建辉　高　寒　孙卫青　陈　阳　张长辉　李　军
　　　　　　金　涛　刘　俊　王　坤　武建国　赵大泉
审　　校 李　斌　张　露

序言一 | Foreword

中国制造必须从逆向工程为主转型到正向研发为主

快速浏览方志刚博士的新著，便深为此书所吸引。

几年前，我曾经访问一家著名的国有企业。在车间参观时，陪同的一位企业高管告诉我，他们的数字化水平与国外同行差距不大。我随即问到产品的水平如何，他的回答使我大吃一惊——与国际领军企业的产品差距约30年。中国近些年推进智能制造，总体上成效似乎不错。但就产品的创新（尤其是原创）而言，令人颇为揪心。看看工业世界的万千产品，属于中国首创的寥寥无几。这对身处制造大国的我们而言，是一件值得深刻反思的事情：中国要为世界未来的工业文明贡献什么？明天为全球、为人类增添福祉的创新机遇在哪里？

人类技术文明历经了农业文明、工业文明、互联网文明，正在进入新的阶段——"智能文明"时代。今天，智能制造已成为全球制造业的发展趋势和中国制造强国的战略方向，正在引领新一轮的制造业革命。

我国很多企业在推进智能制造的过程中，需要改变忽视智能化产品创新的现象。智能化产品已经不再是单纯的机电系统，而是复杂的机电软系统，"软件定义世界，数据驱动未来"的趋势越来越明显。大众CEO Herbert Diess博士在2019年达沃斯的"世界经济论坛年会"上表示："在不远的将来，汽车将成为一个软件产品，大众也将会成为一家软件驱动的公司。"可以断言，未来的产品创新大多离不开软件的创新。本书正是聚焦于产品的正向研发和协同创新，书中从产品开发思维模式的转化，到产品定义、创成式设计、建模仿真等，无一不关乎软件。

第四次工业革命的核心理念是CPS（Cyber Physics System），即数字与物理世界的深度融合，而最能反映CPS理念的非数字孪生（digital twin）莫属。数字孪生是指以数字化方式创建物理实体的虚拟模型，借助数据和模型模拟来改善物理实体在现实环境中的行为或性能。智能产品的研发需要利用数字孪生技术，发现潜在问题，激发创新思维，并不断追求优化进步。

数字孪生需要基于模型的系统工程（Model Based Systems Engineering，MBSE）方法，MBSE 是在复杂产品的背景下进行协同产品开发的最佳方法。NASA 讲的"fly before built"（建造前飞行）就是指开始并没有制造，而是在虚拟数字环境下基于模型去设计、制造、试验等，这样就可以看到最终场景，并在整个过程中不断完善需求，不断适应变化，这就是基于模型的系统工程所带来的巨大变革。作者创造性地提出了复杂装备系统新一代 MBSE，即 iMBSE（integrated MBSE）的先进理念，并将系统模型、领域模型和系统生命周期管理（SysLM）三者有机地统一起来，进而实现基于模型的方法在整个工程中的应用，极大地拓展了传统系统工程和 MBSE 的内涵，为复杂装备系统研发模式的数字化转型提供了完备的理论指导和切实可行的实现路径。

书中系统地介绍了复杂装备系统研发模式的变革历程，国外在研发体系数字化转型方面的探索，创新的三大思维模式，基于 iMBSE 的复杂装备系统正向研发体系、流程和方法，以及支撑研发模式数字化转型的关键技术——数字孪生和数字线程（digital thread），并通过火星车 2030 数字化工程实践验证（POC）为读者展示了 iMBSE 的应用场景，相信能够为有志于研发模式数字化转型和提升自主研发能力的企业提供巨大的参考价值。

数字孪生需要众多数字-智能技术的支撑，读者从此书中可以领略数字前沿技术的不同应用。例如：增强现实（AR）、混合现实（MR）技术应用在诸如协同设计、装配、运维等场景；拓扑优化、创成式设计提供了区别于传统经验式设计模式的创新设计方案，实现创新设计的自动化与智能化，即智能设计；3D 打印技术让制造企业不再受传统工艺和制造资源的约束，在"设计即生产""设计即产品"的理念下，为企业追求"创造无极限"拓展了产品创意与创新空间；多学科优化和设计空间探索可以极大地拓展设计师的设计空间，帮助设计师充分探索和利用系统中相互作用的协同机制，从而快速找到复杂装备系统的优化设计……随着越来越多新技术的融入，相信将进一步推动智能产品研发的革命。

特别值得一提的是，作者深厚的理论功底和他在世界制造业/软件行业巨头西门子公司的供职，使得此书成为同类著作中的佳作。从数字-智能技术（如数字孪生）的发展历程和演进，到前沿新技术（如 iMBSE）的探索，均体现了作者对数字-智能技术领悟的广度和深度。另外，此书的一大亮点便是丰富的案例，包括西门子公司在数字孪生等方面的探索和实践。这些都是值得中国学界和工业界读者学习和借鉴的。

中国欲从制造大国转型为制造强国，要点之一当是从产品逆向工程转型为正向研发，而数字孪生的应用又是其关键。相信本书将对数字孪生技术在中国工业界的应用以及推动中国企业的产品正向研发和协同创新产生重大影响！

李培根

中国工程院院士

中国机械工程学会理事长

华中科技大学教授

2020 年 10 月

Foreword 序言二

倡导基于数字孪生的正向研发，努力建设创新型国家

亲爱的各位读者：

虽然目前是信息爆炸的时代，网络信息很丰富，但我仍然要向各位强烈推荐本书。

大家知道，改革开放以来，我们用短短40年的时间，基本全面实现了工业化，并力图在第四轮工业革命过程中担当排头兵。作为排头兵，我们要攻入"无人区"，但是我们没有现成的经验可以参考，也没有地图和罗盘，因此必须从现在的以逆向工程为主的创新模式转型到真正的正向研发，实现从0到1的突破，为人类知识的大厦添砖加瓦。唯有如此，我们的企业才能发展成为真正意义上的创新型企业，我们的国家才能建设成为真正意义上的创新型国家。

第四轮工业革命时代的核心技术特征是众多工程学科和数字科技的大融合，我们需要学习的东西很多，很容易淹没在知识海洋里（有许多可能是粗制滥造的知识）。如果有一本书能帮我们快速鸟瞰全貌，建立清晰的知识层次结构，做到"心中有数"，那么对于提高学习效率和工作效率将有很大帮助。本书就具有这样的鲜明特点，它是国家重点研发计划"网络协同制造和智能工厂"重点专项2019年度课题的成果之一，研究过程历时两年多，有30多名专家参与其中。他们花费大量时间研究了世界众多领先的大学、研究机构和创新型企业的理论和实践，基于系统工程的思路和框架进行总结，并用成熟的数字孪生技术验证其可操作性。他们参考了诸如麻省理工学院（MIT）航空系主任Edward Crawley教授的著作《系统架构：复杂系统的产品设计与开发》、国际系统工程学会的OOSEM方法论、欧洲航天局的ARCADIA方法论和Capella系统建模工具，以及系统工程钱学森学派的成果，利用西门子工业软件（包括但不限于系统建模与分析工具SMW、结构/电子/电气/网络/软件领域的建模和仿真验证工具Simcenter、系统生命周期管理与快

速迭代平台 Teamcenter 等）进行对照实验，并结合火星车 2030 进行了实践验证。

  本人从 20 世纪 80 年代初开始从事软件研发和应用工作，在近 40 年的时间里，在北美和亚太区积极推动企业数字化转型，亲历了中国企业在金融业、电信业、能源业和制造业的数字化历程，看到中国企业从"小学生"成长为今天的"大学生"，自主创新、独立创造的势头日益强劲。历史已经发展到中国人向世界展示聪明才智的时候了！数字孪生这一技术给了我们强大的助力，可以帮助我们自信、高效地开展正向研发，努力建设创新型国家！

梁乃明（Leo Liang）
西门子工业软件全球高级副总裁
兼大中华区董事总经理
2020 年 4 月

Preface 前言

从自动化、数字化到智能化，追求日臻完美的复杂装备系统数字孪生模型

有位作家说过，前言可能是一本书中唯一多余的章节。"Talk is cheap, show me the code"（能说算不上什么，有本事就把你的代码给我看看），Linux创始人Linus Torvalds的这句话可谓一针见血。在"buzzwords"（概念）创新充斥各个角落时，我们需要坚持"能畅想'智能+'算不上什么，有本事就把你的数字孪生模型给我看看"的理念。换句话说，你所谈的"孪生"，是如同《龙兄鼠弟》里面的"孪生"，还是如同镜中映像的完美"孪生"？

2013年，德国提出的第四轮工业革命"工业4.0"，以比我们想象中更快的速度将设想变成当下的现实。云、大、物、移、智等新技术和制造业的交融，自动化和数字化的"两化融合"，机器学习在语音识别、图像识别、数据挖掘等诸多领域的应用，新材料、新工艺、新能源的技术突破，正在让制造业变得更柔（大规模柔性定制）、更软（软件定义一切）、更美（绿色环保）。一个物质极大丰富、全面智能化的新时代正在加速到来。

要在"工业4.0"时代生存和发展，制造业企业必须成功地进行数字化转型，成为一个软件定义的平台型企业，把产品重构为软件定义的可重构平台。制造平台型企业的核心是产品、工厂、企业的数字孪生模型，有了"数字孪生"，才能通过并行工程和快速迭代，用数字的消耗替代能源和物质的消耗，才能"多快好省"（T、Q、C、S、E综合优化）地实现产品创新和精益生产，以可接受的成本为消费者提供个性化消费体验，实现可持续盈利性增长，形成强大的市场竞争能力。

工业科技的发展是演进的，让我们简单回顾一下历史。"二战"前后，工程师认识世界和改造世界的"三论"——系统论、控制论、信息论逐渐成熟，在机械化和电气化的基础上，引发了第三轮工业革命。自动控制理论也从经典控制逐步发展到现代控制、计算机控制，直到今天兴起人工智能的第三轮浪潮。"工业4.0"时代，如何对企业系统进行建模和仿真——开发其"数字孪生"模型？

著名科学家钱学森先生在 1990 年发表的一篇文章《一个科学新领域——开放的复杂巨系统及其方法论》中为我们指明了方向。"当前人工智能领域中综合集成的思想得到重视，计算机集成制造系统（Computer Integrated Manufacture System，CIMS）的提出与问世就是一个例子。在工业生产中，产品设计与产品制造是两个重要方面，包括若干个环节，这些环节以现代化技术通过人机交互进行工作。以往设计与制造是分开进行的。现在考虑将两者通过人工智能技术有机地联系起来，将制造过程中有关产品质量的信息及时向设计过程反馈，使整个生产灵活有效，同时保证产品的高质量。这种将设计、制造甚至管理销售统一筹划设计的思想，恰恰是开放的复杂巨系统的综合集成思想的体现。"

2002 年，Michael Grieves 博士在密歇根大学和 NASA 研讨会上第一次提出"数字孪生"（digital twin）的理念。他认为，随着复杂性的日益增加，现代产品系统、生产系统、企业系统本质上均属于复杂系统。为了优化、预测复杂系统的性能，我们需要一个可观测的数字化模型，一个产品的综合性的、多物理场的数字表示，以便在产品的整个生命周期中维护并重复使用在产品设计和制造期间生成的数字信息。数字孪生在设计和制造过程中建立，并在产品生命周期中持续演进。一旦产品投入使用，其全生命周期历史将包括状态数据、传感器读数、操作历史记录、构建和维护配置状态、序列化部件库存、软件版本以及更多提供服务和维护功能的完整产品图像。通过数字孪生可以分析产品的当前状态和性能，以调度预防和预测维护活动，包括校准和工具管理。结合维护管理软件系统，数字孪生可以用于管理维修部件库存，并且指导技术服务人员完成现场修理、升级或维修。通过数据库中积累的实例，工业大数据分析工程师可以评估特定系列设备及其部件，并反馈给产品设计和工艺设计环节，用于产品和工艺的持续改进，形成闭环数字孪生（closed loop digital twin）。

作为工业数字化全球领军企业，2007 年，西门子明确了"融合物理世界和虚拟世界"的战略愿景，通过一系列研发投资和战略并购，具备了支持"从芯片到城市"，综合性、多物理场、闭环的数字孪生技术，帮助客户实践集成的基于模型的系统工程（integrated Model Based Systems Engineering，iMBSE）。为了消除研制过程中的浪费，iMBSE 使用 3D 数模和技术数据包（Technical Data Package，TDP）作为产品全生命周期的单一模型。3D 数模由基于模型的产品定义（Model Based Definition，MBD）生成，加上产品管理信息（Product Management Information，PMI），理论上可以从三维拓展到无穷维。这个单一模型 TDP 可以在全企业范围内进行分享和自由流动，保障产品全生命周期内快速、无缝、自由的数据流动。如果一个企业实现了 TDP 在其内部部门间及其生态系统中的自由流动，我们即称之为 iMBSE。本书探讨的复杂装备系统主要指的是光机电软液控系统，如箭弹星船、飞机、汽车、铁路机车、高科技船舶、工程机械、重型机械、医疗器械、光刻机、耐用消费品、汽车/消费电子产品等。

实施针对复杂装备系统 iMBSE 的闭环数字孪生，需要分别支持产品系统、生产系统、运行系统的数字孪生模型，并实现三大系统模型的一体化整合。若希望以高精度、高可信度建立这三类模型，我们认为，需要理论和实践的创新：在产品系统数字孪生领域，要发展新一代 MBSE，用于预测物理结构和特征、物理绩效特征、环境响应、失效模式等；在生产系统数字孪生领域，要利用生产系统工程（Production System Engineering，PSE），对各生产系统要素、产线、车间、供应链系统进行建模和仿真，用于优化物理布局和特征、产能和利用率、产出和节拍；在运行系统数字孪生领域，要打造工业物联网（Industrial Internet of Things，IIoT），提供物理系统的实时运行状态，优化运营水平，预测维护，并对设计进行验证。

为了加速中国从制造大国转型为制造强国，以及实现产品从逆向工程转型为正向研发的梦想，西门子工业软件大中华区技术团队组织专家顾问和航天科技集团有关专家，在总结多年实战经验的基础上，适当加以抽象，编写了"数字孪生"系列书籍，以供智能制造、工业互联网、工业人工智能领域的政产学研各界读者参考。

一、新一代基于模型的系统工程

对于光机电软液控系统这类复杂装备系统，其数字孪生要实现从"形似"到"神似"，才能加速产品创新过程。过去四五十年间，全球 CAD/CAM/CAE 领域为此做了持续的努力，如今三维 CAD 数模和几何样机渲染已经能达到逼真的水平。本书重点关注如何把复杂装备系统的数字孪生做到"神似"，以有效地协助利益攸关者认识、预测和优化复杂装备系统。

要做到"神似"，须在从"基于文档"的系统工程提升到"基于模型"的系统工程的基础上，进一步演进到"新一代 MBSE"。我们认为，新一代 MBSE 应该是多层次的（整机系统功能架构、领域系统架构、领域模型）、多物理场的、动态的、闭环的数字孪生，由计算机对设计空间自动寻优，并由一个数字线程（或称数字神经）系统支持设计方案的快速迭代。模型的复杂度、精确度和实时性随着产品生命周期的演进逐步提升。要实现基于数字孪生的正向研发理念，需要建设两个基础平台，即全生命周期的管理平台以及基于云和物联网的资源共享平台，并且提供三个维度的技术支撑——不同研发阶段的协同，不同子系统之间的集成，不同领域和不同学科之间的耦合。

在系统架构建模层面，MIT 教授 Edward Crawley 领衔撰写的《系统架构：复杂系统的产品设计与开发》从形式和功能两个方面深入讲解了如何分析系统，并给出了创建良好系统架构的指导原则。国际系统工程学会（INCOSE）则列出了各种主流的建模语言、方法论和工具。本书中的实例采用西门子公司提供的 System Modeling Workbench，并采用西门子的 Simcenter 1D、3D 和 Test 支持 FMI/FMU 2.0 标准的实现。

在领域模型层面，随着计算能力遵从摩尔定律发展，包括有限元分析（FEA，或有限单元法）、有限差分法、边界元方法、有限体积法的数值分析（计算数学）工具的成熟，可以解决工程中遇到的大量问题，其应用范围从固体到流体、从静力到动力、从力学问题到非力学问题。事实上，有限单元法已经成为在已知边界条件和初始条件下求解偏微分方程组的一般数值方法。有限单元法在工程上的应用属于计算力学的范畴，而计算力学是根据经典力学中的理论，利用计算机和各种数值方法解决力学中实际问题的一门新兴学科。它横贯力学的各个分支，不断扩大各个领域中力学的研究和应用范围，同时也逐渐发展出自己的理论和方法。例如，柔性多体动力学仿真考虑实际系统中某些运动部件的弹性无法忽略——甚至是主要动力学行为的来源，利用西门子 Simcenter 3D 可以将有限元法（FEM）与多体动力学仿真（MBS）软件深度整合起来，只需要定义相关部件的受力和边界条件，其余的都是内部作用，既节省工作量又能得到较为真实可信的结果。其他学科的工具包括 Simcenter 1D（多物理域分析仿真）、Fibersim（复材）、Capital（电气）、Polarion（软件）、MADe（软件）、Infolytica（电磁）、STAR CCM+（流体力学和传热学）等。

有一个重要的问题，近几年兴起的机器学习（人工智能）能否用于复杂装备系统的数字孪生模型？

机器学习是人工智能的一个分支，简单地说，就是通过算法使机器从大量历史数据中学习规律，从而对新的样本进行智能识别或对未来进行预测。常见的机器学习算法有神经网络（neural network）、支持向量机（Support Vector Machine，SVM）、boosting、决策树（decision tree）、随机森林（random forest）、贝叶斯模型（Bayesian model）等。其实，在深度学习浪潮掀起之前，力学和工程领域早已开始在计算力学研究中结合神经网络模型开发更优的算法，一个典型的例子便是有限元神经网络模型。由于在实际工程问题中存在大量非线性力学现象（如在结构优化问题中），需要根据需求设计并优化构件结构。这是一类反问题，这些非线性问题难以用常规的方法求解，而神经网络恰好具有良好的非线性映射能力，因而可得到比一般方法更精确的解。

将有限元与神经网络结合的方法有很多，比如针对复杂非线性结构的动力学系统建模问题，可以将线性部分用有限元进行建模，非线性部分用神经网络描述

（如输入非线性构件状态变量，输出其恢复力），再通过边界条件和连接条件将有限元模型部分和神经网络部分结合，得到混合模型。另一种方法是先通过有限元建立多种不同的模型，再将模态特性（即最终需要达到的设计要求）作为输出变量，将对应的模型结构参数作为输入变量，训练神经网络，利用神经网络的泛化特性得到设计参数的修正值。结合蒙特卡罗方法进行多组有限元分析，将数据输入神经网络中进行训练，可以用来分析结构的可靠度。

二、基于模型的生产系统工程

PSE 经历了从人工劳动到采用机械自动化设备，进而采用计算机的发展过程。值得一提的是，20 世纪 70 年代兴起的分布式控制系统（Distributed Control System，DCS，或称集散控制系统）实现的从单机到联网是一个巨大飞跃。DCS 是一个由过程控制级和过程监控级组成的以通信网络为纽带的多级计算机系统，综合了计算机、通信、显示和控制技术，其基本思想是分散控制、集中操作、分级管理、配置灵活以及组态方便，在大型复杂工厂运行管理方面得到了广泛应用。20 世纪 80 年代末 90 年代初，CIMS（计算机集成制造系统）被寄予厚望。CIMS 是通过计算机软硬件，综合运用现代管理技术、制造技术、信息技术、自动化技术、系统工程技术，将企业生产全部过程中有关的人、技术、经营管理三要素及其信息与物流有机集成并优化运行的复杂大系统。

本质上，CIMS 基于复杂系统工程理论，试图建立整个企业系统的数字孪生模型，它面向整个企业，覆盖企业的多种经营活动，包括生产经营管理、工程设计和生产制造各个环节，即从产品报价、接受订单开始，经计划、设计、制造直到产品出厂及售后服务等全过程。CIMS 一般需要五大子系统，即产品生命周期管理系统（PLM）、企业资源计划系统（ERP）、制造执行系统（MES）、自动化物流系统和自动化生产线系统。PLM 又可以分为计算机辅助设计和计算机辅助工程系统（CAD/CAE）、计算机辅助工艺设计系统（CAPP）、计算机辅助制造系统（CAM），而自动化生产线系统主要包括柔性制造系统（FMS），以及数控机床（NC、CNC）、机器人等。CIMS 将信息技术、现代管理技术和研制技术相结合，并应用于企业全生命周期的各个阶段，通过信息集成、过程优化及资源优化，实现物流、信息流、价值流的集成和优化运行，达到人（组织及管理）、经营和技术三要素的集成，从而提高企业的市场应变能力和竞争力。

为了推动 CIMS 系统集成，MESA 制定了 ISA-95 标准框架。ISA-95 把企业系统分成如下几层：L0（现场/机台层），L1（控制层，PLC、传感器和作动机构），L2（操作层，SCADA/HMI），L3（工厂层，MES、批记录、历史数据），L4（企业层，

ERP、PLM、工艺)。一般来说，L1 和 L2 是自动化层，L3 和 L4 是数字化层。在自动化层，比如在西门子成都电装工厂、汽车焊接车间，最关键的是报警、安全都要实现实时处理。自动化要求在 L1 和 L2 层实时处理和优化数据，通过 L3 MES 进行数采以后，再分析、判断并进行处理。MES 是 IT 和 OT"两化融合"的一个结合点，关键点在于数采。

现在，数字化制造为什么要进化到智能化制造？在数字化已经非常强大的平台上，智能化制造还能带来哪些效益？它的关键点在哪里？智能化制造的本质就是让工业生产线和主要的设备有自学习、自适应和自判断能力。这就是智能制造和数字化制造的根本区别。人工智能、边缘计算和网络数据信息安全这三个关键点缺一不可，网络和数据安全也非常关键。由于系统是纵向集成的，因此黑客在侵入后可以直接破坏底层的传感器和执行机构。如果对黑客攻击的防范不到位，底层的设备和自动化就有可能被破坏。

西门子智能制造平台已经实现了智能化。西门子于 2019 年年初正式发布了边缘计算和人工智能相关产品，实现了 AI 处理器并行在自动化底层总线上。以西门子成都工厂为例，它是生产 PLC 的电子装配工厂。该厂主要生产 PCB，然后进行封装、测试，PLC 控制器的模块接到总线上就可以运行。PCB 的最后一个重要工序是检测，或者叫质量门。对于 PCB，经过前面十几道工序，为了检测焊接质量，最后要上一台 X 光机，通过机器视觉技术进行拍照，检验这个 PCB 的所有焊接点是否合格。X 光机是一个瓶颈，而且价格昂贵。每天有一万片 PCB 从流水线下到总装这个检测工序，需要四台 X 光机并行才能完成这些 PCB 的检测工作。西门子和 Intel 合作研发的人工智能芯片并行在 PLC 生产过程中，这个芯片在前面十几道工序中采集所有焊接点的工业参数，包括压力、温度、电压、电流等，通过大数据分析，再与 X 光机拍出的每一张照片进行比对。在云端通过深度学习的训练，建立工业参数和合格率的逻辑关系，转化成一种算法并植入 AI 芯片，它与 PLC 并行，相当于最后一道工艺前面的总控制开关。芯片根据比对数据做出决策，发现 40% 的产品实际上不需要 X 光机检测这道工序，根据前面的工艺参数就可以决定这 40% 的产品直接旁路，这样能大幅度减少 X 光机的使用，大大提升生产线效率。这既节约了投资，又提高了效率，这就是人工智能的作用。

进一步考察，对汽车制造业而言，人工智能到底有什么作用呢？现在无论是整车制造、焊接工艺还是总装车间，实际上更加复杂，因为其中包含很多手动工位、半自动工位以及混合的人机协作等。这需要大量的数据，而且在现场就要处理，让机器做出判断和决策，不能等到 L3 再做，否则就不是实时决策了。因此，需要实时决策才能提高产能和效率。

以电池制造行业为例。电池的电芯制造中有一道工艺是裁布，裁布以后涂布，涂布之后进行卷绕、切割，形成电芯，再加电极并进行焊接等。裁布这道工艺非常重要，因为裁的是金属而不是通常的布料。金属布料裁下来以后产生的毛刺可能有各种排列，如果有尖峰，卷绕以后就会戳破绝缘层，导致电芯不合格。这个问题该如何处理？不可能再等 MES，而是需要利用机器视觉技术，并且是高速的机器视觉技术，实现一分钟检查两米布。通过高速的机器视觉技术来判断一段布裁下来以后产生的毛刺是否合格，这需要进行大数据分析。利用过去几万米布的毛刺数据，采用最小二乘法，并将算法写入 AI 处理器，实现了处理器的快速、准确决策。

再以汽车焊接工艺中的激光焊为例。如果 15 厘米的焊缝有一千个焊珠，用激光焊枪几秒钟就可以完成操作。但要在下一道工序之前快速判断是否合格，仍要借助机器视觉技术。机器视觉技术和 PLC 控制的程序不同：PLC 程序编写后在 PLC 里运行，通过逻辑控制就可以实现；而机器视觉技术必须利用人工智能，通过边缘计算来解决这些问题，从而提高效益。这在汽车制造行业已经有非常多的实践。这些关键决策点决定了是否能够提高效益和产能，同时减少人力和人工。以上两个例子都是完全不可能由人来胜任的，因此，减少人工的好处不仅在于减少人力成本，还在于减少差错（理论上降低为零），提高效益。

再举一个例子，德国某豪华车总装车间已经开始试点，把总装中所有的拧紧操作（包括一个角度参数和一个力矩参数）通过 AI 技术在工厂的不同工位进行分配和判断，然后在底层实时处理这些数据。之后通过 OPC 协议，将数据打包后再传送上去。就拧紧、拧松这种数据而言，通过简单的边缘计算和人工智能模块完全可以实现现场处理。这就是智能制造，也就是从数字化工厂到智能制造的升级。

PSE 的另一个重点是工艺数字化模拟仿真，包括虚拟调试，这对现在的数字化企业来说已经成为一个非常成熟且基本的工具和平台。西门子在平台研发上投入巨大，集成商和用户可以在平台上展开自己的想象，因为客户最懂工艺。客户懂工艺，可以提出对算法的要求；西门子懂平台，可以集成这样的算法。双方在算法上达成一致以后，将其植入边缘计算和处理芯片，在工艺上进行验证和实施。所有算法由线体商、集成商和最终用户一起讨论决定，最后可以形成基于线体商或者最终用户自主知识产权的算法和工艺流程，即优化后的工艺流程。

三、工业物联网

与处理大量的实时数据不同，工业物联网可以把边缘计算、人工智能以及 MES 数据放在云上。在进行大量的数据分析以后反馈给工艺产线，甚至反馈到原始设计端来进行产品的生命周期优化，进而实现产线、工艺过程和经营、生产管理过程的优化。这是一个更大的开放平台的概念。西门子工业物联网 MindSphere 已经于 2019 年 4 月入驻阿里云。在这个云平台上，边缘通过 ping 口直接与互联网相连，用户可以利用边缘计算和 AI 技术对数据包进行处理，并直接上传到云端。实际上，这个互联网需要云存储和云计算，因为它的数据量太大，本地服务器解决不了这些问题，必须采用开放式开发平台。这个操作平台的架构、操作系统和推荐的编程语言（Java 和 C++）都已经确定，主机厂、集成商、线体商在平台上可以自己做应用开发，也可以委托第三方，当然也可以委托西门子。这样就形成了一个完整的闭环，即智能制造平台。

当然，智能制造不等于整个工厂、所有机器都能够自学习，所有人和机器都可以相互直接协作，机器能读懂人的每个动作，等等。目前还达不到这个程度，可能也没必要达到这个程度。实际上，边缘计算和人工智能带来的真正效益是提高生产效率、减少设备投入，真正减轻人员的负担并降低错误率。如果能够做到这些，就可以说达到了整个智能制造的要求。

本书在编写过程中借鉴了大量文献的精华，包括《基于模型的数字化企业白皮书》（2012）、《工业 4.0 实战：装备制造业数字化之道》（2015）、《智能制造之路：数字化工厂》（2016）、《智能制造之虚拟完美模型：驱动创新与精益产品》（2017）、《数字孪生实战：基于模型的数字化企业（MBE）》（2019）。随着西门子数字化工业整合虚拟世界和物理世界过程的不断深入，我们也在追求完美数字孪生模型的道路上不断前进。

本书是航天科技集团和西门子团队合作的结晶。机械工业出版社的王颖女士为此"跟踪"了我们长达两年，特别感谢出版社各位老师的专业、敬业、耐心的态度。在这里，编委会还要特别感谢戚锋博士和夏纬先生，是他们的远见和经验促进了我们对工业自动化和数字孪生两大领域相互交融的理解，得以"闭环"。此外，也感谢四位实习生在 2019 年暑假完成了优异的辅助编辑工作，他们是康奈尔大学吴雨珂、上海交通大学孙雪涵、加州大学赵祺丰、美国 Loomis Chaffee 高中邓泽智。

方志刚

西门子工业软件大中华区副总裁兼 CTO

2020 年 4 月

Contents 目　　录

序言一
序言二
前　言

第1章　复杂系统研发模式变革——立本趋时，数济天下 ………………………… 1

1.1　从伽利略到"好奇号" ……………………………………………………… 3
1.1.1　人类太空探索的历史和成就 ……………………………………………… 3
1.1.2　从"好奇号"看现代航天系统的复杂性 ………………………………… 7
1.1.3　"好奇号"的成功秘诀 …………………………………………………… 9

1.2　从 DBSE 到 MBSE 和 iMBSE ……………………………………………… 11
1.2.1　系统工程及航天系统工程应用 …………………………………………… 11
1.2.2　航天系统复杂性演进对传统系统工程的挑战 …………………………… 13
1.2.3　复杂系统驱动系统工程转型 ……………………………………………… 14

1.3　从物理试验、建模与仿真到数字孪生 ……………………………………… 19
1.3.1　物理试验 …………………………………………………………………… 19
1.3.2　建模与仿真 ………………………………………………………………… 20
1.3.3　数字孪生 …………………………………………………………………… 23

1.4　从第一范式到第四范式 ……………………………………………………… 27
1.4.1　吉姆·格雷和科学研究的"四个范式" ………………………………… 27
1.4.2　人工智能及其研究领域 …………………………………………………… 28
1.4.3　人工智能在复杂系统研发中的应用 ……………………………………… 32

1.5 国外对研发体系数字化转型的探索 ································· 35
   1.5.1 美国数字工程 ·· 35
   1.5.2 欧盟框架计划项目 ·· 40

第2章 创新的三大思维模式——鼎新变通以尽利 ················· 46

2.1 设计思维 ·· 47
   2.1.1 设计思维的发展历程 ······································ 48
   2.1.2 设计思维的应用 ·· 49
2.2 系统思维 ·· 51
   2.2.1 系统思维的起源与发展 ···································· 51
   2.2.2 开展系统思维的步骤 ······································ 53
   2.2.3 钱学森的复杂巨系统理论 ·································· 58
2.3 数字思维 ·· 64
   2.3.1 数字思维的体系化：控制论、信息论和计算机 ················ 64
   2.3.2 数字思维的拓展：工程控制论等 ···························· 66
   2.3.3 数字思维无所不在：当代数据科学和人工智能新进展 ·········· 67
   2.3.4 数字思维在研发体系数字化转型中的应用 ···················· 68

第3章 iMBSE 概述——举其要而用功少 ······························ 71

3.1 iMBSE 定义 ·· 72
3.2 基于模型的方法 ·· 74
   3.2.1 正式模型 ·· 74
   3.2.2 以模型为中心 ·· 75
3.3 iMBSE 流程 ·· 76
   3.3.1 需求工程流程 ·· 78
   3.3.2 系统工程流程 ·· 79
   3.3.3 领域工程流程 ·· 81
3.4 iMBSE 内涵 ·· 82
   3.4.1 系统模型 ·· 84
   3.4.2 领域模型 ·· 87
   3.4.3 系统生命周期管理 ·· 88

第 4 章 产品定义——运行分析与系统建模 ·········· 89

4.1 系统工程发展演进的四个阶段 ·········· 90
4.1.1 第一阶段：基于文档或视图的系统工程 ·········· 90
4.1.2 第二阶段：Harmony-SE/OOSEM+SysML V1 ·········· 92
4.1.3 第三阶段：ARCADIA+Capella ·········· 95
4.1.4 第四阶段：OOSEM/ ARCADIA+SysML V2 ·········· 98

4.2 新一代 MBSE 方法和实践：ARCADIA/Capella ·········· 99
4.2.1 功能分解 ·········· 100
4.2.2 系统架构 ·········· 104

4.3 基于 ARCADIA 的火星车产品定义 ·········· 106
4.3.1 火星探索运行分析 ·········· 106
4.3.2 火星车系统功能定义 ·········· 107
4.3.3 火星车逻辑架构定义 ·········· 108
4.3.4 火星车物理架构定义 ·········· 110

第 5 章 创成式架构设计、探索和优化 ·········· 113

5.1 系统架构创成式设计和优化 ·········· 114
5.1.1 系统架构创成式设计理论 ·········· 114
5.1.2 火星车案例 ·········· 119

5.2 电子电气架构创成式设计 ·········· 123
5.2.1 电子电气架构创成式设计理论 ·········· 123
5.2.2 火星车案例 ·········· 126

5.3 领域架构设计 ·········· 131
5.3.1 多领域仿真架构 ·········· 131
5.3.2 电子电气系统架构 ·········· 132
5.3.3 嵌入式软件架构 ·········· 134
5.3.4 机械系统架构 ·········· 134

第 6 章 领域建模与仿真 ·········· 136

6.1 领域模型概述及研究进展 ·········· 137
6.2 机械领域模型 ·········· 142
6.2.1 机械领域模型概述 ·········· 142

6.2.2　从综合架构设计到 DFX 设计 ………………………………… 146
　　6.2.3　设计仿真一体化和仿真驱动设计 …………………………… 149
　　6.2.4　机电系统联合仿真模型 ……………………………………… 152
　　6.2.5　从零部件到系统级声学仿真模型 …………………………… 156
　　6.2.6　高级计算流体动力学性能仿真模型 ………………………… 158
　　6.2.7　基于模型的系统测试 ………………………………………… 161
　　6.2.8　集成行业专家知识的定制化 ………………………………… 162
　　6.2.9　火星车机械领域模型实践 …………………………………… 165
6.3　电子器件的实现——PCB 设计 ………………………………………… 171
　　6.3.1　PCB 设计 ……………………………………………………… 171
　　6.3.2　PCB 验证 ……………………………………………………… 174
　　6.3.3　火星车电气分配盒的 PCB 设计 ……………………………… 175
6.4　复杂电气系统的创成式设计 …………………………………………… 176
6.5　互联设备的高效通信——车载网络设计 ……………………………… 181
　　6.5.1　车载网络设计 ………………………………………………… 181
　　6.5.2　火星车网络设计 ……………………………………………… 184
　　6.5.3　ECU 的软件开发 ……………………………………………… 186
6.6　基于模型的软件架构设计 ……………………………………………… 190
　　6.6.1　开发流程 ……………………………………………………… 191
　　6.6.2　火星车软件架构设计 ………………………………………… 194
6.7　多学科仿真和设计空间探索 …………………………………………… 198
　　6.7.1　多学科仿真和设计空间探索综述 …………………………… 198
　　6.7.2　神经网络在系统仿真中的应用 ……………………………… 201
　　6.7.3　多物理场耦合模型 …………………………………………… 204
　　6.7.4　设计空间探索 ………………………………………………… 207

第 7 章　基于数字线程的系统全生命周期管理 ……………………………… 211

7.1　数字线程释放价值链潜能 ……………………………………………… 212
7.2　研发设计资源及模型定义 ……………………………………………… 214
　　7.2.1　研发设计资源建模及共享面临的困境 ……………………… 215
　　7.2.2　研发设计资源集成与共享平台的建设 ……………………… 217
　　7.2.3　复杂装备系统相关模型空间的表达 ………………………… 219
7.3　模型生命周期管理的要素 ……………………………………………… 220

7.3.1　模型生命周期管理及模型定义 ………………………………………… 221

7.3.2　模型生命周期管理要素 ………………………………………………… 223

7.3.3　模型存储、通信和安全技术 …………………………………………… 225

7.4　需求管理 …………………………………………………………………………… 227

7.4.1　复杂系统的需求管理 …………………………………………………… 227

7.4.2　需求管理的业务流程和方法 …………………………………………… 228

7.4.3　参数管理 ………………………………………………………………… 233

7.5　模型生命周期管理 ………………………………………………………………… 235

7.5.1　模型生命周期管理需求 ………………………………………………… 235

7.5.2　模型生命周期管理系统 ………………………………………………… 236

7.5.3　仿真模型生命周期管理 ………………………………………………… 238

7.5.4　试验模型生命周期管理 ………………………………………………… 244

7.6　模型连续的 IVVQ 流程和管理 …………………………………………………… 246

7.6.1　基于连续 IVVQ 的业务流程 …………………………………………… 247

7.6.2　基于连续 IVVQ 的数字孪生思想 ……………………………………… 248

7.6.3　基于连续 IVVQ 的验证管理方案 ……………………………………… 249

7.6.4　基于连续 IVVQ 的设计、仿真、试验一体化管理 …………………… 250

7.7　基于模型的质量工程 ……………………………………………………………… 252

7.7.1　智能复杂装备系统质量的新需求 ……………………………………… 252

7.7.2　基于模型的安全可靠性建模分析技术 ………………………………… 254

7.7.3　基于数字线程的安全可靠性管理 ……………………………………… 265

第 8 章　闭环数字孪生——依于数字，智周万物 …………………………………… 268

8.1　Hackrod：游戏化的工业 4.0 ……………………………………………………… 269

8.2　数据探索时代工业的特点 ………………………………………………………… 273

8.3　数据探索中的先进技术 …………………………………………………………… 274

8.3.1　智能网络 ………………………………………………………………… 274

8.3.2　基于模型的先进制造 …………………………………………………… 277

8.3.3　数据闭环 ………………………………………………………………… 279

8.4　从芯片到城市 ……………………………………………………………………… 283

参考文献 ……………………………………………………………………………………… 285

Chapter1 第 1 章

复杂系统研发模式变革——立本趋时，数济天下

我常常期盼
（它必须实现！）
一个电子生态圈，
我们自劳作中解放出来
回归自然，
回到我们的哺乳动物
兄弟姐妹身边，
被那慈爱的机器
照看。

——Richard Brautigan,
All Watched Over by Machines of Loving Grace，1967

易穷则变，变则通，通则久。

——《周易·系辞下》

本章导读

本章首先通过对人类科学技术和航天事业的历史和成就的回顾，引出现代航天装备系统日益增加的复杂性，并以美国国家航空航天局（NASA）火星探测器

"好奇号"为例，具体介绍系统复杂性的表现及成功应对这种复杂性的新一代数字化研发模式。

航天工程的发展离不开系统工程思想的成功应用，作为系统工程实施典范的诸多重大航天工程也在不断促进系统工程的标准化、体系化和成熟化。但随着现代航天装备系统日趋复杂化和智能化，传统基于文档的系统工程（DBSE）方法已难以满足要求，基于模型的系统工程（MBSE）方法日渐成为复杂产品背景下进行协同产品开发的最佳方法，推动着系统工程领域的变革。以模型为中心的系统工程方法可以进一步拓展应用到所有的工程领域，实现整个生命周期的集成的基于模型的系统工程（iMBSE），进而实现全生命周期的协同产品开发、多学科多属性的空间探索，以及基于数字线程技术的连续性闭环验证与确认。

传统的产品开发主要依靠物理试验，建模与仿真技术的广泛应用，实现了从"设计–试验验证–修改设计–再试验"反复迭代的串行研制模式到"设计–虚拟综合–虚拟试验–数字制造–物理制造"并行研制模式的转变。建模与仿真技术的终极应用是数字孪生，数字孪生技术借助系统集成的多学科、多尺度的概率性仿真，使用最好的可用物理模型、更新的传感器数据和历史数据等来反映与该模型对应的物理实体全生命周期的真实特性，从而帮助企业在研发过程中发现潜在问题、激发创新思维、不断追求优化进步，成为制造企业迈向工业 4.0 战略目标的关键技术。

科学革命的本质是范式转换。图灵奖得主吉姆·格雷（Jim Gray）提出将科学研究分为四个范式，依次为实验科学、理论科学、计算科学和数据探索科学。以大数据和人工智能（AI）为代表的第四范式，使人类从对因果关系的渴求，转而关注数据的相关关系，进而使人类认知方式产生新的变革。进入 21 世纪，人类已具有使人工智能成为现实的手段，人工智能开始深刻影响人类社会的各个领域，包括复杂系统研发等工程领域。

国外已经开始探索研发体系的数字化转型。美国国防部（DoD）数字工程战略的核心是基于模型的方法在工程中的应用，并且融入高性能计算、大数据分析、人工智能、自主系统和机器人等技术以提升工程能力，代表了数字化转型的最新实践。欧盟通过若干框架计划项目来实现研发模式的数字化转型，并特别强化了对环境和社会方面的考量，希望以此使欧盟在未来日趋激烈的国际竞争中保持领先地位。我国科技部支助的面向协同创新的集团企业研发设计资源集成和共享平台研究与应用项目（以下简称"研发设计资源集成共享平台项目"），正是我们面向复杂装备系统创新研发、继承及发展系统工程知识经验的尝试之作，寻求正确的流程、方法和工具。

数字化转型正当时。

1.1 从伽利略到"好奇号"

1.1.1 人类太空探索的历史和成就

人类社会的发展历程中，认识世界和改造世界始终是人类创造历史的两种基本活动。人类的活动领域经历了从陆地到海洋，从海洋到大气层，从大气层到宇宙空间的扩展过程。人类活动范围的每一次飞跃，都大大增强了人类认识自然和改造自然的能力，促进了生产力的发展和社会的进步，也帮助人类不断从必然王国向自由王国飞跃。在每一次飞跃中，科学技术都起到了至关重要的作用。

17世纪，伽利略第一个利用天文望远镜观测天体和大量天文现象，并从实验中总结出自由落体定律，开创了以实验事实为依据并具有严密逻辑体系的近代科学，证明了哥白尼"日心说"的正确性。伽利略主张用实验来认识自然规律，他承认物质的客观性、多样性和宇宙的无限性，这些观点对现代哲学也具有重要意义。后来，惠更斯继续了伽利略的研究工作，他导出了单摆的周期公式和向心加速度的数学表达式。牛顿在系统地总结了伽利略、惠更斯等人的工作后，在1687年出版的著作《自然哲学的数学原理》里，对万有引力和三大运动定律进行了描述，从而开创了牛顿经典力学体系，奠定了此后三个世纪里物理世界的科学观点，成为近代物理学和力学的基础。牛顿的万有引力定律和哥白尼的"日心说"奠定了现代天文学的理论基础，直到今天，人造地球卫星、火箭、宇宙飞船的发射升空和运行轨道的计算，都仍以之作为理论依据。

随着科技的进一步发展，人类认知不断产生新的飞跃。1859年达尔文出版了《物种起源》一书，以全新的生物进化思想，揭示了不同物种的变异是"自然选择"的结果，进化论的原则是"物竞天择，适者生存"。《物种起源》不仅开创了生物学发展史上的新纪元，使进化论思想渗透到自然科学的各个领域，而且引发了整个人类思想的巨大革命，在世界历史进程中有着广泛和深远的影响。1873年麦克斯韦出版《论电和磁》，预言了电磁波的存在，建立了电动力学和电磁场理论，并将电学、磁学、光学统一起来，与牛顿经典力学并称为经典物理学的两大支柱。1905年爱因斯坦发表了《论动体的电动力学》一文，提出了区别于牛顿时空观的新的平直时空理论，在相对性原理和光速不变原理的基础上，创立了狭义相对论，时间和空间都与物质运动相关，随着物质运动速度的变化而变化，空间和时间是物质存在的形式。狭义相对论在狭义相对性原理的基础上统一了牛顿力学和麦克斯韦电动力学两个体系。1915年爱因斯坦又提出了广义相对论。相对论严格地考察了时间、空间、物质和运动这些物理学的基本概念，给出了科学而系统的时空观和物质观，从而使物理学在逻辑上成为完美的科学体系。1900年德国人普朗克发表论文"论正常光谱的能量分布定律的理论",提出了量子假说,宣告了量子理论的诞生。爱因斯坦利用量子理论解释了光电效应,玻尔提出了有关原子的量子理论。量子力学标志着人类对客观规律的认识开始从宏观世界深入微观世界,与相对论共同构成了现代物理学的基本理论框架,深刻改变了人类认识世界的角度和方式。

关于人类的航天梦想,在我国古代就有"嫦娥奔月"的传说和"万户飞天"的故事。19世纪中叶,法国著名科幻作家凡尔纳的小说《从地球到月球》启发了现代航天先驱。进入20世纪,人类利用航天技术为探索宇宙的梦想而不懈努力。从1957年苏联发射第一颗人造地球卫星"斯普特尼克1号"(Sputnik-1)开始,在短短60多年的时间里,人类对太空的探索已取得了飞速发展——从人造卫星的应用到星际探索,从月球探险到火星、土星勘探计划再到彗星"深度撞击"。迄今为止,人类已经研制成功载人飞船、航天飞机等不同的载人航天器,将500多人送入太空,有12人登上月球,并已开始建造永久性载人空间站。2019年1月3日10时26分,我国"嫦娥四号"在月球背面成功软着陆。"玉兔二号"成为人类月面工作时间最长的月球车。

进入21世纪,在新一轮科技革命的推动下,人类航天事业更是阔步前行(图1-1)。2011年11月26日,NASA"好奇号"(Curiosity)火星探测器于从美国卡纳维拉尔角空军基地发射升空,于2012年8月6日成功降落在火星表面,展开火星探测任务。好奇号的主要任务是探测火星气候及地质,探测盖尔撞击坑内的环境是否曾支持生命,探测火星上的水,以及研究日后人类探索的可行性。2018年11月26日,"洞察号"(InSight)火星探测器成功着陆靠近火星赤道的Elysium平原西侧,并开始探测火星过去生成的过程、目前的地质活跃度以及陨石击中的频率。"毅力号"(Perseverance)火星探测器于2020年7月成功发射,预计2021年2月登陆火星,在火星的Jezero Crater火山口寻找古老的生命。发表在*Icarus*杂志上的一篇论文中提到,那里35亿年前就存在湖泊,火星探测器将在密封的管道中收集和存储岩石及土壤样本。关于火星是否拥有生命的谜底正在逐步揭开,登陆火星的梦想也将逐步实现。

SpaceX公司成立于2002年6月,是由埃隆·马斯克(Elon Musk)投资建立的一家美国太空运输公司。埃隆·马斯克是天才的创业冒险家和技术革新者。在马斯克的人生哲学中,他一直都在问自己同一个问题:"哪些事情最有可能影响人类的未来?"并且为此付诸实践。他说:"我想拯救人类,不是在开玩笑。"

埃隆·马斯克认为人类与其坐以待毙,不如成为多行星生物。马斯克的第一个目标是将100万人送上火星。事实上,他所有的商业布局都致力于这个目标:

太空运输公司 SpaceX 解决将人类送去火星，电动车公司 Tesla 解决火星移民后的交通和动力，太阳能系统公司 Solar City 解决去火星后的能源，研发超级隧道和胶囊列车的 The Boring Company 解决去火星后的运输，星链 Starlink 解决火星移民后的通信，在线支付服务商 PayPal 解决去火星后的商务，以及脑机接口研究公司 Neuralink 应对超级人工智能的威胁。这些公司无一不在深刻影响着人类的现在和未来。

图 1-1　"好奇号"和"洞察号"火星探测器成功登陆火星

SpaceX 公司自成立以来就在不断开创人类商业航天史的里程碑。2012 年 10 月，SpaceX"龙"飞船将货物送到国际空间站，开启私营航天新时代。2015 年 3 月，"猎鹰 9 号"火箭将世界上第一批全电动通信卫星送入预定轨道（图 1-2）。12 月，"猎鹰 9 号"火箭在成功将 11 枚微型通信卫星送入轨道后，将第一级火箭成功回收，这是"猎鹰 9 号"火箭首次实现发射、回收全过程，同时也是人类第一个可实现一级火箭回收的轨道航天器。2016 年 7 月，SpaceX 成功用"猎鹰 9 号"火箭将一艘货运"龙"飞船送上太空。2017 年 3 月，成功回收的"猎鹰 9 号"将卫星送入轨道，成为人类首个成功再利用的运载火箭。2018 年 2 月，在 NASA 的肯尼迪航天中心，SpaceX 成功发射猎鹰重型火箭——全世界目前最强大的运载火箭，将一辆特斯拉超级跑车送到轨道，并完美地进行了回收。2020 年 2 月，SpaceX 的一枚"猎鹰 9 号"火箭发射了第 5 批 60 颗"星链"（Starlink）卫星，并成功将这批卫星送上太空。SpaceX 计划于 2024 年发射载人航天器，并于 2025 年抵达火星，马斯克的愿望正在逐步实现。

在中国，第一颗人造地球卫星"东方红一号"于 1970 年在酒泉卫星发射中心成功发射，由此开创了中国航天史的新纪元。从 1999 年中国第一艘宇宙飞船"神舟一号"安全返回，到 2003 年"神舟五号"、2005 年"神舟六号"飞船完成载人航行；从 2007 年中国发射了第一颗探月卫星"嫦娥一号"，到 2019 年"嫦娥四号"成功着陆在月球背面预选着陆区，并传回人类首张近距离月球背面照，实现"飞天探月,神州梦圆"(图1-3);再到2016年,"天宫二号"空间实验室在酒泉卫星发射中心发射成功,中国空间站可能是未来世界唯一空间站;中国的航天科技一步一个新台阶,持续取得重大突破。

"长征五号"是目前中国运载能力最大的火箭,于2016年11月3日在中国文昌航天发射场成功发射(图1-4)。2017年7月2日,"长征五号遥二"火箭发射升空后,发动机局部结构出现故障未能将卫星送入预定轨道,任务宣告失败。继二次发射失败后,两年多来"胖五"团队夜以继日、负重前行,克服重重困难,细致梳理400多个重大关键环节,逐一进行复查复算,通过1000多项计算仿真和地面试验,最终于2019年12月27日成功发射,实现"浴火重生,凤凰涅槃"。"胖五"涅槃重生的励志故事是人类伟大航天精神的生动展现,"胖五"的成功大幅提升了我国进入空间的能力,为中国探月工程三期、载人空间站工程和火星探测工程等国家重大科技工程奠定了重要基础。

图1-2 "猎鹰9号"和"龙"飞船

图1-3 人类首次!"嫦娥四号"登陆月球背面

图1-4 长征五号系列运载火箭"胖五"成功发射

人类航天事业的不断进步不仅极大地促进了生产力的巨大变革,改善了人类生活水平,促进了人与自然的协调发展,同时对人类的宇宙观和方法论也产生了深刻影响。航天技术是 20 世纪以来人类认识和改造自然进程中最活跃、最有影响的科技领域，也是人类文明高度发展的重要标志。

伴随着航天技术的发展，卫星通信、卫星导航定位、卫星信息中继、卫星气象监测等对人类的生产方式和生活方式产生了深刻的影响。空间站时代的到来，标志着航天技术正从单纯的信息开发，向信息、材料和能源的综合开发过渡。空间材料加工、空间生物技术、空间诱导育种，以及未来可能实现的空间太阳能电站、空间资源开发等，为航天技术促进生产力的变革提供了更加广阔的舞台。航天技术的发展使人类的活动领域从地球推向广阔无垠的宇宙，促进人类用全球甚至全宇宙的观点去认识社会发展问题。进一步，我们可以预测，在人类探索宇宙的过程中，当代科学的基本问题，如物质构造、宇宙的形成和演化以及生命的起源等，都可逐步得到答案，从而将人类对自然的认识提高到一个崭新的高度。

1.1.2 从"好奇号"看现代航天系统的复杂性

从 18 世纪 60 年代中期到 21 世纪的今天，共发生了四次工业革命，分别引领人类进入机械化、电气化、信息化和数字化时代。在这四次工业革命中，工程产品经历了从机械产品到机电一体化产品、智能互联产品、产品系统和系统之系统的演变过程，产品复杂性不断增加，开发的难度也越来越大。

系统复杂性的增加主要体现在以下几个方面：1）系统组成元素较多，组成元素间的交互多；2）涉及的学科较多，且各学科强耦合；3）软件代码行数成倍增加；4）设计约束增多，设计方案空间减少。如图 1-5 所示，从单纯的机械系统到机电系统再到机电软的智能互联系统，复杂度呈指数级增长。

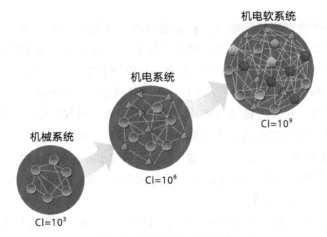

图 1-5　系统复杂性的演变

下面我们从"好奇号"来看看现代航天系统的复杂性。"好奇号"航天器系统是典型的复杂系统和智能产品,它由 6 大子系统构成,见图 1-6。其中火星探测器用来执行火星探测任务,它的重量占整个航天器的 1/4。巡航系统用来在火箭用掉后的星际飞行中推进飞船继续前行。后壳和热屏蔽层是为了保证探测器在进入火星时不受高温的损害(在登陆减速过程中,航天器要承受高达 1600℃的高温)。降落伞是火星探测器的一级减速机构,这是一个超级大型的降落伞,主要是为了在火星表面空气相对稀薄的情况下,为探测器提供足够的坠落阻力。剩下的就是探测器"安静"降落火星表面的二级减速机构——空中起重机,这是整个系统中最富有创意,甚至可以说是几近疯狂的设计。

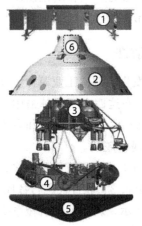

"好奇号"航天器系统:
发射重达 3893 公斤,包含地球 – 火星巡航阶段所需燃料、EDI(Entry-Descent-Landing)、一个 390 公斤的推进器和一个 899 公斤的探测器的综合集成系统。

① 巡航系统
② 后壳
③ 空中起重机
④ 火星探测器
⑤ 热屏蔽层
⑥ 降落伞

图 1-6 "好奇号"航天器飞行系统

这 6 大子系统需要协同整合,在全部自动化过程中不能出现一丝差错,对于失误完全是"零容忍"的。另外,整个"好奇号"项目包括主承包单位、主承制商,以及上万家的供应商,如何保证大家一起协同工作也是一个巨大的挑战。

整个航天器重达 3893 公斤,其中,火星探测器重量为 899 公斤,堪称有史以来最大的探测器,它无法像其他更小的探测器一样凭借气囊登陆。所有技术难点都集中在火星车系统穿越火星大气层到登陆火星的 7 分钟。这个登陆过程被工程师称作"7 分钟惊魂"。在这 7 分钟前,它还在以 2.1 万公里 / 小时的速度高速向前飞行。但它必须在 7 分钟内减速到 2 公里 / 小时以下的着陆速度,如若不然,探测车将与火星相撞,毁于一旦。

为此,NASA 采用一种新型的"空中起重机"系统,在距火星表面大约 20 米的高度让"好奇号"悬浮静止,而后将它放下。需要顺利完成一系列动作,包括使用降落伞减速、点燃火箭准备着陆，以及小心地把它停在火山口以免产生尘云等。为使探测车能平稳着陆，防止为寻找生命化学成分而设计的装备受损，探测车必须分毫不差地执行数百个步骤的复杂操作、数百道程序和50万行程序代码。而且，整个过程没有人工干预，所有设备和程序必须有精确的顺序、编程和设计，一切都由计算机独立完成（图1-7）。

 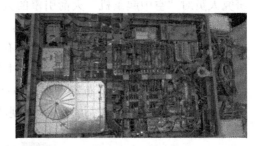

图1-7 "好奇号"复杂的电路和软件设计

"好奇号"2011年11月于卡纳维拉尔角空军基地发射，2012年8月成功登陆火星，经过56 300万千米的旅程，着陆时离预定着陆点——布莱德柏利降落地只相差2.4千米。

1.1.3 "好奇号"的成功秘诀

NASA的技术人员是如何攻克各种复杂难题，实现"好奇号"这一复杂航天系统的成功研制呢？要知道，地球大气的密度比火星高出100倍，所以不可能在地球上测试这个过程。同时，需要以相对较低的成本快速设计出火星探测器，因为火星探测器的发射窗口每两年才出现一次，一旦错过最佳时机，将不得不面对漫长的等待。

在研发制造过程中，负责研制"好奇号"的NASA喷气推进实验室（JPL）使用多种工业软件来对火星探测器进行数字化设计、仿真和虚拟组装，以确保所有组件的正确组合和正常运行，并经受所面临的任何环境考验。"好奇号"成功的关键因素包括以下几个方面。

面向全生命周期的数字孪生技术

NASA的喷气推进实验室利用数字孪生技术完成了系统各个方面的设计。通过构建全生命周期的数字孪生模型，从热分析到探测车进入火星大气时可能会遇到的多种物理影响，一切都可以在虚拟世界中完成，实现连续验证。从概念设计到详细的部件设计,从组装到测试,全都可以模拟。比如 NASA 称之为"7 分钟惊魂"的着陆顺序,这个性命攸关的安排就是经过 8000 次模拟之后得出的最佳方案。从模拟走向实际,这种能力具有相当重要的意义。

比如为"好奇号"专门设计的"空中起重机",这个全新研发的系统可以在探测车降落的最后阶段减慢探测车的速度,使其缓缓地降落到火星表面(图 1-8)。研究人员对"空中起重机"火箭引擎的火苗扩散情况进行了模拟,以确保火苗不会烫坏探测车或用于固定探测车的套具。不仅吊索要能分毫不差地降下探测车,确保探测车不会受到火苗干扰,同时还有一条类似于脐带的线缆连接着探测器和吊车,在分离时间点上吊车升起的时候才会断开。所有这些线缆都必须同时断开,为实现这一点,研究人员布置了很多小型切割器,它们必须同时切断所有线缆,上述过程的评估 0 也是通过仿真模拟实现的。

图 1-8 "空中起重机"及"好奇号"火星车设计模型

整个装配组合包含约 9 万个专门制造的部件,其中很多部件与设计规格的容差只有 100 微米——大约相当于一根头发丝的直径。更苛刻的是,为尽量避免浪费空间,这些部件必须合拢到一个极其拥挤的包中,但是同时又要留出发射和返回时剧烈晃动的摆动空间,以及在高达 1648℃ 的温差下不同材料的热胀冷缩空间。要设计可以如此紧凑布置的部件,并确保不同部件之间不会因产生接触而导致受损,仿真模拟同样发挥了重要作用。从 CAD 设计模型到 CAE 模拟仿真和改进优化,再到无缝连接 CAM 配合计算机数控 CNC 进行产品加工,全在 NX 环境中实现,从而使部件生产实现超高精度。

产品全生命周期的数字孪生帮助 NASA 的喷气推进实验室在实际投入生产之

前即能在虚拟环境中仿真、优化和测试，帮助设计人员发现潜在问题、激发创新思维、不断追求优化进步。

全球协同设计和系统全生命周期管理

研制一个新的复杂系统与过去的项目大相径庭。过去设计样机需要在团队之间进行多次传送移交，团队之间传递设计修改对设计人员来说是一场噩梦。系统全生命周期管理平台改变了这一切，基于PBS（Product Breakdown Structure，产品分解结构）对其中的电子控制部分、机械及运动、50万行软件代码的协同设计管理，使设计团队能够"压缩计划"，而且可以实现多次设计迭代，以及版本的有效管理。通过系统全生命周期管理平台的连接，工程师可以检查项目的各个组成部分，解决问题并分配各项任务，然后再返给主要负责部门。这样可以同时进行多项设计工作，解决了过去工程设计团队在某种程度上因专业不同而隔离开来的弊端，将各个团队很好地整合在一起。另外，NASA的喷气推进实验室在火星探测车的研发过程中建立了集成化数据库，从产品设计到生产设计，均采用一种整合的方式。数百名工程师使用统一的模型，共享统一的数据库，真正实现了从设计、仿真到实际生产的无缝对接。

复杂的项目需要一个有利于大规模工程师团队中的成员在同一项目上无障碍合作的平台，这个平台需要贯穿整个工程设计流程，包括：需求管理，项目管理，设计、仿真和验证流程管理，合规，以及其他各方面的一系列应用。它是整个设计流程的支柱。航天器系统的每个部件都十分重要，系统全生命周期管理平台不仅确保所有授权工作人员只能看到其当前用到的最新项目数据，从而最大限度减少人为错误，同时还可以追踪每个部件的原始设计、分析数据和生产数据。当一份设计通过审批后可以投产时，系统全生命周期管理平台会对其进行记录，所有这些将带来非常可观的节支效果。

1.2 从DBSE到MBSE和iMBSE

1.2.1 系统工程及航天系统工程应用

系统工程产生于20世纪40年代并逐步形成体系。1969年，美国的阿波罗登月计划成功地运用了系统工程的科学方法，按预定目标第一次把人送到了月球。从此系统工程受到了世界各国的高度重视，获得迅速发展和广泛应用。

《NASA系统工程手册》将系统工程定义为"用于系统的设计、实现、技术管理、使用和回收等的有条理的、规范化的方法论"[1]。系统是不同元素的组合，可以提供单个元素本身不能提供的功能，系统工程把系统的各部分看作一个有机的整体，通过多种流程、方法、工具以实现系统结构和功能的最优化。系统工程专注于在开发周期的早期阶段，分析并引出客户的需求与必需的功能，将需求文件化，然后在考虑完整问题也就是系统生命周期期间，进行设计综合和系统验证。

NASA、马歇尔空间飞行中心（MSFC）和欧空局（ESA）等在航天工程中全面发展运用了系统工程的思想，先后制定和执行了阿波罗登月计划、航天飞机工程和国际空间站工程等，这些都是系统工程在航天领域中取得成果的著名范例，并成为国际上系统工程的典范和制定标准的依据。

多年来，系统工程在航天产品的持续应用和发展呈现出以下特点：

- 系统工程标准体系日益完善。NASA已建立了规范性的航天器设计指南和技术标准体系。新近，NASA又启动了一项技术标准计划，将通过吸收非政府标准、开发新标准和共享国家和国际标准来进一步完善系统工程标准体系。欧洲空间标准化合作组织（ECSS）在 ISO、NASA、ESA／PSS 及各航天公司的标准基础上，形成了系统、全面和不断更新的系统工程标准体系，使航天器系统工程实施可以找到完备的技术依据和活动程序参照。
- 系统工程支持能力日益提高。NASA、ESA 等机构都开发和采用了航天器系统设计与仿真平台，并组建了协同设计机构，为各类复杂、大型任务的系统级设计分析仿真形成了较全面的支持。例如，由 NASA 开发的先进工程环境系统和飞行器仿真系统等技术的大量应用，较好地实现了对系统工程的支撑能力。
- 系统工程长效机制不断完善。纵观国外各类系统工程技术的发展，可以发现系统工程技术能力的突出优势体现在：已形成并进一步优化系统工程技术活动的规范工作程序；随着科学技术的发展，不断增强系统工程的应用平台与仿真试验支持能力；形成了充分利用研制经验，不断丰富与完善系统工程能力的长效机制，并具有较为长期的发展规划与部署。

就我国而言，中国航天之父、功勋科学家钱学森在开创我国航天事业的过程中，同时也开创了一套既有普遍科学意义又有中国特色的系统工程管理方法与技术。钱学森在 1982 年出版的《论系统工程》中指出系统工程是组织管理系统的规划、研究、设计、制造、试验和使用的科学方法，是一种对所有系统都具有普遍意义的科学方法[2]。1986 年钱学森以系统学讨论班的方式开始了创建系统学的工作。在讨论班上，钱学森首先提出新的系统分类，将系统分为简单系统、简单巨系统、复杂巨系统和特殊复杂巨系统。通过应用技术层次的系统工程，技术科学层次的运筹学、控制论和信息论等，以及基础科学层次的系统学，构建了三个层次结构的学科体系，三个层次结构的系统科学通过系统论通向辩证唯物主义。

1990 年钱学森发表于《自然科学》的文章《一个科学新领域——开放的复杂巨系统及其方法论》中，为我们指明了方向："当前人工智能领域中综合集成的思想得到重视，计算机集成制造系统（Computer Integrated Manufacture System，简称 CIMS 系统）的提出与问世就是一个例子。在工业生产中，产品设计与产品制造是两个重要方面，各包括若干个环节，这些环节以现代化技术通过人、机交互在进行工作。以往设计与制造是分开各自进行的。现在考虑把两者用人工智能技术有机地联系起来，及时把制造过程中有关产品质量的信息向设计过程反馈，使整个生产灵活有效，又能保证产品的高质量。这种把设计、制造，甚至管理、销售统一筹划设计的思想恰恰是开放的复杂巨系统的综合集成思想的体现。"[3]

在参与组织及领导我国航天事业的实践中，钱学森也创立了航天系统工程的组织管理方法，将其应用于航天科研生产管理过程，引领中国航天走出一条正确的技术发展之路。系统工程的应用，推进了航天系统工程的科学体系建设和科技人才队伍的培养，形成了沿用至今的航天"三步棋"指导方针，帮助提出了中国航天工程计划的一系列指导原则；协助国家制订了《1956—1967 年科学技术发展远景规划纲要（草案）》及相应的航天规划与计划，为中国航天的发展奠定了坚实基础；引领航天走向组织管理科学化、规范化与程序化；推动了总体部的建设，形成了中国航天一整套有特色的科研管理方法；使航天战线逐步形成了相对独立、相互协调、相互制约的六个体系（科学、严密的决策体系，以专项管理为核心的组织体系，以总体设计为龙头的技术体系，综合统筹的计划体系，系统规范的质量体系，坚持创新、创造、创业的人才资源体系），发展成具有管理创新的航天型号项目管理模式，使中国航天工程成为实践系统工程的典范以及系统工程理论和发展的重要贡献者。

1.2.2　航天系统复杂性演进对传统系统工程的挑战

近年来，各国复杂工程系统研制任务的数量在大幅增加，涉及的学科、子系统数量增多，性能指标要求不断提升，系统的复杂性不断提高，而研制成本更是居高不下。NASA 在 2011 年指出，系统工程未来将会面临严峻问题：一是航天工程规模与复杂性逐年增长，而工程师处理复杂系统问题的能力却跟不上系统复杂性的增长速度；二是利用自然语言并基于文档载体的系统描述，难以使设计人员充分洞察系统层的交互、系统级的特征和潜在的风险；三是各类文档报告数量多、相互独立、缺少逻辑性，在系统项目各阶段之间及项目之间难以实现知识的继承与复用。美国国防工业协会（NDIA）在2013年年终报告中同样分析了系统工程面临的问题，除了指出与NASA报告中相似的问题，还指出系统工程存在着工作成果利用性和移植性差、不同领域具体工作的颗粒度与成熟度差异大，从而难以集成的问题。

就我国航天工业而言，同样面临产品复杂性提升带来的一系列挑战，而且结合我国工业体系的特点，有许多关键能力需要突破。一是跨地域、跨单位研制模式要求提升协同能力，急需通过设计资源集成共享平台来研究、探索如何跨单位、跨专业实现数据共享的难题，需要基于数字线程技术构建设计、分析、制造、试验的统一模型，实现研制过程中对不同研制单位在进度计划、质量问题、物资配套等方面的协同管理，提升研制、管理、质量等业务活动的协同能力。二是基于现有设计资源及经验实现创新设计能力，急需有效的信息化技术手段将研发设计资源和经验方便快捷地按需推送到设计人员桌面并加以利用，开展专业设计模板、流程模板、试验规程等知识分类、模板设计和知识协同环境建设，提高知识积累与重用能力，支撑航天产品的快速设计与创新设计。三是设计资源与产品研制生产流程的深度融合能力，迫切需要建设基于三维模型的工艺知识库，采用数字化工艺与制造技术，实现制造执行过程的数字化、自动化、柔性化，建立满足总装集成与配套加工要求的数字化生产线，提升产品生产与快速交付能力。

1.2.3 复杂系统驱动系统工程转型

从系统工程到复杂系统工程，系统复杂度不断增加，传统的系统工程方法难以高效沟通的原因是信息传递主要基于文件。文件传递的是静态信息，文件之间的依赖性很难追踪，当数据量大的时候，就失去了对数据的有效管控，还带来了版本、版次等方面的大量管理问题。而传统的产品数据管理解决的主要是结构领域，对于电气、电子、液压等其他学科缺乏有效的管理方法，同时对复杂系统的研发过程也缺乏指导方法，例如需求、结构、行为和参数等。系统开发的复杂性也给开发过程中所应用的工具带来了更大的挑战，对于异构的专业工具来说，离散、缺乏关联的系统和数据无法满足多学科协同的系统要求。

基于模型的系统工程可以解决复杂系统工程的问题，它是在复杂产品背景下，进行协同产品开发的最佳方法。相对于文件传递，模型传递的是动态信息，包括需求、结构、行为和参数，可以使整个组织中各个专业、各技术领域的人更容易理解系统。比如以前的机械设计都是二维设计，后来发展到三维设计，现在既能三维设计仿真，又能三维标注尺寸，还可以三维制造仿真。在基于模型的系统工程中，无论任何时候工艺对设计提出更改，或制造对工艺提出更改，大家传递和使用的还是同一种模型，不会产生歧义。只要发生变化，就去修改模型，不管在哪个点上修改，都能实现全程传递。因此为了在多学科之间实施系统工程，必须有支持跨专业、跨学科的统一的模型表达语言，为系统工程中的逐级分析与验证提供基础。

在传统系统工程中，我们以前长期使用的是瀑布型模型。后来使用了 V 模型，现在需要在 V 模型中间再加一个模型库。这三个模型的变化是什么？传统的系统工程是基于确定论和设计论的，也就是我们通常在系统工程的开始就要"冻结需求"。而复杂系统工程基于进化认识论，要不断地适应变化。需求是无法在一开始就冻结的，因为系统太复杂，以至于不可能一开始就对需求认识得很清楚，而是在整个过程中不断完善。需求阶段就要基于系统的运行场景来设想，所谓场景，就是有情景，有人物、角色，有故事情节中的动态行为和逻辑顺序。实际上就是要有"推演"，今后系统工程师的角色和导演差不多，需要知道故事情节是什么，剧中的角色该以什么方式去行动，输入是什么，输出是什么，整个过程都要设想清楚，才能描述场景。这些场景分析，并不是一开始出现一个概念，把概念变成设计再制造，然后试验，试了不成功再去调整。基于模型的系统工程，不是在 V 模型的左边完成设计，等硬件在底端制造出来，再去右边综合和验证，而是在 V 模型中间插入一个模型库。V 模型左边的每一步都和模型库对应，进行虚拟数字环境下的设计、制造、装配、试验、验证等全过程，就是以左边和中间的模型库实现全 V 过程的虚拟化，并快速迭代，最后等硬件制造出来就实现了"一次成功"，从而使 V 的右边得以顺利地快速完成（图 1-9）。而对于传统系统工程来说，V 的右边往往是工程延迟和失败的危险区。NASA 讲的"fly before built"（建造前飞行）就是指开始并没有制造，而是在虚拟数字环境下基于模型去设计、制造、试验等，就可以看到最终场景，并在整个过程中不断完善需求，不断适应变化。这就是基于模型的系统工程所带来的巨大变革。

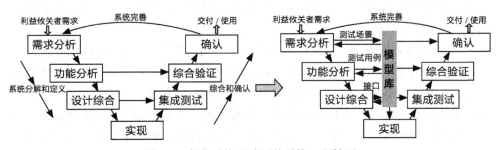

图 1-9　复杂系统驱动下的系统工程转型

所以，面对复杂系统，应对的策略是以流程-结构化的过程知识来应对复杂系统结果的不确定性；以模型－结构化的元素关系，来应对复杂系统工程的可演进性[4]。

2007年，国际系统工程学会（INCOSE）在《系统工程2020愿景》中提出MBSE的定义："对系统需求、设计、分析、验证与确认等活动的建模行为的形式化与标准化的应用，这种建模应用从系统概念设计阶段开始并贯穿系统开发及之后的生命周期。"[5] INCOSE强调，MBSE是未来系统工程方法与技术的发展趋势，是系统工程领域的一次变革。

2010年，OMG（Object Management Group，对象管理组织）对美国各家军工企业的MBSE应用情况进行调研，结果表明：47.2%的企业已经将系统建模集成进业务流程。NASA十大中心已经明确要求系统论证交付物必须是模型。洛马公司潜艇设计团队在进行全新潜艇电子系统设计的过程中花费1年时间将原来的文档全部转换为系统模型，建模对象包括来自20个项目办的35套分系统、3500条接口需求、500项服务、5000个接口实体模型、15000条模型元素之间的关系，通过模型化描述的方式解决了其过去复杂系统工程过程中变更管理不易开展的问题。此外，美国国防部对系统工程研制模式的革新格外关注。2013年，美国国防部"负责系统工程的助理部长帮办"和"海军航空系统司令部"，联合支持美国国防部系统工程研究中心开展"通过MBSE实现系统工程转型"的研究，旨在通过MBSE对现行研制模式进行全面梳理与重新组织，实现转型升级。德国"工业4.0实施规划"中将"利用模型掌握系统复杂性"列为8个未来重要活动领域之一。这些数据和信息表明以美国、德国为代表的工业强国充分重视MBSE，已经就MBSE开展了较为广泛的实践应用与持续创新。

鉴于以模型为中心带来的巨大价值，MBSE可以进一步拓展应用到所有的工程领域，SoS工程、系统工程、机械工程、电子工程、电气工程、网络工程和软件工程等都以模型为中心，从而实现整个系统全生命周期的iMBSE，进而实现全生命周期的协同产品开发、多学科多属性的空间探索，以及基于数字线程技术的连续性闭环验证与确认。

iMBSE将系统模型、领域模型和系统全生命周期管理（SysLM）三者有机统一起来，进而实现基于模型的方法在整个工程中的应用，极大地拓展了传统系统工程和MBSE的内涵。通过系统模型这一单一权威真相源，实现机械、电子、电气、网络和软件等各个工程领域的紧密连接；通过中央数据库自动生成需求、功能、性能、制造、成本、价值、风险、环保等多视角分析结果，供不同利益攸关者进行快速决策和多属性优化；采用"需求－设计－验证"的多层级迭代递归方式，实现SoS、系统、子系统各层级的交互迭代和优化设计；通过创成式工程实现从系统架构到领域架构到零部件设计的创新，进而产生颠覆式的创新；通过系统全生命周期管理打造数字线程，实现模型全生命周期的可追溯性、变更管理和高效协同。iMBSE 是数字化时代驾驭智能系统复杂性、实现协同创新的赋能器，是企业实现研发数字化转型的必由之路。

对于系统工程的诸多理念，SpaceX 进行了诸多创新和颠覆。SpaceX 对系统工程的描述中，有一句话提纲挈领："A Traditional Discipline in a Non-traditional Organization"（新组织中的旧学科）。马斯克一直对团队强调一个词——"21th Century Infrastructure"（21 世纪基础设施)，具体包括新的沟通效率、新的资源获取效率、新的协作关系、新工具、新工艺、新技术等。

经典的系统工程有"规划 – 设计 – 建造 – 测试"四个步骤（图 1-10），并且强调将工作前移，尤其概念设计阶段要进行大量的方案对比、仿真分析，并选出最优的方案，避免频繁的改动。因为越到后期，系统改动带来的经费、进度的开销就越难承受，所以前期一定要充分论证。SpaceX 的专家给这种传统做法取了个十分通俗的名字——Heavy Front SE，即在系统工程前期投入了大量的工作。

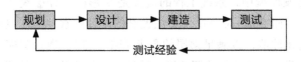

图 1-10　传统系统工程研发流程

SpaceX 认为，与其在前期论了又论，考虑到各种可能性，但又不能保证结论一定正确，不如撸起袖子先干！在实践中发现问题，及时改进，然后设计、生产、验证再改进。这就需要快速的决策、快速的原型开发和高效的验证，以减少这种做法的风险。他们将这种工作称为多周期的迭代过程，如图 1-11 所示。SpaceX 公司将其成功实现这一点的原因归结于组织机构的敏捷性、低迭代成本和处理低层次需求的能力。

图 1-11　SpaceX 敏捷开发流程

传统的系统工程采用瀑布型的开发模型，设计自上而下逐步细化，测试自下而上逐步集成。SpaceX 公司似乎等不及这种层层分解的工作，而是喜欢螺旋型的开发模型，如图 1-12 所示。

螺旋型开发模式的核心就是不断地设计迭代，持续地继承和发展已有的设计成果，这也被证明是敏捷开发模式的一种。在这个过程中，需求可以经常变更，因为连系统工程专家也认识到，"在设计周期中过早地编写详细的规范要求，可能会过度限制设计并排除更安全、更负担得起的解决方案。因此需求的确定也需要反复迭代"。既然如此，就不要期望需求从一开始就提得十分准确和完整，边做边看吧！现在甚至连 NASA 的载人飞行项目也开始考虑敏捷开发过程了。

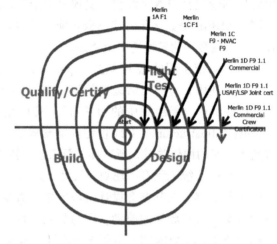

图 1-12 SpaceX 螺旋型开发模型

在瀑布型开发模型中，系统工程的流程是 V 形的，分层次开发，逐层对需求和设计进行细化。而 SpaceX 公司仅关注关键的设计要素，抓住主要环节，通过调整这些参数来优化性能，以满足顶层的需求（图 1-13）。通过建模和分析、建造原型产品进行测试等，来对参数的调整进行验证；并将这些单元放置在预计或实际测量出的环境内进行鉴定，随后直接进入系统集成验证阶段。

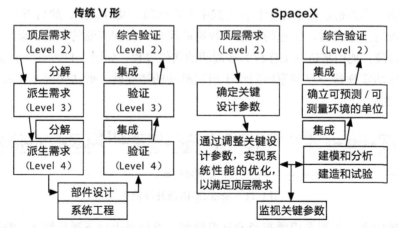

图 1-13 传统系统工程与 SpaceX 瀑布型开发模型

像飞行一样测试（test like you fly），是航天界非常重要的一条经验，我们也经常强调减少天地测试状态的差异性。但 SpaceX 公司可算是做得最彻底的了：不仅像飞行一样测试，而且所有飞行的功能均要测试（test what you fly）。为了逼真，甚至将大量的系统级测试直接安排在发射场进行，尤其是在发射服务前也开展测试。

不过 SpaceX 也同时认为，建立有创造性的高性能的系统工程文化是十分困难的。事实上，这也是让他们感到非常自豪的地方，因为他们自认为已经在创新与传统系统工程之间实现了良好的平衡，从而达到了敏捷开发且费用可承受的目的。

1.3 从物理试验、建模与仿真到数字孪生

1.3.1 物理试验

现代意义上的产品创新始于 1776 年，瓦特制造出第一台有实用价值的蒸汽机，以后又经过一系列重大改进，使之成为"万能的原动机"，在工业上得到广泛应用，引发工业革命，从此人类进入工业文明时代，新产品开始层出不穷。为了实现更多的发明创造，瓦特蒸汽机工厂还建立了启蒙时代最有名的实验室——索霍（Soho）实验室，尝试从热气球到雕刻机的各种实验。1847 年，西门子根据法拉第发电机原理发明了实用发电机，开启了电气化时代。有了电力作为新的能源，诞生了众多伟大的产品，重塑了人类的生活方式。这一阶段的研发创新模式，我们姑且称为"物理试验"时期。

最早的科学实验室，描绘在 6 世纪罗马书籍的一幅版画上，画的是古希腊的毕达哥拉斯坐在椅子上，用小锤敲一串悬挂起来的铃铛。书上说，毕达哥拉斯听到金属工人敲击器皿，有了一个假想。他用铃铛证明：物体本身，而非敲击力度决定音调的高低。

实验室的兴起，首先是因为科学本身越来越复杂。富兰克林和他的同代人还要亲自做实验，随着仪器增多，他们开始雇用助手。在新生的电磁学、热力学和辐射研究时代，剑桥大学 19 世纪后期建立的卡文迪许实验室独领风骚（图 1-14）。在卡文迪许，研究员、实验员和技工紧密结合，

图 1-14　卡文迪许实验室一角

推动了从个人到集体的科学的转变。卡文迪许20世纪40年代就发展到固定研究人员40人，研究生和访问学者400多人，分为几个组系，各成系统，各配车间、工人和计算机房，这种组织模式被今天世界各大科研机构采用。

试验评价不仅能鉴别产品的性能，而且能帮助开发者发现并修正早期缺陷。项目决策者根据试验评价给出的系统性能结果，判定产品成熟度并决定是否进入下一步开发；用户根据试验评价过程给出的数据，能够知道在开发过程中系统的性能，并为验收做准备。在系统开发过程中，试验评价的最基本目的是减少或消除潜在的风险。在开发的早期阶段，试验评价包括展示方案可行性、评估设计风险、鉴别多种设计替代选择、比较分析、评估可执行需求的满足度。在系统设计开发阶段，试验评价从开发测试验证（DT&E）到逐渐复杂的执行测试验证（OT&E）之间反复迭代。DT&E主要关注工程设计目标的达成度，而OT&E重点关注执行效率、适合度以及耐受性等问题。

为验证航天器的性能、寿命和可靠性，需要进行全面的检测试验。航天器试验继承火箭试验的程序和技术，并在此基础上发展了空间环境试验，一般分为研制试验、鉴定试验、验收试验、寿命试验和可靠性试验等。试验对象为零件、部件、分系统和航天器整体。零部件的环境应力筛选试验、回收系统的试验、姿态控制系统的试验、温度控制系统的热真空试验、结构系统的模态试验等，是航天器整体试验的基础。环境试验是航天器整体试验的主要内容，环境试验技术和设备十分复杂。美国和欧洲等都建有规模庞大、设施完善的航天器环境试验基地。我国自20世纪70年代以来，已逐渐建成较完整的航天器环境试验体系，拥有完整、系统的航天器试验设备，能够承担各类卫星和载人航天器的研制试验任务。

1.3.2　建模与仿真

随着产品复杂度的不断提升以及市场对产品性能、研发周期和成本的更高要求，传统单纯依靠试验的"设计–试验验证–修改设计–再试验"反复迭代的串行研制模式，已经难以满足产品研发的需求，仿真技术逐渐成为产品研发模式变革的重要手段。

仿真技术的应用，可以实现从传统的"设计–试验验证–修改设计–再试验"反复迭代的串行研制模式到"设计–虚拟综合–虚拟试验–数字制造–物理制造"的并行研制模式的转变。在设计的早期，通过虚拟仿真消除缺陷，研发重心从"V流程"的右边转移到左边，确保设计制造一次成功，从而提高产品研发质量，降低研发成本，缩短产品研发周期（图1-15）。

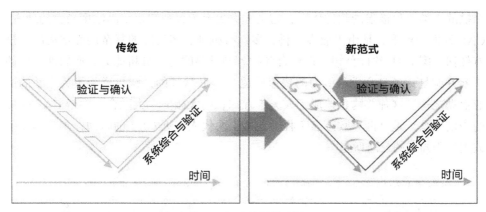

图 1-15　产品研制模式转型

仿真技术几乎是伴随着计算机技术的诞生而产生的，自 20 世纪 50 年代至今，已经经历了 60 多年的发展。由于仿真是以建立模型为基础的，所以为了突出建模的重要性，建模和仿真常常一起出现，即 Modeling & Simulation，常缩写为 M&S。

经过半个多世纪的发展，建模和仿真已经形成了一个相当完善和系统的技术体系。建模和仿真使设计者能够通过使用虚拟手段而不是物理试验来对产品性能进行评估，以得到关于设计决策的即时反馈，并实现更全面的设计空间探索和更优化的设计。这对于多学科系统的设计尤其重要，不同学科的组件（机械、电气、嵌入式控制等）紧密耦合以实现最佳系统性能。

建模与仿真软件方面，以计算机辅助工程（CAE）软件为例，1960 年，Ray W. Clough 教授发表了一篇名为 "The Finite Element in Plane Stress Analysis" 的论文，并第一次正式提出了有限元法（finite element method）[6]。1961 年，急于扭转太空领域落后于苏联的局面，大胆地选择登月计划的肯尼迪总统，独排众议，永远地改变了美国航天的面貌。这是人类最危险、最复杂的一次探索任务，NASA 担当重任。为了解决宇航工业对于结构分析的迫切需求，NASA 在 1966 年提出了发展世界上第一套泛用型有限元分析软件 Nastran 的计划，像天界盗火一般，从此点亮了人类探索数值模拟世界的征程，开启了 50 多年 CAE 仿真软件的发展史。可以说，仿真一开始，就是伴随着人类最伟大的制造工程而生。

此后的 50 多年，多个商业 CAE 软件公司相继成立，陆续推出多种不同的商业 CAE 软件，覆盖结构、热、流体、电磁、多体动力学、疲劳、噪声、优化等各种不同学科，并伴随着西方工业的发展而不断更新换代和成熟壮大。进入 20 世纪 90 年代后，CAE 领域呈现出大鱼吃小鱼的市场局面（图 1-16）。CAE 软件是一个挑战人类工程极限的软件体系，它是人类史上工程师知识结晶浓度最大的地方。CAE 开发的难度，是由工业多学科、多运行机理、多尺度的复杂局面造成的，没有任何一家 CAE 软件公司可以整合各种不同学科的仿真分析能力。而软件大鳄的不断并购是一条整合学科能力的快速通道，CAE 软件的并购也成为最为频繁的商业活动之一。这种并购也造成了人类工程知识的大碰撞、大融合，整个 CAE 软件的当前体系，是全世界数万名工程师，用了两代人将近 60 年的时间，集体构建了人类工程知识的最高堡垒 [7]。

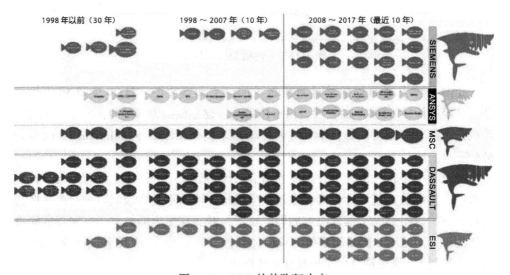

图 1-16　CAE 的并购狂欢史

1997 年，美国国防部对武器采办进行改革，最重要的改革就是提出"基于仿真的采办"（Simulation Based Acquisition，SBA），即将建模和仿真应用于武器从需求分析到最终报废的全生命周期过程。而洛克希德·马丁公司的 F35 则是第一个全面引进 SBA 概念而研制的产品。NASA 于 2008 年发布 NASA-STD-7009 建模与仿真标准，此标准包括项目管理、模型发展、仿真执行、结果验证及不确定量分析、推荐学习案例、训练方法、建模及仿真可信度评估、结果报告八个部分，对仿真建模过程建立了一系列可靠性评估方法，提升仿真结果的可信度和支撑项目的决策。NASA 喷气推进实验室（JPL）参与了该标准的制定和研究，并首先应用于火星探路者（MER）探测器热设计等项目的研制，阐述了建模及仿真可信度评估中可信度评估因子分类、等级、打分方法，以及评估打分结果应用等过程 [8]。美国国会在 2007 年通过的 487 号决议中将建模与仿真列为国家核心技术，并在 2018

年12月修订生效的新版高等教育法中，专门将建模与仿真作为一项重要内容列入其中，对建模与仿真的重视已经上升到国家层面。

建模与仿真技术的终极应用是数字孪生（digital twin），通过建模技术形成真实产品的虚拟孪生体，能够预测产品的未来性能，而建模与仿真技术体系中的理论、方法、标准、工具和平台也为数字孪生的发展奠定了很好的基础。

先进的工业软件公司已经开始发布用于构建数字孪生的软件套件，帮助企业应对现代复杂产品所带来的工程挑战。此类软件套件能够将仿真和物理测试与智能报告和数据分析技术相结合，以帮助用户构建数字孪生，从而更精确地预测产品开发过程中各阶段的产品性能。其目的是通过结合仿真和测试领域的多种技术来应对这些挑战，以实现预测性工程分析愿景，从而使工程组织能够自信地以更快的速度和更低的成本实现创新。

此类仿真中心软件套件所涉及的技术包括一维机电液热控的多学科仿真、三维有限元分析（FEA）、计算流体力学（CFD）、多体动力学、疲劳、振动噪声、电磁仿真、物理测试、多学科设计探索和数据分析等。对这些技术的管理是在PLM环境中实现的，用以支持复杂系统的工程设计和开发。在软件套件中，应用程序还将通过集成基于传感器的数据和高保真的基于物理学的仿真，利用工业物联网（IIoT）帮助制造企业创建和维护产品的数字孪生，并确保其与所使用的实体产品保持同步。这一能力的重要意义在于，可以帮助企业做出更切实有用的产品性能预测，使这些产品能够适应不断变化的使用条件，延长使用寿命，缓解产品降级。

1.3.3 数字孪生

谷歌"digital twin"有4.2亿链接，百度"数字孪生"或"数字双胞胎"也有600多万链接。这一简洁有力的概念已经超越其前辈"仿真与建模"，获得全球政产学研尤其是工业软件商的一致认可。那么什么是"数字孪生"？是谁第一个提出这一概念，堪称"数字孪生之父"？

1992年，著名的计算机和人工智能思想家，耶鲁大学David Gelernter教授出版 *Mirror Worlds* 一书，虽然没有明确提出数字孪生这一名词，但他描述了一个软件定义的虚拟现实世界，和数字孪生概念的内涵基本一致。David Gelernter教授在书中写道："什么是镜像世界（mirror worlds）？它们是从计算机屏幕中看到的代表真实世界的软件模型，海量的信息通过巨大的软件通道源源不断地涌入模型，如此多的信息使得模型可以模拟现实世界每时每刻的运动。"[9]

2002年12月3日，密歇根大学Michael Grieves教授在PLM中心启动会上，首次明确提出数字孪生这一概念，他称之为"PLM的一个理想化概念"（图1-17）。

他认为通过物理设备的数据,可以在虚拟(信息)空间构建一个表征该物理设备的虚拟实体和子系统,并且这种联系不是单向和静态的,而是在整个产品的生命周期中都联系在一起。Michael Grieves 博士论述数字孪生的书名为《Virtually Perfect》,已有中文版《智能制造之虚拟完美模型》[10]。

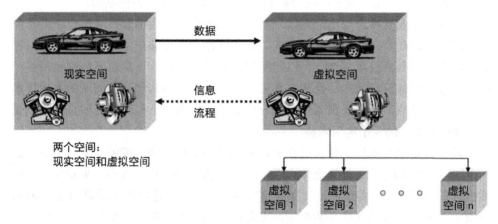

图 1-17　PLM 的一个理想化概念

2012 年,在夏威夷举办的第 53 届美洲航空航天协会(AIAA)学术会议上,NASA 的 Glaessgen 和美国空军的 Stargel 发表了一篇文章"The Digital Twin Paradigm for future NASA and U.S. Air Force Vehicles",完整深入地论述了未来航空航天器数字孪生的理想模型。该文章对数字孪生进行了严格的学术定义:"数字孪生是飞行器或系统集成的多物理、多尺度的概率性仿真,它使用最好的可用物理模型、更新的传感器数据和历史飞行数据等来反映与该模型对应的飞行实体全生命周期的真实特性。"[11]

数字孪生这一理念创新虽然算不上什么革命性突破,但应该承认,其对制造业数字化的应用深化,凝聚方向性的共识,起到了重要的推动作用。

回到本节开篇的问题,谁堪称"数字孪生之父"?过去 30 年间,随着摩尔定律导致计算成本指数下降,数值计算方法不断发展,产品创新竞争加剧,建模和仿真越来越可靠,使用范围越来越广,工程师开始畅想一个数字全面替代物理的场景,催生了数字孪生概念的演进。总结起来,我们心目中的功劳簿如下:

- David Gelernter(1992):第一个数字孪生想法的提出者(虽然 1992 年还显得有些科幻)。
- Michael Greives(2002):第一个数字孪生的命名者。

- Glaessgen 和 Stargel（2012）：第一个数字孪生的严格学术定义者。
- 西门子工业软件：第一个数字孪生的倡导者和实践者。

美国国家科学基金会（National Science Foundation，NSF）的 Helen Gill 在 2006 年创造了信息物理系统（Cyber-Physical Systems，CPS）的概念，德国于 2011 年利用该概念提出了工业 4.0（Industrie 4.0）。西门子工业软件在 2016 年开始尝试利用数字孪生体来完善工业 4.0 应用，到 2017 年底，西门子工业软件正式发布了完整的数字孪生体应用模型，成为第一个数字孪生倡导者和实践者（图 1-18）。

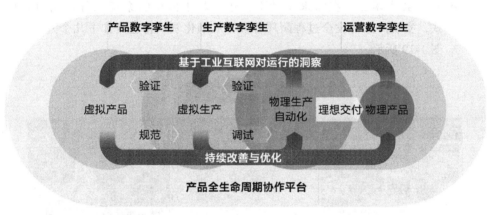

图 1-18　西门子工业软件——数字孪生的倡导者和实践者

数字孪生技术是将带有三维数字模型的信息拓展到整个生命周期中的数字镜像技术，最终实现虚拟与物理世界同步和一致。它不是让虚拟世界做现在我们已经做到的事情，而是发现潜在问题、激发创新思维、不断追求优化进步——这才是数字孪生的目标所在。数字孪生技术帮助企业在实际投入生产之前即能在虚拟环境中优化、仿真和测试，在生产过程中也可同步优化整个企业流程，最终实现高效的柔性生产，快速创新及上市，锻造企业持久竞争力。数字孪生技术是制造企业迈向工业 4.0 战略目标的关键技术，通过掌握产品信息及其生命周期过程的数字思路将所有阶段（产品创意、设计、制造规划、生产和使用）衔接起来，并连接到可以理解这些信息并对其做出反应的生产智能设备。数字孪生将各专业技术集成为一个数据模型，并将 PLM（产品生命周期管理）、MOM（生产运营系统）和 TIA（全集成自动化）集成在统一的数据平台下，也可以根据需要将供应商纳入平台，实现价值链数据的整合，业务领域包括"产品数字孪生""生产数字孪生"和"运营数字孪生"。

本书重点关注复杂系统产品的数字孪生。在产品的设计阶段，利用数字孪生可以提高设计的准确性，并验证产品在真实环境中的性能。这个阶段的数字孪生的关键能力包含：

- 数字模型设计。使用 CAD 工具开发出满足技术规格的产品虚拟原型，精确记录产品的各种物理参数，以可视化的方式展示出来，并通过一系列验证手段来检验设计的精准程度。
- 模拟和仿真。通过一系列可重复、可变参数、可加速的仿真实验，来验证产品在不同外部环境下的性能和表现，在设计阶段就可验证产品的适应性。
- 产品数字孪生。在需求驱动下，建立基于模型的系统工程产品研发模式，实现产品开发全过程闭环管理，从细化领域将包含如下几个方面，如图 1-19 所示。

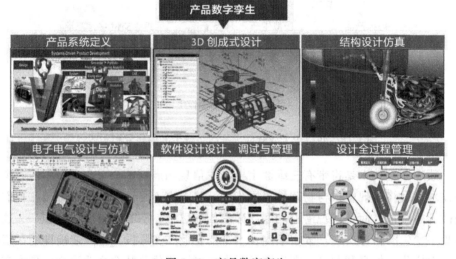

图 1-19　产品数字孪生

◇ 产品系统定义。包括产品需求定义、系统级架构建模与验证、功能设计、逻辑定义、可靠性、设计五性（包含可靠性、维修性、安全性、测试性及保障性）分析、失效模式和影响分析（Failure Mode and Effect Analysis，FMEA）等。

◇ 结构设计仿真。包括机械系统的设计和验证。具体包含机械结构模型建立、多专业学科仿真分析（涵盖机械系统的强度、应力、疲劳、振动、噪声、散热、运动、灰尘、湿度等方面的分析）、多学科联合仿真（包括流固耦合、热电耦合、磁热耦合以及磁热结构耦合等）以及半实物仿真等。
- ◇ 3D 创成式设计。创成式设计（generative design）是一种参数化建模方式，在设计的过程中，当设计师输入产品参数之后，算法将自动进行调整和判断，直到获得最优化的设计。创成式设计可以帮助设计师优化零件强度重量比，以模仿自然结构发展的方式，创造出最强大的结构，同时最大限度地减少材料的使用。
- ◇ 电子电气设计与仿真。包括电子电气系统的架构设计和验证、电气连接设计和验证、电缆和线束设计和验证等。相关仿真包括电子电气系统的信号完整性、传输损耗、电磁干扰、耐久性、PCB 散热等方面的分析。
- ◇ 软件设计、调试与管理。包括软件系统的设计、编码、管理、测试等，同时支撑软件系统全过程的管理与 bug 闭环管理。
- ◇ 设计全过程管理。系统设计全过程的管理和协同，包括设计数据和流程、设计仿真和过程、各种 MCAD/ECAD/ 软件设计工具和仿真工具的整合应用与管理。

1.4 从第一范式到第四范式

1.4.1 吉姆·格雷和科学研究的"四个范式"

"范式"（paradigm）一词来自美国科学哲学家、科学史家托马斯·库恩（Thomas Kuhn）1962 年出版的重要著作《科学革命的结构》。库恩指出，在科学发展的某一时期，总有一种主导范式，当这种主导范式不能解释的"异例"积累到一定程度时，就无法再将该范式视为理所当然，并转而寻求既能解释支持旧范式的论据又能说明用旧范式无法解释的论据的更具包容性的新范式，此时科学革命就发生了。范式转换是对科学进步的精辟概括，经典的例子是从古典物理学到爱因斯坦相对论的转换。库恩的主要观点是科学革命的本质是范式转换，而不是知识的堆栈，科学发展的历史是一个新范式取代旧范式的运动过程，它包含着理论的积累，同时也包含着危机与裂变[12]。

图灵奖得主、关系数据库的鼻祖吉姆·格雷（Jim Gray）在 2017 年加州山景城召开的 NRC-CSTB（National Research Council-Computer Science and Telecommunications Board）大会上，发表了题为"科学方法的革命"的演讲，提出将科学研究分为四个范式，依次为实验科学、理论科学、计算科学和数据探索科学[13]。2009 年微软研究院出版《第四范式：数据密集型的科学发现》（*The Fourth Paradigm:*

Data-intensive Scientific Discovery》，继承并扩展了吉姆·格雷的第四范式思想[14]。

吉姆·格雷在演讲中多次讲到科学研究的"四个范式"。人类最早的科学研究，主要是通过实验来描述自然现象，称为"实验科学"（第一范式）；随后出现"理论科学"（第二范式），比如开普勒定律、牛顿万有引力定律、麦克斯韦方程组等；再后来，对于很多复杂问题，采用解析的理论模型变得难以求解，20世纪后半叶，随着计算机技术的发展，人们开始采用"仿真模拟"（第三范式）的手段来解决复杂问题。

随着时间的推移，仿真积累了大量数据，实验也积累了大量数据，人类进入大数据时代。对于"大数据"（big data），研究机构 Gartner 给出了这样的定义："大数据"是需要新处理模式才能具有更强的决策力、洞察发现力和流程优化能力的海量、高增长率和多样化的信息资产。大数据具有4V特点：Volume（大量）、Velocity（高速）、Variety（多样）、Value（价值）。在牛津大学教授维克托·迈尔－舍恩伯格撰写的《大数据时代》中，大数据指不用随机分析法（抽样调查）这样的捷径，而采用所有数据进行分析处理[15]。如果把大数据比作一种产业，那么这种产业实现盈利的关键在于提高对数据的"分析能力"，通过"分析"实现数据的"增值"。这种对大数据的"分析"叫"数据探索"（第四范式），最新技术是人工智能（Artificial Intelligence，AI）。

第三范式与第四范式的显著区别在于：计算科学是先提出可能的理论，再搜集数据，然后通过计算仿真进行理论验证；而数据探索科学，是先有了大量的数据，然后通过计算得出之前未知的理论。《大数据时代》中明确指出，大数据时代最大的转变，就是放弃对因果关系的渴求，取而代之关注相关关系[15]。也就是说，只要知道"是什么"，而不需要知道"为什么"。这就颠覆了千百年来人类的思维习惯，对人类认知和与世界交流的方式产生新的变革。

1.4.2 人工智能及其研究领域

1950年，英国数学家、逻辑学家艾伦·图灵（Alan Turing）发表了一篇划时代的论文"机器能思考吗？"，文中预言了创造出"具有真正智能的机器"的可能性。由于注意到"智能"这一概念难以确切定义，他提出了著名的图灵测试：测试者与被测试者（一个人和一台机器）隔开的情况下，通过一些装置（如键盘）向被测试者随意提问；进行多次测试后，如果机器让平均每个测试者做出超过30%的误判，那么这台机器就通过了测试，并被认为具有智能[16]。

1956年，达特茅斯学院的数学助理教授约翰·麦卡锡（John McCarthy）组织了一组教授和科学家来探索用机器模拟人类智力的可能性，与会者创造了人工智能（AI）这个术语。之后，人工智能成为独立的科学分支，1956 年也被称为人工智能元年。

当然，目前人们认识到了人工智能这个名词的局限性和一定程度的误导性，一些研究人员采用了自下而上的认识法，试图从逐渐增长的数据量中寻找模式，称为 IA（Intelligence Augmentation）——"智能增强"，成为对仿人类 AI 的补充。加州大学伯克利分校 Michael I. Jordan 教授认为这个新兴的学科应该包含 AI、IA 和 II（Intelligent Infrastructure，智能基础设施），人类需要全方位正视 AI、IA 和 II 带来的挑战和机遇，而不应该只专注于仿人类的 AI。

人工智能的发展经历了漫长的过程，公众对人工智能的兴趣几经反复，在 21 世纪初回归，有一个主要原因是在信息和通信行业持续 60 年的发展之后，社会终于有了使人工智能成为现实的手段。

2014 年 6 月，一台计算机（计算机尤金·古斯特曼并不是超级计算机，也不是电脑，而是一个聊天机器人，是一个电脑程序）成功让人类相信它是一个 13 岁的男孩，成为有史以来首台通过图灵测试的计算机。这被认为是人工智能发展中的一个里程碑事件。

著名物理学家斯蒂芬·霍金曾指出，假若人工智能成熟了，它们自我演进的速度将会比人类的生物演进快得多，终有一日会比人类聪明和强劲。埃隆·马斯克也称人工智能是"人类最大的潜在威胁"，"可能比核武更危险"。2015 年美国非营利组织"未来生命研究所"（Future of Life Institute，FLI）发表公开信称，人工智能研究的稳步发展有望给人类带来前所未有的益处，但也存在风险，因此，科学界应就如何造就"强大而有益"的人工智能系统、如何使其社会效益最大化等展开积极的研究。包括霍金、马斯克在内的数百位重要人士在这封公开信上签名。人工智能到底代表什么呢？这是一个斯坦福大学将会花一百年来回答的问题。该大学宣布建立一个长达一百年的人工智能研究计划——The One Hundred Year Study on Artificial Intelligence，简称 AI100，目的是研究懂得感知、学习和思考的机器到底会怎样影响人类的工作和生活[17]。

斯坦福大学教授尼尔斯·尼尔森（Nils J. Nilsson）在《理解信念：人工智能的科学理解》一书中对人工智能进行了定义："人工智能就是致力于让机器变得智能的活动，而智能就是使实体在其环境中有远见地、适当地实现功能性的能力。"[18]

人工智能技术目前已经开始充斥我们的生活，该领域的研究也从仅仅建立智能系统，转向了建立有人类意识的、值得信赖的智能系统。下面分别就人工智能目前的热门研究领域进行介绍。

机器学习、深度学习和强化学习

大规模机器学习（如监督和非监督学习）目前努力的重点主要是将现有算法扩展到更庞大的数据集上；深度学习特别是成功训练卷积神经网络的能力非常有益于计算机视觉、音频、语音和自然语言处理等感知领域；有别于传统机器学习主要关注模式挖掘，强化学习将重点转移到决策中，不过由于表征和缩放问题，强化学习在实践中的应用受到局限。

2016 年初，由谷歌 Deep Mind 开发的计算机程序 AlphaGo 战胜李世石成为人工智能的里程碑事件。其核心技术深度强化学习受到人们的广泛关注和研究，取得了丰硕的理论和应用成果。之后进一步研发出的算法形式更为简洁的 AlphaGo Zero，采用完全不基于人类经验的自学习算法，完胜 AlphaGo，再一次刷新了人们对深度强化学习的认知。深度强化学习结合了深度学习和强化学习的优势，可以在复杂高维的状态动作空间中进行端到端的感知决策。

机器人

机器人也是人工智能的一个热门研究领域，在静态环境中的机器人导航在很大程度上已经实现了，目前的努力是训练和操纵机器人以普遍的、预测性的方式与周围世界进行交互。机器学习、深度学习和强化学习有助于机器人感知方面的进步，包括计算机视觉、力和触觉感知等，这些将成为推进机器人能力的关键。

2019 年，IHMC Robotics 发布了一段相当震撼的新视频。视频中，波士顿动力（Boston Dynamics）的 Atlas 机器人（DRC 版本）在小心翼翼地、自主地走过各种物体，包括悬空的木板和摇晃的砖块，展示了高度的灵活性（图 1-20）。Atlas 机器人能够在各种地形上行走，并且膝盖有弯曲和直立的动作，步态更像人类，甚至能够在腿挺直的情况下对轻度的攻击做出反应。

图 1-20　Altas 和波士顿动力公司

波士顿动力公司 1992 年从麻省理工学院独立，由一群技术疯狂爱好者组成，埋首研究工程机器人技术，已开发 BigDog、SpotMini、Handle、Spot、SandFlea、WildCat、LS3、Atlas、RHex 等多种不同型号的机器人，其中人工智能算法高度参与融合，引领人类迈入真正的机器人时代。

计算机视觉和自然语言处理

计算机视觉是目前最突出的机器感知形式。它是受深度学习的兴起影响最大的人工智能子领域，GPU 大规模计算及神经网络算法的改进，使得计算机首次能够比人类更好地执行一些视觉分类任务。

自然语言处理与自动语音识别经常一同被当作另一个非常活跃的机器感知领域，并很快成为一种拥有大数据集的主流语言商品。谷歌宣布目前其 20% 的手机查询都是通过语音进行的，并且最近的演示已经证明了实时翻译的可能性。目前的研究方向是发展精致而能干的系统，可以通过对话与人互动。

物联网

物联网（IoT，Internet of things）即"万物相连的互联网"，是在互联网基础上进行延伸和扩展，将各种信息传感设备与互联网结合起来而形成的一个巨大网络，实现在任何时间、任何地点，人、机、物的互联互通。工业物联网是将具有感知、监控能力的各类采集、控制传感器或控制器，以及移动通信、智能分析等技术不断融入工业生产过程各个环节，从而大幅提高制造效率，改善产品质量，降低产品成本和资源消耗，最终实现将传统工业提升到智能化的新阶段。

MindSphere 是西门子推出的一种基于云的开放式物联网操作系统，它可将产品、工厂、系统和机器设备连接在一起，使用户能够通过高级分析功能来驾驭物联网产生的海量数据。

协同系统

协同系统方面进行的是对模型和算法的研究，用以帮助开发能够与其他系统和人类协同工作的自主系统。该研究依赖于开发正式的协作模型，并学习让系统成为有效合作伙伴所需的能力，实现人类与机器的优势互补。

众包与人类计算

对于许多任务而言，人类的能力是优于自动化方法的，因而众包专注于设计出创新的方式来利用人类智力。最有名的众包例子是维基百科，它是一个由网络公民维护和更新的知识库，并且在规模上和深度上远远超越了传统的信息源，比如百科全书和词典。Citizen 科学平台激发志愿者去解决科学问题，而诸如亚马逊的 Mechanical Turk 等有偿众包平台，则提供对所需要的人类智力的自动访问。

另外，包括激励结构、人工智能的经济和社会计算维度以及受到生物神经网络启发寻求替代模型以提供硬件效率和计算系统稳定性的研究也吸引了新的关注。

1.4.3　人工智能在复杂系统研发中的应用

上文中我们多次谈到了人类的太空探索特别是火星探测，相信人工智能在未来必将扮演越来越重要的助推器作用。比如，我们畅想一下未来登陆火星的场景，将会包括大量空间主体（卫星、人类、机器人、模组、传感器等）之间的协作，由于火星和地球之间的距离，往返通信时间要在 6.5 分钟到 44 分钟之间，而且每隔两年一个月 14 天才有一次机会，时间非常有限。显然，为了完成这样的任务，单个空间主体必须能够自主决策，彼此之间无缝配合，并能够维护自身健康状况，以执行相应的任务。人工智能在复杂系统研发中大有可为，下面以航天系统研发为例，介绍人工智能颇有前景的应用方向。

群体智能

回顾生命进化史，生物多数以群居为主，例如人类、蚂蚁等。"微躯所馈能多少，一猎归来满后车"，"两个黄鹂鸣翠柳，一行白鹭上青天"，分别体现出蚁群和候鸟的群智行为特征。"群体智能"一词最早在 1989 年由 Gerardo 和 Jing Wang，针对电脑屏幕上细胞机器人的自组织现象所提出。早期大部分学者将其定义为：群体智能（swarm intelligence）是具有分布控制、去中心化特点的自组织智能行为。它是智能形态高级的表现方式之一。如今，在各项人工智能技术蓬勃发展的新时代，群体智能又有了新的表现形式，主要可分为自上而下有组织的群智行为和自下而上自组织的群智涌现。比如美国国防部高级研究计划局（DARPA）开展的"进攻性蜂群战术"（OFFSET）项目就实现了群体对抗中自上而下的群智行为（图 1-21）。

图 1-21　蜂群群智行为和无人机蜂群战术

群体智能的关键技术包括群体智能的主动感知和发现、知识获取与生成、协同与共享、评估与演化、人机整合与增强、自我维持与安全交互、服务体系架构以及移动群体智能的协同决策与控制等。随着电子和信息技术的发展，卫星存储、计算和通信能力得到大幅提升；研制和发射成本逐步下降，卫星在轨数量迅速增加。在此背景下，航天器已具备涌现群体智能的技术基础，随着大规模卫星群的出现，围绕这些卫星群体将来的工作和协同的关键技术研究也是未来的重要方向。在另一个领域，群体智能也提供了改进的可能性，这个领域就是卫星的相对运动控制技术。当一个多卫星系统需要以一种协调的方式运动时，每一颗卫星的运动都必须在不同层级上考虑其他卫星的运动情况，卫星群之间的信息交互非常重要。在在轨自主装配、面向空间非合作目标围捕、空间大型设施维护与服务、空间碎片监视与清除等复杂空间操控任务方面，群体智能也有很好的应用前景。

自我意识

理想情况下，航天器应该具有自我意识，能够执行自主行动，确定自身的健康状况，并最终基于此做出行动。但目前天空任务反而高度依赖地面指挥系统，这个过程需要大量人类专家参与，而且是非常耗时费力的。具有自我意识的自主系统开发也是航天器研发的一个重要课题。

基于模型的方法利用模型来对系统状态进行判断，而这些模型往往依赖于专家知识；数据驱动方法基于数据挖掘和机器学习技术，根据遥测数据推断出模型，在飞行时间序列分析中自动识别故障，并且能预防性地发现可能产生的故障，以便地面指挥系统或航天器智能规划调度系统及时采取适当措施。如哥伦比亚号航天飞机在重返大气层时热保护系统出现故障，导致发生爆炸，故障发生的数据就被作为训练集的一部分，以训练算法识别未来类似的风险。

分布式计算和云计算

分布式计算研究如何把一个需要非常巨大的计算能力才能解决的问题分成许多小的部分，然后把这些部分分配给许多计算机处理，最后把各部分的计算结果结合起来得到最终的结果。归其本质其实体现了一种算法的精髓：分而治之。美国国家标准与技术研究院（NIST）把云计算定义为一种按使用量付费的模式，这种模式提供可用的、便捷的、按需的网络访问，进入可配置的计算资源共享池（资源包括网络、服务器、存储、应用软件和服务）。这些资源能够被快速提供，只需投入很少的管理工作，或与服务供应商进行很少的交互。

目前大多数在轨运行的商业卫星主要目的是将数据传递到地球，卫星不断地生成数据并传递，据欧空局（ESA）统计，其对地观测卫星ENVISAT每年产生400TB的数据，并由计算机逐步进行处理。逐年积累的数据达到了惊人的程度，对这些数据的统计学分析往往需要花费数年时间。因此，分布式计算对高效处理这些卫星数据就变得非常重要。另外，在航天器的设计过程中工程师面临很多全局优化问题，特别是在初步行星轨道优化中全局优化至关重要（图1-22），幸运的是全局优化算法适用于分布式计算，可大大提高优化性能[19]。

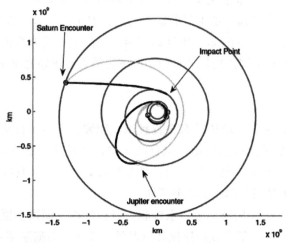

图1-22　优化的地球–金星–地球–金星–地球–木星–土星–小行星轨道

智能设计、仿真和优化

随着人工智能的发展，与CAE仿真技术的结合正变为研究热点。传统CFD仿真比较耗费计算资源和时间，位于冰岛的Advania数据中心在最近一个案例研究中，将深度学习应用于计算流体动力学（CFD）模拟的复杂任务。研究人员只给出被模拟物体的形状，通过云计算创建大量的模拟样本，让人工神经网络学习模拟设计与周围流场之间的依赖关系，以预测流体流动。采用云计算的方式，在数小时内生成数万个必要的样本，大大减少了求解时间（约1000次），同时保持了传统CFD求解器的精度。该中心还得出结论，训练更复杂的模型（例如用于瞬态三维流模型）将需要更多的数据。

随着空间系统复杂性的增加，需要在设计早期进行设计空间探索，评估尽可能多的设计方案，以驱动产品创新。航天器设计空间探索往往需要考虑不同的子系统以及多学科之间的相互作用，实现多学科优化（MDO）。最近一种进化的算法已经被用在 NASA ST5 微型卫星的天线设计中，大致的流程是：首先算法用智能实验设计方法或者说抽样方法生成探索点，再驱动仿真或试验来评价生成的样本，然后对这些样本和评价结果进行建模、学习、统计分析、数学规划和寻优，处理完的结果用来指导下一次迭代的智能抽样，实现高效率地找到最优设计。

在设计方面，2019 年汉诺威工业博览会上，西门子展示了在新版的 NX 软件中集成机器学习和人工智能功能，这允许软件预测即将到来的工作步骤并以前瞻性方式更新用户界面，这些功能旨在帮助设计人员和开发人员更有效地使用软件并提高工作效率，这成为全球第一款真正能把 AI 纳入标准系统当中的 CAD 系统。另外，西门子还把人工智能应用于工业设备的预测性维护、故障设备检测和设备健康状态预测，以及给出设备在特定环境条件下的适应和优化方案，帮助工业企业在其全生命周期内实现智能预测、高级诊断以及自主优化。在工艺性能预测方面，西门子成功地将 CAE 仿真的过程工艺机理模型与机器学习的数据模型相融合，对产品工艺过程的质量缺陷进行高效和精确预测。

1.5 国外对研发体系数字化转型的探索

1.5.1 美国数字工程

美国作为世界上军事实力、经济实力超强的国家，在数字化转型探索方面一直走在世界的前列。2018 年 6 月，美国国防部提出数字工程战略，以应对当前和未来防务产品系统复杂性的增加。当前基于文档的串行研发流程，导致部门间的交流存在"烟囱"模式，必须要数字化转型，实现敏捷采办和武器系统的快速部署，保持军事领先实力。数字工程是一种集成的数字化方法，使用系统数据和模型的权威真相源，作为跨学科的连续统一体，支撑从概念到报废阶段的所有生命周期活动。该战略提出了促进数字工程实践的 5 个具体目标，如图 1-23 所示。

1）正式化开发、集成和使用模型。建立模型的正式计划、开发和使用规则，模型作为整个生命周期中开展工程活动的连续统一体。这种模型的大量使用将实现系统中连续的端到端的数字表达，并进一步支持项目和跨企业的一致性分析和决策。

2）提供持续的权威真相源。从以文档为主的交流方式转移到数字模型和数据，基于数字模型和数据来访问、管理、分析、使用和分配信息。这样，有权限的利益攸关者在整个生命周期中可以获得最新的、权威的且一致的信息。3）融合创新技术。融合创新技术如大数据、人工智能、物联网和虚拟现实等，以改善工程实践。该目标超越了基于模型的方法范畴，但融合最新 IT 技术将支持交联的数字端到端企业的快速实践创新。4）建立基础设施和环境，以支撑利益攸关者间执行工程活动、协同和沟通。5）转型文化和生产力，以在整个生命周期中采用和支持数字工程[20]。

图 1-23　数字工程的 5 个战略目标

数字工程实践的预期收益包括：更明智的决策，增强利益攸关者间的沟通交流，在系统开发中增强理解力和信心，以及更高效的工程流程等，如图 1-24 所示。

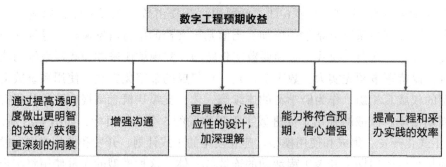

图 1-24　数字工程预期收益

数字工程的核心是基于模型的方法在工程中的应用，并且融入高性能计算、大数据分析、人工智能、自主系统和机器人等技术以提升工程能力。数字工程包括系统工程的技术流程和技术管理流程，并提出三项核心技术：数字系统模型（digital system model）、数字线程（digital thread）和数字孪生（digital twin）（图 1-25）。

图 1-25　数字工程的范围[21]

数字工程生态系统顶层视图如图 1-26 所示，自下而上三层嵌套：底层是技术数据和工程知识管理系统，包括工程标准、需求数据、设计和制造数据、测试数据、供应数据、运行数据、维护数据、工程能力数据等数据库；顶层是国防采办系统，包括国防部层面的采办里程碑决策，各军种层面的系统工程技术评审，项目办层面的成本分析、需求论证、成本/进度/性能权衡；中间层是贯穿数字工程生态系统的纽带，核心是跨生命周期的数字系统模型、数字线程和数字孪生，将系统的多领域、多物理、多层级分析工具集成，利用技术数据和工程知识以及系统的权威数字化表达，对成本、进度和性能、经济可承受性、风险进行分析，支撑国防采办。

数字工程强调的第一个方面是正式化建模。首先要制定模型的开发、共享和集成的计划，确保以连贯并有效的方式建模，以达到所有的利益攸关者以模型为主线进行沟通和协同，并实现数据的连续传递以及基于模型的评审/审计等。正式化建模覆盖从概念到退出阶段的系统全生命周期。

数字工程强调的第二个方面是权威真相源。权威真相源记录技术基线的历史与当前状态，它是整个生命周期中模型和数据的中心参考点，如图 1-27 所示。它捕获系统的演进、历史知识并可连接到模型和数据的权威版本，从而使模型和数据在全生命周期都可追溯。对权威真相源所做的更改将在整个数字设计模型中传播到所有受影响的系统和功能。合理地维护权威真相源将降低使用不正确模型数据的风险，并支持对当前和历史构型数据文件的有效控制。权威真相源的目标是在正确的时间将正确的数据传递给正确的人,以实现正确的使用。

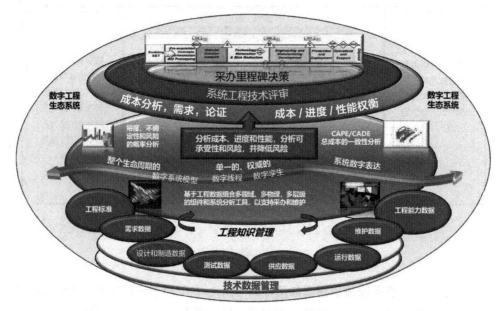

图 1-26　数字工程生态系统的顶层视图 [21]

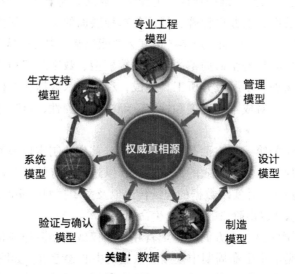

图 1-27　权威真相源是所有模型和数据的中心参考点

权威真相源促使利益攸关者间的交互方式发生范式转移:从静态的、孤立的文件转移到模型和数据。这些模型和数据连接了传统的孤立元素,并在整个生命周期中提供交换的集成信息。如图 1-28 所示，通过权威真相源，利益攸关者能够协同工作，在整个生命周期中使用共享知识和资源。

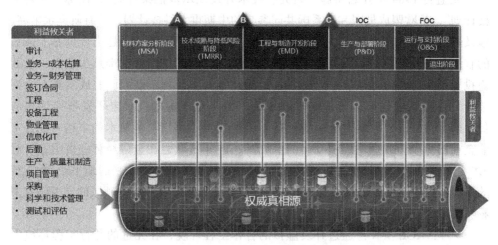

图 1-28　权威真相源促进利益攸关者的沟通

数字工程强调的第三个方面是融入技术创新，如大数据与分析、虚拟现实、增强现实、数字孪生、数字制造、3D 打印、数据可视化、人工智能、人机接口、商业云、认知技术等（图 1-29）。该方面已超越了基于模型的方法，采用数据分析学，通过模型和数据加深对系统的认知，帮助利益攸关者提升决策水平、系统能力以及计算密集型工程活动的成效；还将利用人机交互转变机器与其他机器和人类进行交流和协作的方式，从而同时利用人类和机器的力量提升工程实践。

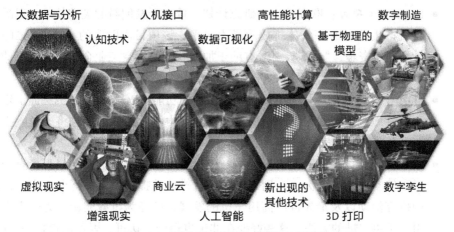

图 1-29　融合技术创新，增强工程实践

1.5.2 欧盟框架计划项目

欧盟自 1984 年开始实施"研究、技术开发及示范框架计划",简称"欧盟框架计划",是欧盟成员国和联系国共同参与的中期重大科技计划,具有研究水平高、涉及领域广、投资力度大、参与国家多等特点。欧盟框架计划是当今世界上最大的官方科技计划之一,以研究国际科技前沿主题和竞争性科技难点为重点,是欧盟投资最多、内容最丰富的全球性科研与技术开发计划。迄今已完成实施七个框架计划,第八项框架计划——"地平线 2020"正在实施。欧盟研发框架计划肩负着四大重任:建设欧盟统一的研究区域(ERA)、保持科学技术的卓越、提升工业企业的竞争力和应对经济社会的挑战。2011 年,欧盟在金融经济危机阴影下对 FP7 进行的改革加入创新这一竞争性目标,同时赋予 FP7 和未来的地平线 2020 新的使命:经济增长和扩大就业。本节从欧盟框架计划项目对航空领域的支撑研究来看欧盟的数字化转型方向,如图 1-30 所示。其主要包括:

- VIVACE 项目:通过开发虚拟的合作工程环境,在先进的并行工程环境中采用建模和仿真方法来修改设计和优化整个设计过程。
- CRESCENDO 项目:在 VIVACE 项目基础之上的进一步研究,提出了行为数字飞机(BDA)的概念,为航空供应链提供在扩展/虚拟企业中实际管理虚拟产品的方法,并在产品工程生命周期的每个阶段提供所需的所有功能和组件。
- TOICA 项目:在开发的早期阶段,用于管理飞机热行为的新的先进技术对于在满足市场需求的同时做出正确的配置决策至关重要。为了有效地开发新兴的创新解决方案,必须对全球飞机执行热管理。
- Clean Sky 项目:欧洲最大的研究计划,旨在开发创新的尖端技术,以减少飞机产生的 CO_2 等气体排放和噪声水平。该项目由欧盟的"地平线 2020"计划提供资金,"清洁天空"有助于加强欧洲的航空工业合作,确保全球领导地位和竞争力。
- POA 项目:为下一代飞机提供设备所需的功能。POA 将在飞机层面上定量和定性地验证替代设备系统减少非推进动力消耗的能力。这将通过减少峰值和总非推进功率、燃料消耗、重量和维护成本来实现。
- MOET 项目:建立商用飞机电气系统设计的新工业标准,这将直接有助于增强航空业的竞争力,有助于减少飞机排放并提高飞机的运营能力。最近的研究活动以及最先进的商用飞机的发展,已经为机载能源动力管理系统引入了更先进的方法。这些好处在北美也得到了认可,因此值得特别考虑。

必须逐步改变以消除当前的空气和液压发动机的排气，并进一步提高发电能力。

- ACTUATION 2015 项目：目的是为所有作动器（飞行控制、高升力、起落架、门、反推力装置）和所有类型的飞机（商务、区域）开发和验证一套通用的标准化、模块化和可扩展的机电执行器（EMA）资源[22]。

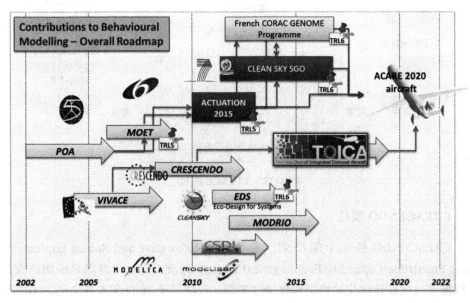

图 1-30　欧盟框架计划中航空领域的投资项目[22]

VIVACE 项目

VIVACE 是一个缩略词，全称是 Value Improvement through a Virtual Aeronautical Collaborative Enterprise，意思是通过一个虚拟化的航空协同企业来提升价值，属于欧盟第六框架计划（FP6）中的项目，总价值为 1.226 亿美元。总体目标是降低飞机研制总费用（从新飞机设计到市场销售）的 5%，减少飞机最后研制阶段成本的 5%，缩短飞机研制周期的 30%，以及降低新型发动机研制费用的 50%。其宗旨是通过开发虚拟的合作工程环境以改善飞机和发动机设计过程，具体地说是通过在先进的并行工程环境中采用建模和仿真方法来修改设计和优化整个设计过程。

VIVACE 计划项目有 3 个主要子项目：虚拟飞机、虚拟发动机和先进能力（图 1-31）。虚拟飞机子项目由空客法国公司牵头，虚拟发动机子项目由罗罗公司牵头，先进能力子项目由法国 CRCF 研究中心牵头。涉及 7 个关键领域：设计仿真、虚拟试验、设计优化、业务和供应链建模、知识管理、决策支持和虚拟企业[23]。

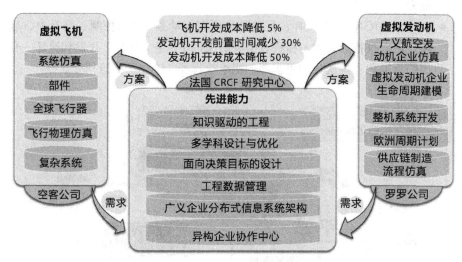

图 1-31　VIVACE 项目

CRESCENDO 项目

CRESCENDO 是一个缩略词，全称是 Collaborative and Robust Engineering using Simulation Capability Enabling Next Design Optimisation，意思是使用仿真能力赋能下一代设计优化的协同和鲁棒性工程。该项目于 2009 年 5 月启动，2012 年 10 月结束，属于欧盟 FP7 资助的框架计划项目。由空客公司与来自 13 个国家的 59 个合作伙伴组成的联合体承担项目研究，其中包括飞机和航空发动机制造商和供应商、PLM 和仿真软件解决方案供应商、研究中心和学术机构等。项目的背景是应对来自航空业的挑战：产品日益复杂、低排放、低噪声的环境法规约束、市场需求主导飞机设计、需综合考虑时间/成本等关键竞争力因素等。项目目标是建立多学科协同仿真平台，使得多学科团队协同工作，有效控制航空产品开发的时间和成本，并将建模和仿真能力提升到一个新的台阶。该项目的主要成果是"行为数字飞机"（图 1-32），实现从初步设计到详细验证和认证全生命周期的管理，为每一个类型的分析都定义了标准的、符合适航证要求的分析流程，从而实现使用先进的仿真流程和数据管理（SPDM）进行协作产品开发的先进模式。项目提供了两类赋能技术。1）BDA 协同功能，用于管理分布式数据、流程和基础架构。CRESCENDO 提供了基于 ISO 标准的通用业务对象模型、Web 服务和数据交换（DEX）规范；可互操作的 SPDM 平台实现支持安全协作工作流，仪表板用于监控进度和评估仿真结果的质量；决策环境为飞机创建行为，并记录关键的产品开发决策。2）BDA 工程方法，实现更有效的行为建模和仿真。CRESCENDO 采用自动网格化和几何推理技术，为模型制备提供了新的方法；代理和缩减订单建模；综合优化战略；采用多物理耦合技术，重点研究热流体结构相互作用、航空 – 热和航空 – 声 – 振动建模[24]。

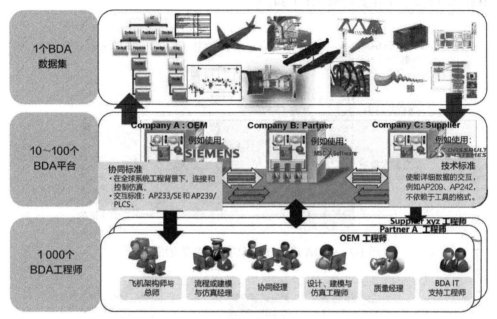

图 1-32　CRESCENDO 项目中的行为数字飞机[25]

在工程方案中，包括产品开发生命周期的初步设计和详细定义阶段（其中流程为"由仿真驱动的设计"），以及流程"通过仿真验证设计"的测试和认证阶段。其考虑了四个主要应用领域：价值生成、热飞机、发电厂集成和虚拟测试（进一步分解为 17 个"测试案例"）（图 1-33）。这些演示了所有阶段基于仿真的协作产品开发，并展示了启用 BDA 协作功能和 BDA 工程方法的成熟度级别和价值。

TOICA 项目

TOICA 的全称是 Thermal Overall Integrated Conception of Aircraft，意思是飞机整机热集成概念研究，是一个为期 3 年的欧洲项目，由空客牵头，于 2013 年启动。其参与者由来自 8 个国家的 32 个合作伙伴组成，预算接近 3000 万欧元。TOICA 项目是 CRESCENDO 项目中行为数字飞机的进一步应用研究，重点关注飞机整机热集成问题。该项目的目标是：1）开发定制化的协同仿真能力，提高 BDA

数据集的产生、管理和成熟度；2）开发新概念并集成新型的冷却技术和产品，以改进飞机部件、系统和设备中的热载荷管理；3）面向"EIS 2020"和"EIS 2030+ 热概念飞机"计划，针对不同的通用参考飞机评估和验证已开发的能力和技术概念；4）通过实现产品创新的需求、功能和产品元素之间的高度动态分配和关联，优化飞机设计。其主要用例见图1-34。[22]

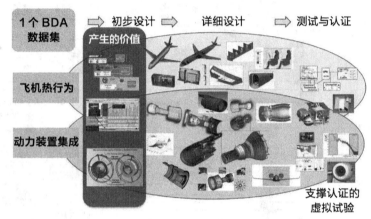

图1-33　BDA建模与仿真的四个主要应用领域[25]

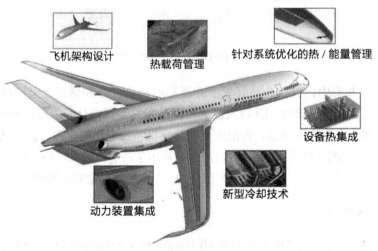

图1-34　TOICA项目中的6大用例

Clean Sky项目

Clean Sky项目的主要目标是二氧化碳排放量减少75%，氮氧化物减少90%；

飞机飞行降噪 65%；通过设计和制造可回收的飞机，减轻飞机和相关产品在生命周期内对环境的影响。Clean Sky 项目从 2008 年启动，目前一期项目已经完成，Clean Sky1 主要突破以下革新技术：

- 智能固定翼飞机（SFWA），由空客和 SAAB 共同牵头，交付革新的机翼技术和覆盖大型飞机和公务机的新型飞机构型。
- 绿色支线飞机（GRA），由 Alenia 和 EADS CASA 共同牵头，开发减少噪声和污染气体排放的新技术，特别是先进的低重量且高性能的结构，以及全电系统和无引气的发动机架构等。
- 绿色旋翼机（GRC），由 AgustaWestland 和欧直共同领导，提供创新的旋翼叶片技术，以降低转子噪声和功耗，采用降低机身阻力的技术以及先进的电气系统，以消除液压并改善油耗。
- 可持续的绿色发动机（SAGE），由罗罗公司和赛峰共同牵头，设计和制造 5 个发动机样机，以集成低油耗技术，同时降低噪声水平和减少一氧化二氮排放。
- 绿色运营系统（SGO），由利勃海尔和泰雷兹共同领导，专注于全电飞机设备和系统架构、热管理、环保轨迹和任务的能力等。
- 生态设计（ECO），由达索航空和弗劳恩霍夫·格塞尔舍夫共同牵头，专注于绿色设计和生产、维护、撤回和回收飞机，以及有效利用原材料和能源、避免危险材料以及减少机载系统不可再生能源消耗。
- 技术评估工具（TE），由德国航空航天协会和泰雷兹公司共同领导，评估以上革新技术集成到概念飞机时对环境的影响[26]。

Clean Sky 二期项目 Clean Sky2 目前正在开展中，周期从 2014 年开始持续到 2024 年，进一步研究新型环保飞机，突破节能减排降噪技术。

除了上述欧盟框架计划项目外，2020 年 2 月，欧盟还出台了一系列经济数字化转型相关的规划，比如"欧洲数据战略""欧洲新工业战略"和"人工智能白皮书"等，推进数字产业发展，目前已经成为欧盟经济发展的重要方向。与美国的数字工程专注于利用数字化技术实现复杂系统高效高质的开发和创新相比，欧盟的数字化转型更加专注于对绿色和可持续发展以及创建开放、公平的社会方面，这也是差异化竞争的战略选择以及欧盟自身价值观的体现。

第 2 章 | Chapter2

创新的三大思维模式——鼎新变通以尽利

> 如果思维方式没有变化，就不能解决我们由现在的思维方式所带来的问题。
>
> ——阿尔伯特·爱因斯坦

> 如果你不懂哲学，肯定做得也不错，但如果你懂点哲学，一定能把事情做得更好。
>
> ——钱学森

本章导读

当我们谈到数字化转型、数字孪生和数字线程技术，以及基于模型的正向研发和协同创新时，会认为这是一种范式的转变。然而，要想实现这些划时代的范式转变，在开始行动前，我们需要改变传统的思维模式。爱因斯坦曾经说过："如果思维方式没有变化，就不能解决我们由现在的思维方式所带来的问题。"那么我们首先要改变哪些思维模式，才能在研发体系数字化转型、构建复杂装备系统的数字孪生、基于模型的正向研发以及跨企业跨部门的多人协同创新中解放思想呢？本章从三个方面——设计思维、系统思维和数字思维给出了思维模式转变的一些要点和行动指南。

设计思维强调快速开发、快速试错、快速接收反馈并调整、快速迭代。在复杂装备系统的正向研发和协同创新中，研发流程不可能是线性的，协同创新也不是一次就能完成的。这个过程中要反复迭代、不断完善、逐步优化才能找到最优的设计方案。这要求我们在复杂装备系统研发中主动迭代,才能设计出质量最优、性能最好的创新性产品。快速迭代和数字思维有很大的关系,只有把文档变成数字模型,建立复杂装备系统的数字孪生,并采用数字线程技术对系统全生命周期的数据、模型建立完整的追溯关系,才能实现快速迭代和多人协同创新。

系统思维强调整体性、大局观,重点关注系统组成元素的相互作用方式、系统随时间如何运行,以及系统在更大的运行环境中的交互情况。这在具有百万级零部件,以及机电液控等多学科紧密耦合的复杂装备系统研发中是非常重要的。我们当然要关注每个部分,但更应该关注复杂装备系统的整体,因为我们希望最终得到的复杂装备系统能涌现出期望的功能、行为和性能。钱学森先生在20世纪80年代就提出了复杂巨系统理论和总体设计的思想,其目标就是建立系统思维体系、培养具有系统思维的系统工程师。在当今装备系统变得更加智能、更加复杂的情况下,我们应该继续发扬和实践系统思维精神。

数字思维是复杂装备系统研发体系进行数字化转型的核心。钱学森先生在复杂巨系统理论中提到人机结合的概念,这也是数字思维的初衷:让计算机帮助人类解决一些复杂数据的管理问题,让人类智慧与人工智能融合以辅助人类做出更加明智的决策。数字思维的一个重要体现就是基于模型的方法的应用,只有转变文档思维为数字模型思维,才能建立反映复杂装备系统的总体功能、几何结构、动态行为、运行性能等全面而综合的数字孪生,才能基于数字线程技术构建复杂装备系统全生命周期数据和模型的完整追溯关系,实现复杂装备系统研发体系的真正数字化转型。

本章将从设计思维、系统思维和数据思维三个方向给出以创新设计思维模式为引领的范式转移,探索研发设计资源集成共享平台项目中的创新方法和实现途径。

2.1 设计思维

设计思维是基于工程、工业设计、管理、人文学和信息管理等跨领域的综合学科,以客户为中心,通过对当前和未来的关注,探索问题中相关因素的变化,找出最适合的解决方案的思维方式,以及基于案例且面向未来的创新方法和工具。

设计思维经过哈佛设计院 Peter Rowe 的定义,IDEO 公司的概念商业化运作,斯坦福大学 D. School 的研究和传播,SAP 及西门子等公司与客户联合创新中心的运用、运行及创新工作坊的演进和推广,以及数百家中外企业的学习和实践,其内涵、方法、工具不断丰富和完善,应用范围已从产品设计扩展到商业模式设计、流程设计、服务设计、营销设计、运营设计、品牌设计、生产设计等领域，应用成果不断涌现，应用价值不断提升。

在当前形势下，国家需要改革，企业需要转型，个人需要转变，这些都离不开创新。创新不但要培养人们积极向上的、开放的心态，具有右脑的思维模式，还需要一套创新思维设计的方法论和工具，使得创新可以直接落地。创新设计思维是鲁百年博士在 2015 年首先提出的概念，它被定义为一种以人为本、目标导向的思维模式，也是一套实现创新设计的方法论和工具，使得创新流程化。创新设计思维是基于设计思维的，"创新"一词主要强调设计思维是为了设计新的产品、服务或者组织亟待解决问题的创新方案的。在继承的基础上，鲁百年博士与几十家国内客户在创新工作坊实践中提炼、总结了解决不同问题的新工具，将设计外延扩展为解决任何复杂问题、设计创新的解决方案，而不仅仅是产品设计[27]。

2.1.1 设计思维的发展历程

早在 1973 年，Robert McKim 的 *Experiences in Visual Thinking* 一书就介绍了视觉化在设计过程中的重要性[28]。到了 20 世纪 80～90 年代，美国著名的设计师、设计教育家、斯坦福大学 Rolf A. Faste 教授（1943—2003）把 McKim 的理论带到了斯坦福大学，他在斯坦福大学创办了 Stanford Joint Program in Design（也是 D. School 的前身）并一直担任主任，可惜他在 2003 年去世了，没赶上 D. School 建成。后来到了 1987 年，当时哈佛设计院院长 Peter Rowe 写了一本名为 *Design Thinking* 的书，描述了建筑师和城市规划者在做设计时使用的设计方法论，Design Thinking 这个词算是定了下来。在"快速开发、快速试错、快速接收反馈并调整、快速迭代"的竞争模式下[29]，对系统思维和统筹架构能力的要求大大提升，设计思维对于产品开发及公司发展至关重要。今天，设计思维已发展成一个可以学习的创新设计模式，它依靠的不是设计师个人的创意，而是要通过不同专业的人、以不同的角度共同产生创意，然后设计出一个创新的产品或服务。思维是人类头脑对自然界事物的本质属性及其内在联系的间接、概括的反映；设计则是通过改变自然物的性质，形成能够为人所用的物品。人借助思维将自己的本质力量对象化，因为设计与思维在设计的过程中是一个完整的概念，"设计"是前提，限定了思维的范畴；"思维"是手段，借助各种表现形式，最终形成产品。设计思维不仅要求设计师有较高的审美水平和扎实的形象表达技能，心手协调，而且要求设计师能对技术和艺术的结合进行思考和研究，通晓与设计有关的自然科学和社会科学的知识，不断地激发直觉和创造力，提高设计的文化品位。设计思维是指在设计和规划领域，对定义不清的问题进行调查、获取多种资讯、分析各种因素，并设定解决方案的方法与处理过程。作为一种思维的方式，它被普遍认为具有综合处理能力的性质，能够帮助人们理解问题产生的背景、催生洞察力及解决方法，并进行理性的分析，找出最合适的解决方案。

Design Thinking 一书首先将设计思维创新落地到实战工具和方法论[29]。在数字化工程中，针对如何将研发设计资源进行定义、分类，如何将非结构化的资源进行结构化处理，如何找到研发设计资源之间的内在逻辑，如何用通用的架构对研发设计资源进行结构设计以使其具备广泛的适应性，从而实现研发设计资源在不同行业的集团化企业能够被很好地管理和共享等问题，我们进行了深入思考和探索。我们认为：需要用哲学的思想和方法，深入了解和分析五大行业集团化企业研发设计资源的应用现状和管理及共享的共性及个性需求，遵循相关的标准和规范，借鉴国内外对标软件的经验，形成领先的面向集团企业研发设计过程的资源集成共享解决方案（含标准、工具、方法和平台软件）。

2.1.2 设计思维的应用

创新设计思维是一套实现创新设计的方法论和工具，其核心是以客户为中心的创新思维。集团企业设计资源集成共享平台作为复杂产品的研发设计基础，其研发设计本身也是一个创新的过程。面向航空航天、轨道交通、海洋工程、兵器装备等复杂产品的研发设计，集团企业设计资源集成共享平台既要提供以知识为基础、以流程为驱动的支撑，又要实现基于模型的研发设计过程、资源、方法和规则的抽象，实现感性直觉与理性逻辑的有效融合，为设计创新提供灵感捕获、知识辅导、规则校验和价值评估的能力。面向协同创新的集团企业研发设计资源集成共享平台技术研究与应用项目以鲁百年博士的创新设计思维为指导，按照三个阶段开展设计研发和交付工作。

- 探索阶段。在项目立项初期，针对集团企业研发设计资源缺乏统一管理，共享和重用效率低，与研发流程融合不足，无法在产品全生命周期中发挥核心价值等背景问题进行深入研究。站在五大集团企业产品设计最终用户的角度去观察，初步确定核心问题是解决集团企业研发设计资源集成与共享的平台，因此项目将平台的研发和交付作为项目创新的主题。
- 设计阶段。通过示范应用单位的遴选，深入开展业务需求调研，站在设计师的角度，发现设计资源集成共享中的痛点、难点。核心需求是集团企业研发设计资源空间构建与集成共享、分布式研发设计资源集成管理与共享、支持协同创新的研发设计流程与资源融合、集团企业研发设计资源集成管理与共享平台开发及应用和基于研发设计资源集成管理与共享平台的协同研制环境构建与应用等。据此，结合技术人员、行业专家开展设计工作，明确重点攻关技术和实现内容。
- 交付阶段。首先是成立由各参研单位、示范单位的业务、技术和管理人员构成的联合研发团队，通过工作坊模式开展设计创新。通过研讨、走访和论证，确定各课题的重点内容和交付方式，并明确各交付物间的依赖关系。计划通过航天、轨道交通、海洋装备这三类集团企业的示范应用，不断优化和完善平台，进一步构建研发设计资源与研发流程深度融合的产品协同研制环境，在航空、兵器这两类集团企业开展深化应用，支持各类异构数据集成，实现跨系统、跨组织的设计资源等的有效管理和综合利用。

基于创新设计思维三个阶段的指导（特别是鲁百年博士强调的创新过程），目标是与客户一起协同创新，以客户为中心，完全站在客户的角度考虑问题，就是同理心态，通过移情、神入、完全进入他人的境界和情感。为了获得真正的创新设计思维，而不是以纯粹的逻辑思维解决问题，首先要做到不考虑研究问题的现状和参与者的身份，要完全站在最终用户的角度设计一个美好的未来，也就是顶层设计。保持积极向上的心态，想办法找方案，而不是找理由推脱责任。在整个创新设计思维的过程中，一定要具有开放的心态，认为万事皆可能。所以，应该坚持不批评、不议论、不说"不可能""你错了"等原则，因为大家认为的不可能是按照常规思维得到的结论，这样就很难创新，如果将大家认为的不可能变成可能，才会实现创新。创新设计思维的最大特征之一就是"快速原型法"，先将事情做成，然后将事情做好。将客观的、合理的、按照逻辑推理的、追求相对稳定的、利用分析和相应规划实现的商业思维与主观的、换位思考的、按照感情探索的、追求新奇的、利用体验和通过行动解决的设计思维紧密结合起来，再加上忘掉现状和问题而寻求美好未来，三者平衡利用就产生了新的思维模式——创新设计思维模式。在形成创新设计思维的过程中，需要集思广益，从智商（IQ）到众商（WeQ），最好像IDEO公司项目组一样，由不同行业的人员组成设计团队，这样可以整合成为"T"型人才团队，各自给出完全不同的建议和想法，再通过集中讨论获得大家公认的最佳方案。简言之，广泛征集大家的建议和意见，集思广益，然后进行汇总，当别人提出想法时，不批评、不议论、不评价，而是在别人想法的基础上获得更有用的想法，才能获得更好、更有效的创新方案。

目标导向的创新设计模式在产品、服务创新中得到广泛应用，并取得了实际成效。据此，我们在面向协同创新的集团企业研发设计资源集成共享平台技术研究与应用项目实践中，创新性地实现了理论与实践的充分融合，形成一系列设计原则：

- 坚持"以终为始"的原则。通过对标国际先进平台产品、集成经实践验证的资源集成管理与共享工具，形成领先的面向集团企业研发设计过程的资源集成共享解决方案。
- 设计流程遵循 MBSE 指导。项目研究以基于模型的系统工程理论方法为指导，形成系统、完整的技术与系统设计框架。
- 项目坚持应用为先整体思路。通过"工程应用"+"深化应用"的模式，推动平台的实施。通过共享服务平台实现研发设计资源按需推送和共享。
- 产学研用强强联合原则。以"产学研用结合、优势互补、强强联合"为原则。项目组包括项目、课题、任务承担单位专业人员。
- 双线并行分层管理原则。项目/课题牵头单位是项目实施的责任主体。建立"项目-课题-参与单位"的三级分层管理机制。技术管理和财务管理双线并行。

2.2 系统思维

简单来说，系统思维就是将疑问、状况或问题视为一个系统，即一组相互作用的元素组合。系统思维（systems thinking）是一种整体分析方法，重点关注系统组成元素的相互作用方式，系统随时间如何运行，以及系统在更大的运行环境中的交互情况[30]。与系统思维相对的是分析思维，后者认为可以将复杂的系统、事物、现象分解为各部分的组合，进而加以理解和描述。分析思维将高层的、复杂的对象分解为低层的、简单的对象，但是忽略了系统的整体性，无法研究系统的涌现性。系统思维方法更适用于交联关系复杂的系统，目前系统思维应用非常广泛，医学、环境、政治、经济、人力资源、教育系统以及工程系统中已经有关于系统思维的大量应用研究。

2.2.1 系统思维的起源与发展

系统思维的概念最早起源于 1961 年，由麻省理工学院教授 Jay Forrester 针对复杂系统多学科分析，在成立系统动力学研究小组时提出。他认为，把待研究的问题或对象看成一个系统，认识到"系统"这个概念很重要。然而，他并没有给出系统思维的清晰定义[31][32]。他的学生 Barry Richmond 对系统思维做了进一步研究，给出了明确的定义。Barry Richmond 定义系统思维是一门深入理解系统结构、对行为进行可靠推理的艺术和科学。他强调只有拥有系统思维的人才能既看到森林，又看到树木，整体和局部都要关注[33]。Forrester 的另一位学生在系统思维上也有很深的造诣，他就是享有盛名的管理学大师 Peter Senge。他认为，系统思维是一门关注整体和反映相互关系框架的学科，他在《第五项修炼》中写到系统思维是学习型组织的第五项修炼 [34]。

Jamshid Gharajedaghi 是目前在系统思维领域学识最渊博的管理学大师，他的 *Systems Thinking: Managing Chaos and Complexity-A Platform for Designing Business Architecture* 融合了 Jay Forrester 的 MIT 系统思维学派思想，针对解决混乱和复杂的社会文化系统问题提出更为全面的系统思维定义，包括整体思维、运筹思维、设计思维以及社会文化模型的自组织四个方面（图 2-1）。这几个部分相辅相成，以应对社会文化系统出现的混乱和复杂环境所带来的挑战 [35]。

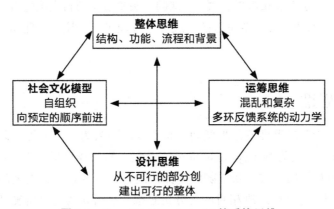

图 2-1　Jamshid Gharajedaghi 的系统思维

以上系统思维方式主要应用在社会文化系统以及企业组织，而本书重点关注人造的工程系统，虽然思维方式上类似，而且社会文化系统比工程系统更复杂，但是以上系统思维观念应用到工程系统开发或设计时可操作性并不强。

Edward Crawley 在其著作 *System Architecture: Strategy and Product Development for Complex Systems* 中总结出面向工程系统开发的系统思维的概念，这种思维模式更适合系统工程师开展工作。Crawley 定义开展系统思维的四项任务：1）确定系统及其形式与功能；2）确定系统中的组成元素及其形式与功能，以及系统边界和系统所处的运行环境；3）确定系统中各组成元素间的关系以及位于边界处的关系，并确定这些关系的形式及功能；4）根据组成元素的功能及功能间的相互作用来确定系统的涌现属性 [30]。

本书在 Crawley 的系统思维的基础上，结合系统工程的最新思想，总结出开展系统思维的四个步骤，以辅助系统工程师开展复杂系统的开发或定义。

2.2.2 开展系统思维的步骤

辨识系统的运行环境和边界，根据系统与外界的交互定义系统功能

开展系统思维的第一步是把系统作为"黑盒"，从外部视角，研究系统与外部元素或其他系统的交互。这些外部元素或其他系统形成的组合称为系统的运行环境，对于工程系统来说，运行环境还包括系统的用户或者操作者。

接下来的工作就是定义系统边界，即定义出感兴趣的系统（SOI）范围。系统边界定义哪些元素属于系统，哪些元素不属于系统。合理选择系统的边界很重要，如图 2-2 所示。

- 情景一：如果企业中已经有了采集器，想开发一个用于收集图像的管理系统，以提高向客户提供这些图像的效率，可能定义系统边界 1。
- 情景二：面对和情景一同样的问题，组织的采集器和客户之间传递图像的效率低，想开发一套管理系统以提高效率，可以定义系统边界 2。
- 情景三：如果从客户的角度，他想开发一套系统来管理已产生的图像，通过向采集器发送新图像的需求以减少等待时间和成本，这种情况下可能定义系统边界 3。

系统边界选择很重要，选择不同的边界对于设计团队来说意味着面对不同的问题[36]。

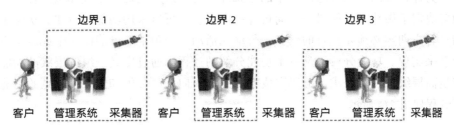

图 2-2 同样的关注对象，不同的系统边界

再接下来是根据系统与外界的交互定义系统功能。系统的功能是系统与运行环境的相互作用，典型的功能是系统与用户的交互。这是一个整体视角的概念，如果把飞机看作一个系统，飞机的功能不能由机身或者发动机来定义，而是由飞机与运行环境相互作用来定义，如飞机与空气相互作用，产生升力和阻力。这也是正向创新的思维，系统的功能不能照搬国外标杆产品的功能，而是要把待研究的系统放到国内的运行环境中，重新定义其所需的功能。

确定系统组成元素以及它们的形式和功能

开展系统思维的第二步是把系统作为"白盒",从内部视角,研究系统内部的组成元素以及组成元素的形式和功能。系统思维相比于整体思维来说更加全面,不仅关注整体,还关注局部,是整体论和还原论的统一。

确定系统组成元素的结构通常采用层级结构(hierarchy)[32]的形式,如图2-3所示。系统层级结构能够很好地控制、理解或者隐藏系统的复杂性。因为层级结构能够抑制某层级系统元素内部的细节和交联关系,以研究该元素与整体之间的关系。

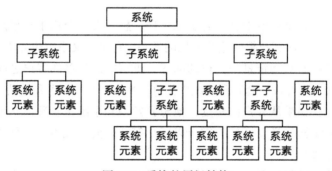

图2-3 系统的层级结构

另外,要确定系统组成元素的形式和功能,形式决定了组成元素是什么,而功能决定了做什么。如果是正向设计一个系统,可以采用功能分析法。功能是为满足客户期望必须要执行的任务、行动或活动,一项功能可能由一个或多个系统元素来实现。功能分析法是一个功能分解的过程,通过定义一组低层级的功能来满足高层级的功能需求,最终完成系统的自顶向下的分解和定义,典型的功能分析流程如图2-4所示。

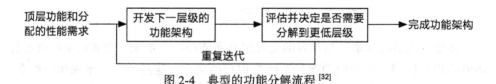

图2-4 典型的功能分解流程[32]

基于组成元素的功能和功能间的交互开展系统综合,识别系统的涌现属性

涌现性是系统魅力之所在。当系统元素集合在一起时,由于元素功能的聚合和元素间功能的交互作用而产生了一种新的功能,叫系统功能涌现。系统的涌现不是出现在系统形式领域。因为在形式领域，把元素 A 和元素 B 形式联合起来，得到的结果就是 A 加 B，除此之外没有其他效果。通过形式聚合产生的属性很容易计算，如系统的质量等于元素 A 和元素 B 的质量之和，形式是"线性的"。

然而在功能领域，元素 A 和元素 B 的组合更加有趣，也更加复杂，功能的累加并不是线性的。当元素 A 的功能和元素 B 的功能相互作用时，任何事情都有可能发生。正是由于涌现属性，系统才显得很强大。

系统思维的首要目标就是理解并预测系统的涌现性。实际上，当把系统中多个元素的功能组合在一起时，我们很难预测系统会涌现出什么功能。预料到的且期望的功能可能涌现（系统成功），也可能涌现不出该功能，或涌现出一些未料到的且不期望的功能（系统失败）。

预测涌现有三种方式。第一种是根据以往做过的事情来预测，即基于先例（前车之鉴）进行预测。我们根据经验寻找相同或相似的解决方案，然后做很小的改动即可实现系统，如根据祖父辈构建钟摆的方式构建钟表中的钟摆机构[30]。

预测涌现的第二种方式是做试验。有的时候，我们可以按照设想的关系，把组成元素组合在一起看能涌现出什么功能；而有的时候我们需要做一些大规模的结构样机来看看会涌现出哪些功能，如飞机研制中的铁鸟试验台，如图 2-5 所示。

预测涌现的第三种方式是建模。如果组成元素的功能和功能间的相互作用能够建模，则可能通过模型来预测涌现性。如在飞机设计阶段，可以通过搭建"虚拟集成飞机"模型预测飞机机电综合涌现性，虚拟集成飞机模型如图 2-6 所示。

图 2-5　C919 铁鸟试验台

系统集成、验证与确定

最后一个步骤是系统集成、验证与确认，而且在系统定义的早期就要提出系统集成验证与确认计划（Integration，Verification，Validation Planning，IVVP），包括制定待验证与确认项、期望的结果和成功准则、选定的验证与确认方法或技术、需要的数据、相应的使能系统、产品或服务。在该阶段，重要的是需求验证和追溯性矩阵（Requirements Verification Traceability Matrix，RVTM），后续的集成验证与确认基于该矩阵开展。

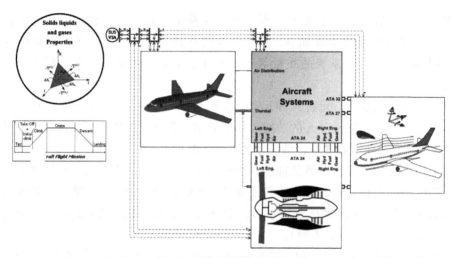

图 2-6　虚拟集成飞机模型

验证和确认经常会发生在产品开发的各个阶段，如图 2-7 所示，PPI 公司的 Robert J. Halligan 提出的 Wedge Model 中，验证和确认发生在各个层级，其中深灰色线条代表验证（Verification），浅灰色线条代表确认（Validation）。

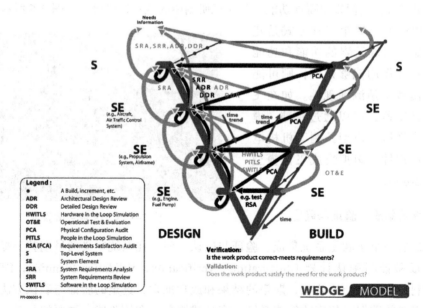

图 2-7　各个层级下的验证与确认[37]

"验证"与"确认"这两个词经常同时出现，但是这两个词还是有很大的区别。

验证的目的是提供证明系统或系统元素满足特定系统需求和特征的客观证据。确认的目的是提供客观证据，证明系统在使用时符合业务或使命任务目标及利益攸关者的需求，从而在其意向的运行环境中实现其意向的使用。简单来讲，验证对应的是系统需求，是正确地构建了产品（product is build right）；而确认对应的是利益攸关者的需求，是构建了正确的产品（right product is build）。但是，验证与确认的技术手段是基本相同的，常用的四种技术是检验、分析、演示和试验（图 2-8）[32]。

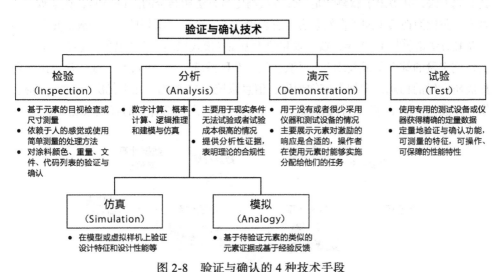

图 2-8　验证与确认的 4 种技术手段

作为一名具有系统思维的系统开发人员，通常具有以下习惯[32]：
- 主动理解大局；
- 观察系统元素如何随时间变化，如何产生样式和趋势；
- 识别出系统结构（元素和元素间相互作用）的产生行为；
- 识别出复杂因果关系的循环本质属性；
- 揭示并测试假设；
- 变换视角以增加理解；
- 全面考虑问题并抑制快速给出结论的冲动；
- 考虑心智模型如何影响当前现实及未来；
- 利用对系统结构的理解来识别可能的"杠杆"行动；
- 考虑行动的短期后果和长期后果；
- 寻找非预期后果涌现的地方；
- 揭示因果关系时认识到时间延迟的影响；
- 检查结果并按需要改变行动——"逐次逼近"。

2.2.3 钱学森的复杂巨系统理论

1979年，钱学森在《组织管理社会主义建设的技术——社会工程》中提出"巨系统"概念。据非文字记载，20世纪80年代钱学森在一次讲话中提到"巨系统概念由马宾同志提出"。1986年1月7日，"系统学讨论班"开办，成员包括钱学森、于景元、汪成为、戴汝为、王寿云等。之后巨系统概念逐步发展，提出开放复杂巨系统及其研究方法，并提出了软科学是定性方法与定量方法相结合的。1990年，钱学森、于景元、戴汝为在第1期《自然杂志》发表论文《一个科学新领域——开放的复杂巨系统及其方法论》[3]。1991年，钱学森和戴汝为在《模式识别与人工智能》杂志发表"从定性到定量的综合集成技术""再谈开放复杂巨系统"[38]。1992年，钱学森提出综合集成研讨厅的构思，即把专家知识库、信息系统、AI系统、几十亿次/秒的计算机，像"作战指挥演示厅"一样组织起来，成为巨型"人机结合"的智能系统（图2-9）。

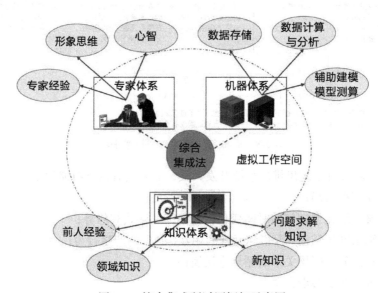

图 2-9 综合集成研讨厅框架示意图

钱学森系统科学思想的三个阶段

钱学森系统科学思想的形成和发展大体可分为三大阶段：第一阶段从20世纪50年代到70年代末，思想内涵集中体现于"工程控制论"和"组织管理的技术——系统工程"；第二阶段的创新发展凝结在1990年发表的《一个科学新领域——开放的复杂巨系统及其方法论》；第三阶段是深化研究，标志是2001年发表的"以人为主发展大成智慧工程"[39][40]。

以钱学森为代表的中国系统科学工作者经过多年的努力，提出了开放的复杂巨系统及其方法论，这一理论开辟了复杂性研究的一条独特途径，既吸收了国外复杂性研究的成果，又体现了现代科学和中国古代文明的精华。由于人的因素极端复杂，开放的复杂巨系统研究目前还没有形成从微观到宏观的理论。研究的方法论包括从定性到定量综合集成方法和从定性到定量综合集成研讨体系，即方法论上的创新。

复杂巨系统的概念及特征

钱学森提出，从组成系统的子系统、子系统种类的多少以及它们之间关联关系的复杂程度来对系统进行分类，以了解系统的本质。

系统分类及研究方法如表2-1所示。

表2-1 系统分类及研究方法

类别	组成系统的子系统以及子系统种类	子系统间关联关系的复杂程度	实例	研究方法
简单系统	小系统：组成系统的子系统数量比较少	组成关系比较简单	测量仪器	从子系统相互之间的作用出发，直接综合成全系统的运动功能。必要时大系统需借助大型计算机或巨型计算机
简单系统	大系统：子系统数量相对较多（几十、上百）	包含不同层次，组成关系比较简单，没有形成宏观和微观的层次划分	一般设备	
巨系统	简单巨系统：子系统数量非常大（成千上万、上百亿、万亿）	子系统种类不太多（几种、几十种），且它们之间的关联关系比较简单	激光系统、核弹等	从微观到宏观的统计综合方法：利用统计力学处理亿万个分子组成的巨系统的功能，略去细节。源于普利高津和哈肯的自组织理论所用方法（耗散结构理论和协同学）
巨系统	开放的复杂巨系统：子系统种类很多，并有层次结构；系统开放	子系统之间的关联关系很复杂。在结构、功能、行为和演化方面，都很复杂，有大量的问题，并不清楚机理。从可观测的整体系统到子系统，层次很多，中间的层次不清楚，甚至连有几个层次也不清楚	生物体系统、人脑系统、人体系统、地理系统、社会系统、星系系统和信息网络系统等	从定性到定量的综合集成法（综合集成）直接诉诸实践经验，特别是专家的经验、不成文的感受、判断力，把这些经验知识和现代科学提供的理论知识结合起来，甚至与前人或古人的知识结合起来。专家的经验是局部的、多半是定性的，要通过建模计算把这些定性知识和各种观测数据、统计资料结合起来，实现从局部定性的知识达到整体定量的认识。把人与计算机结合起来，充分利用知识工程、专家系统。智能机器具有擅长逻辑运算、速度高、容量大、不怕疲劳等特点，同时发挥人脑的洞察力、擅长形象思维的优点，两者取长补短，相互激发，产生出更高的智慧

（续）

类别	组成系统的子系统以及子系统种类	子系统间关联关系的复杂程度	实例	研究方法
巨系统	特殊的开放复杂巨系统	社会是特殊的开放复杂巨系统。社会系统的基本组成——人，自身就是开放复杂巨系统。社会系统与环境的关系具有其他任何系统不具有的复杂性；内在异质性特别发达；非线性特别发达；动态性特别强烈；不确定性特别强烈	社会（基本组分是人）	用系统观点研究和认识社会，提出社会系统概念，一方面是对社会实际的一种科学概括，另一方面这样的概念为应用系统科学的理论、方法和技术去研究和解决社会问题提供了新的途径和方法，使它不同于现有的社会科学。社会系统工程是组织管理社会系统，使四大领域、九个方面协调发展并取得长期的和最好的整体效益的工程技术，也是一项复杂的社会技术

复杂巨系统的研究方法

20世纪80年代初，结合现代作战模型的研究，钱学森提出处理复杂行为系统的定量方法学。该定量方法学是半经验半理论的，也是科学理论、经验和专家判断力的结合。

人们用定量方法学处理复杂行为系统时，注重数学模型的逻辑处理，而忽视了数学模型微妙的经验含义或解释。由于建模存在理论不足的缺点，因此结合经验判断可以增强或扩充建模者的判断力，将定性的方法与定量的方法结合，最后定量。

之后，在钱学森的指导下，系统学讨论班又进行了方法论的探讨，考察了各类复杂巨系统研究的新进展，特别是社会系统、地理系统、人体系统和军事系统四个方面：

- 在社会系统中，为解决宏观经济决策问题，马宾等经济学家与当时的航天部710所联合，开展由几百个变量和上千个参数描述的、定性与定量相结合的系统工程技术的应用研究；
- 在地理系统中，用生态系统、环境保护系统以及区域规划等综合探讨地理系统的研究和应用；
- 在人体系统中，开展把生理学、心理学、西医学、中医学和传统医学等综合起来的研究；
- 在军事系统中，开展军事对阵系统和现代作战模型的研究。

从定性到定量综合集成方法

在对这些研究进展进行提炼、概括和抽象的基础上，20世纪80年代末，钱学森提出处理开放的复杂巨系统的方法论是"从定性到定量综合集成方法"（meta-synthesis）。作为一门技术，又称为综合集成技术，作为一门工程，也可称综合集成工程。

在这些研究中，通常包含科学理论、经验知识和专家判断力（专家的知识、智慧和创造力相结合，形成和提出经验性假设，如判断、猜想、方案等）。

在自然科学和数学中，一般是用严密的逻辑推理和各种实验手段来证明这类经验性假设正确与否。这一过程体现了从定性到定量的特点，但在运用各种方法解决复杂巨系统问题时，由于复杂巨系统跨领域、跨学科、跨层次的特点，这些方法就显得力所不能及了。

对经验性假设不能只停留在思辨以及定性描述和议论上，因为不能从整体上定量回答问题。解决办法为人机结合，采用以人为主的思维方式和研究方式。

根据整个系统的观测资料（统计数据和各种有关的信息资料），建立包括大量数据的系统模型（充分利用现代数学工具和计算机的各种建模方法），但这些模型必须建立在对系统的实际理解和经验上，以保证模型的合理性和精度要求。

通过计算机仿真、实验和计算获得定量结果，同时充分利用知识工程和专家系统等人工智能技术、信息技术，以人（专家体系）为主实现人机结合与融合，进行知识的综合集成。

知识包括科学的和经验的知识、理性和感性的知识、定性和定量的知识，实现从经验到理论、从定性到定量的优化，达到整体的定量认识，从而对经验性假设的正确与否给出明确结论，这样的结论就是现阶段对客观事物认识的科学结论。

人机结合与融合是指人脑信息加工与计算机信息加工的结合与融合。人脑和计算机都能有效处理信息，但两者有很大差别。

- 人脑思维：一种是逻辑思维，是定量、微观的信息处理方式；另一种是形象思维，是定性、宏观的信息处理方式。人的创造性主要来自创造性思维，它是逻辑思维和形象思维的结合，也就是定性与定量、宏观与微观相结合的信息处理方式。
- 计算机技术思维：很多工作确实做得比人脑还好，但形象思维不足，至于创造思维只能依靠人脑了。

以人为主的人机结合是把人脑的优势和机器的优势充分发挥出来，做到优势互补。人机结合的系统在思维能力和创造性方面，优于单纯依靠人（专家），更优于单纯靠机器，因而具有较强的处理复杂性问题的能力。

以人为主的人机结合思维方式和研究方式的实质是把专家体系、数据和信息体系以及计算机体系结合起来，构成一个高度智能化的人机结合系统。

这个方法之所以能成功应用，就是因为发挥了这个系统的综合优势、整体优势和智能优势。它能把人的思维、思维的成果、经验、知识、智慧以及各种情报、资料和信息等集成起来，从多方面定性认识上升到定量认识。

按照我国传统说法，把一个复杂事物的各个方面综合起来，达到对整体的认识，称为"集大成"的智慧，所以钱学森把这个方法称为"大成智慧工程"（meta-synthetic engineering）。这个方法体现了"精密科学"从定性判断到精密论证的特点，也体现了从以形象思维为主的经验判断到以逻辑思维为主的精密定量论证的过程。

从定性到定量综合集成方法的理论基础是思维科学，方法基础是系统科学与数学，技术基础是以计算机为主的信息技术，哲学基础是实践论和认识论。

应用这个方法研究问题时，可以在系统总体指导下进行分解，在分解后研究的基础上，再综合集成到整体，实现一加一大于二的涌现，达到从整体上严密解决问题的目的。从这个意义上说，综合集成方法吸收了还原论和整体论的长处，同时弥补了各自的局限性，它是还原论和整体论的结合。

从定性到定量综合集成研讨厅体系

以计算机、网络、通信为核心的现代信息技术的发展是一场技术革命，引起经济社会形态的飞跃发展，催生一场新的产业革命，钱学森称之为"第五次产业革命"。这场产业革命所涌现出来的各种高新技术为综合集成方法的应用提供了广阔前景。结合系统学理论和人工智能技术的发展，钱学森又提出综合集成研讨厅体系的构想，这是综合集成方法运用的实践形式和组织形式。

综合集成研讨厅体系结构

1992年，钱学森提出的综合集成研讨厅体系（Hall for Work Shop of Meta synthetic Engineering，HWSME）汇总和升华了下列成功的经验：

- 几十年来世界学术讨论的经验；
- 从定性到定量综合集成法；
- C3I 及作战模拟；
- 情报信息技术；
- 人工智能；
- 虚拟现实（Virtual Reality）技术；
- 人机结合的智能系统；
- 系统学；
- 第五次产业革命中的其他技术。

人机结合是人机优势互补的结合，人与机尚未合一；而由虚拟现实技术开始的这种结合则是融合，是更高层次的人机结合。

研讨厅体系由三部分组成：以计算机为核心的机器体系，专家体系和知识体系。其中专家体系和机器体系是知识体系的载体。

这三个体系构成高度智能化的人机结合体系，不仅具有知识与信息采集、存储、传递、调用、分析与综合的功能，更重要的是具有产生新知识和智慧的功能，既可用来研究理论问题，又可用来解决实践问题。

研讨厅按照分布式交互网络和层次结构组织起来，就成为一种具有纵深层次、横向分布、交互作用的矩阵式研讨厅体系，为解决开放的复杂巨系统问题提供了规范化、结构化的形式。

综合集成方法和研讨厅体系遵循科学和经验相结合、智慧与知识相结合的原则，研究和解决开放的复杂巨系统问题。从这个角度来看，综合集成研讨厅体系本身就是个开放的、动态的体系，也是个不断发展和进化的体系。

总体设计部

应用从定性到定量综合集成方法的集体称为总体设计部。应用综合集成方法（包括综合集成研讨厅体系）必须有总体设计部这样的实体机构。如果说综合集成方法是研究开放的复杂巨系统的方法论，那么总体设计部是实现这个方法论所必需的体制和机制，两者是紧密结合在一起的，不同于传统科学研究中的个体研究方式。

从应用角度来看，总体设计部由熟悉所研究系统的各个方面的专家组成，并由知识面比较宽广的专家负责领导，应用综合集成方法（或综合集成研讨厅体系）对系统进行总体研究。

总体设计部设计的是系统的总体方案和实现途径。它把系统作为其所属的更大系统的组成部分来进行研究，对它们的所有要求都首先考虑实现这个更大系统的协调。

总体设计部把系统作为若干分系统有机结合的整体来设计，对分系统之间、分系统与系统之间的关系，都首先从系统总体协调的需要来考虑，进行总体分析、总体论证、总体设计、总体协调、总体规划，提出具有科学性、可行性和可操作性的总体方案。

总体设计部的概念是从我国研制"两弹一星"的总体设计部演化过来的，后者对"两弹一星"的成功研制发挥了非常重要的作用。它的实践也证明了这种现代化的系统组织管理和决策支持体制、机制与方法的科学性、可行性和有效性。

总体设计部不仅适用于工程系统，也适用于复杂巨系统，特别是社会系统。当然，在用于社会系统时，总体设计部的理论方法和技术以及体制和机制都有了实质性发展，不是简单的重复和推广，但它们的功能是相似的。

钱学森曾提出建立社会主义建设总体设计部及其体系的思想，这是关系到决策科学化、民主化、程序化和管理现代化的大问题，是对系统的决策支持体制与机制的一种改革，具有很强的实践性和现实性，同时又有深刻的理论背景以及现代研究方法的科学性，因而受到中央领导的高度评价和充分肯定。

从定性到定量综合集成研讨厅体系的实践形式通过从整体上研究和解决问题的方法，采取人机结合以人为主的思维方法和研究方式，对不同层次、不同领域的信息和知识进行综合集成，达到对整体的定量认识。实践证明，这套方法论在应用中是有效的，而且必将随着应用的发展而不断发展。

2.3　数字思维

数字是一种思维，是区别人类和其他哺乳动物的高级特征。人类从有记录的历史以来，无论是东方文明还是西方文明，都发展了数字思维。古埃及的方尖碑、我国的甲骨文都有数字。正如《三字经》所言，"知某数，识某文"，十、百、千、万……数字有多大，世界就有多大。大约三千年前欧几里得的《几何原本》可能是系统化的数字思维的鼻祖，今天的数论奠定了现代数学科学辉煌大厦的基础。有人猜测，作为现代电子计算机基础的布尔代数，是受到了《易经》八卦的启发。

数字电路、数字化、数字科技、数字化转型、数字化企业、数字政府、数字经济，这些都是数字思维的当代形态。本质上，数字思维是研究客观世界三大要素（物质、能量、信息）之一的信息的一种科学方法。数字思维认为，欲追求真理，尤其是科学真理，一切智慧基于知识，知识来自信息，信息来自数据，基于经验直觉的思维不可靠。

具体什么是数字思维？这一概念的定义并不清晰，其内涵和外延仁者见仁、智者见智。本节试图从历史的角度进行阐释。

2.3.1　数字思维的体系化：控制论、信息论和计算机

20世纪40年代，在工程技术方面发展了自动控制、通信工程、计算技术等学科，在生物科学方面发展了神经生理、神经病理等学科。当时，工程技术学科研究机器，例如自动控制装置、通信设备、计算机器等；而生物科学研究生物，例如，人或动物的生理活动和病理分析等。工程技术与生物科学两大领域各自独立

发展，相互之间存在着专业"鸿沟"。

以麻省理工学院的诺伯特·维纳为首的一批杰出科学家意识到，动物和机器中的控制和通信过程存在着不少共同规律和共同问题，例如，反馈控制原理、闭环控制系统的稳定性等问题。对于客观世界存在的三大要素——物质、能量、信息，虽然在物质构造和能量转换方面动物和机器有显著不同，但是，在信息传递、变换和处理方面却有惊人的相似之处。

1948 年，维纳的名著《控制论》问世，标志着一门新的交叉边缘学科的诞生，也是人类数字思维的一次飞跃。在《控制论》中，"控制"的定义是：为了"改善"某个或某些受控对象的功能或发展，需要获得并使用信息，以这种信息为基础而选出的、于该对象上的作用，就叫控制。由此可见，控制的基础是信息，一切信息传递都是为了控制，任何控制又都依赖于信息反馈来实现。信息反馈是控制论中一个极其重要的概念。通俗地说，信息反馈就是指由控制系统把信息输送出去，又把其作用结果返送回来，并对信息的再输出发生影响，起到制约作用，以达到预定的目的[41]。John McCarthy 基于控制论的思路，提出了人工智能的概念。

同一年，贝尔实验室的香农发表了《通信的数学理论》。传统的通信系统，如电报、电话、邮递是用于传送电文信息、语音信息和文字信息的；而广播、遥测、遥感和遥控等系统也是用于传送各种信息的，只是信息类型不同，所以也属于信息系统。有时，信息必须进行双向传送，例如电话通信要求双向交谈、遥控系统要求传送控制用信息和反向的测量信息等。这类双向信息系统实际上是由两个信息系统构成的。所有信息系统都可归纳成信源 – 信宿 – 模型 – 信道 – 编码器 – 译码器来研究它的基本规律。

信息论是建立在概率论基础上的，也就是从信源符号和信道噪声的概率特性出发的。这类信息通常称为语法信息。其实，信息系统的基本规律也应包括语义信息和语用信息。语法信息是信源输出符号的构造或其客观特性，其表现与信宿的主观要求无关；而语义则应考虑各符号的意义，同样一种意义可用不同语言或文字来表示，各种语言包含的语法信息可以是不同的。一般来说，语义信息率可小于语法信息率，电报的信息率可低于表达同一含义的语声的信息率就是一个例子。更进一步，信宿或信息的接收者往往只需要对他有用的信息；他听不懂的语言是有意义的，但对他是无用的。所以，语用信息，即对信宿有用的信息，一般又小于语义信息。若只要求信息系统传送语义信息或语用信息，效率显然更高一些。在目前的情况下，关于语法信息，已在概率论的基础上建立了系统化的理论，形成一个学科，而语义和语用信息尚不够成熟。因此，关于后者的论述通常称为信息科学或广义信息论，不属于一般信息论的范畴。概括起来，信息系统的基本规律应包括信息的度量、信源特性和信源编码、信道特性和信道编码、检测理论、估计理论以及密码学。

后来，贝特朗菲提出一般控制论，并因此获得诺贝尔奖。与研究物质结构和能量转换的传统科学不同，控制论研究系统的信息变换和控制过程。尽管一般系统具有物质、能量和信息三个要素，但控制论只把物质和能量看作系统工作的必要前提，并不追究系统是用什么物质构造的、能量是如何转换的，而是着眼于信息方面，研究系统的行为方式。控制论的另一位创始人、英国生理医学家 W. R. 阿什贝认为，控制论也是一种"机器理论"，但它所关注的不是物体而是动作方式。可以进一步说，控制论是以现实的（电子的、机械的、神经的或经济的）机器为原型，研究"一切可能的机器"———一切物质动态系统的功能，揭示它们在行为方式方面的一般规律。因此，与那些只研究特定的物态系统、揭示某一领域具体规律的专门科学相比，控制论是一门带有普遍性的横断科学。

2.3.2 数字思维的拓展：工程控制论等

1954 年，著名空气动力学专家、科学家钱学森发表了名著《工程控制论》，这是控制论学科分化的一个新学科，后来由宋健先生进行了深入拓展。随后又相继出现许多其他分支，例如，生物控制论、经济控制论、社会控制论、人口控制论等，将控制论的思想、观点和方法用于生物、经济、社会等各个方面，推动数字思维纵向深入发展[42]。

数字思维用于企业管理，催生了企业的数字化。20 世纪 60 年代，众多大型企业开始为财务、工资、库存等建立数字化管理系统；70 年代和 80 年代，MRP（物料资源规划）得到普遍运用；90 年代和 21 世纪 00 年代，ERP（企业资源规划）成为企业数字化管理的代名词；进入 21 世纪，电子商务、数字科技企业实现指数级发展。从 Web 1.0 的网页浏览、Web 2.0 的多媒体社交网发展到 Web 3.0 的万物互联，全球最有价值的公司主要是数字科技企业，人类进入数字经济时代，正在引发第四轮工业革命。

数字思维用于研发，即研发设计数字资源管理，可以赋能多学科的工程师实现高效协同创新。本书基于复杂系统工程方法论，建立了全新的研发设计数字资源管理框架，为我国企业研发体系从以逆向工程为主转型到正向研发为主提供了一个新思路。系统模型和系统 V&V，领域模型（结构、电子、电气、网络、软件）和领域 V&V，通过数字线程的流程进行快速持续迭代，实现新创意、新产品、新改型的持续演进。

在数字无所不在的普适计算时代，数字思维需要新的理论和思想。1977 年，涂序彦教授发表了国内首篇论文《大系统理论及其应用》。1981 年，人工智能学会成立，提出了大系统理论与人工智能相结合的思想，随后就其理论、应用和算法展开了一系列研究。1986 年，在钱学森等专家的鼓励和支持下，时任中国人工智能学会会长、北京科技大学涂序彦教授提出了"大系统控制论"的设想和框架。为了解决大系统理论面临的一系列难题，探讨了大系统建模分析与综合的新方法、新途径，倡导在人工智能、知识工程与控制理论、系统工程相结合的基础上，建立"控制论"的一个新学科分支"大系统控制论"[43]。钱学森在《大系统理论要创新》一文中指出："在解决大系统的系统工程问题时，直接引用一些经验的知识，利用专家系统的办法，这在'控制论'中是一个突破"，"大系统控制论是一门技术科学……是对'控制论'的一个发展"。1986 年之后，涂序彦教授深入进行了"大系统控制论"的理论、方法及应用研究，在大系统"广义模型化""智能优化方法"以及大系统智能控制、智能管理、系统结构设计方面取得了一系列研究成果。在总结研究成果的基础上，1995 年撰写并出版了专著《大系统控制论》，是"大系统控制论"新学科分支的奠基性著作[43]。

2.3.3 数字思维无所不在：当代数据科学和人工智能新进展

数字思维的最新成就当属数据科学和人工智能。1999 年，"深蓝"战胜国际象棋大师卡斯帕罗夫，2016 年 AlphaGo 战胜围棋顶级高手李世石，引发了公众对人工智能的巨大兴趣，认为"硅基智能"（an intelligence in silicon）很快会超过人类，人类会成为机器的奴隶。其实，这种对技术的浪漫想象在 20 世纪 60 年代就曾出现过，当时是控制论引发的。

2018 年，"深度学习之父"之一的加州大学伯克利分校的乔丹教授做了关于人工智能的展望和挑战的演讲。他认为，人工智能是当前时代的颂歌。就像其他许多从技术学术领域跨越到通用领域的短语一样，在使用该短语时也存在着严重的误解。我们这一时代之所以出现这样的想法，某种程度上是因为硅基智能的出现，它让我们着迷，同时又让我们感到害怕。[44][45]

无论是否能够在短期内理解智能，我们确实面临着一个重大挑战：将计算机和人类结合在一起，从而提高人类的生活质量。尽管在有些人看来，这种做法是屈从于人工智能的产物，但也可以将其看作一个新的工程分支，且同样值得尊敬。就像过去几十年来土木工程和化学工程学科的发展一样，这门新学科的目标是将一些关键思想的力量凝聚起来，为人们带来新的资源和能力，并且安全地做到这一点。土木工程和化学工程是建立在物理和化学基础之上的，而这个新的工程学科将建立在 20 世纪所赋予的思想基础之上——诸如"信息""算法""数据""不确定性""计算""推理""优化"等。此外,由于新学科的侧重点将放在有关人类的数据上,其发展将需要社会科学和人文科学的观点。

在过去的二十年里,人们在工业和学术界对模仿人类的 AI 加以补充的愿望已经取得了重大的进步,这通常被称为"智力增强(Intelligence Augmentation,IA)。在这里,计算和数据被用于创建增强人类智力和创造力的服务。搜索引擎可以被看作 IA 的一个例子(它增强了人类记忆和事实性知识),自然语言翻译也是如此(它增强了人类的沟通能力)。基于计算的声音和图像生成如同是艺术家的调色板和创造力增强剂。虽然这种服务可以令人信服地涉及高水平的推理和思考,但目前它们并没有这样做,它们主要执行各种类型的字符串匹配和数值运算,以捕捉人类可以利用的模式。

让我们广泛地设想一下"智能基础设施"(Intelligent Infrastructure,II)规则,即能够使人类环境更具有支持性、更有趣和更安全的计算、数据和物理实体网络。这样的基础设施已经开始在交通、医学、商业和金融等领域中出现,对人类个体和社会影响巨大。这些有时出现在关于"物联网"(Internet of Things)的讨论中,但这种成就通常指的是仅仅将"事物"接入互联网的问题,而不是指与这些"事物"相关的更大的挑战——能够分析这些数据流以发现关于世界的事实,并且在仅仅比"bit"更高的抽象层次上与人类和其他事物进行交互。

2.3.4　数字思维在研发体系数字化转型中的应用

数字思维在研发体系数字化转型中的第一个应用就是在复杂装备系统全生命周期中应用基于模型的方法。在概念设计阶段,采用基于模型的方法开展运行意图(Concept of Operation,ConOps)和运行概念(Operational Concept,OpsCon)的定义;在系统设计阶段,采用基于模型的方法取代文档模式开展系统工程;在详细设计阶段,机械设计可采用基于模型的定义开展三维几何设计和工艺设计,采用建模与仿真对机械结构开展虚拟验证,电气设计可采用架构驱动的电气系统定义,软件设计可采用如 UML、AADL 开展基于模型的软件工程;在生产制造阶段,采用基于模型的制造工程确保一次设计制造即成功;在运行/维护阶段,采用数字孪生技术优化产品运行状况,并开展预测性维护(图 2-10)。

数字思维在研发体系数字化转型中的第二个应用就是在复杂装备系统全生命周期管理中应用数字线程技术,建立各生命周期的连续追溯和权威真相源。针对复杂体系中各个系统交替演进带来各自功能以及交联关系的动态变化,以数字线程技术构建完整的跨域模型集,形成支持其一致性表达、传递以及连续验证/确认的递进式开发技术。

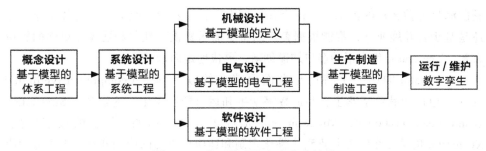

图 2-10 基于模型的方法范式转移

数字思维在研发体系数字化转型中的第三个应用就是在复杂装备系统设计过程中，采用软件定义功能的思想结合人工智能技术，实现无条件的全自动产品。所谓软件定义，就是用软件去定义系统的功能，用软件给硬件赋能，实现系统运行效率和能量效率最大化。软件定义的本质就是在硬件资源数字化、标准化的基础上，通过软件编程实现虚拟化、灵活、多样和定制化的功能，对外提供客户化、专用智能化、定制化的服务，实现应用软件与硬件的深度融合。我们正在步入一个"万物皆可互联、一切皆可编程"的新时代，软件代码将成为一种重要的资产，软件编程将成为一种最为有效的生产方式。软件定义将迅速引发各个行业的变革。从软件定义无线电、软件定义雷达、软件定义网络、软件定义存储、软件定义数据和知识中心，到软件定义汽车、软件定义卫星，再到软件定义制造、软件定义服务，甚至软件定义汽车、航空航天器等载运工具，软件定义将成为科技发展的重要推手，极大地提高各行各业的智能化程度和整个社会的智能化水平。

数字思维在研发体系数字化转型中的第四个应用就是应用云平台的思想改变研发模式，提高研发效率。云计算是信息技术发展和服务模式创新的集中体现，是信息化发展的重大变革和必然趋势。支持企业上云，有利于推动企业加快数字化、网络化、智能化转型，提高创新能力、业务实力和发展水平；有利于加快软件和信息技术服务业的发展，深化供给侧结构性改革，促进互联网、大数据、人工智能与实体经济深度融合，加快现代化经济体系建设。通过将企业业务与基于云的信息化应用相结合，可以实现信息系统升级，促进企业业务创新、流程重构、管理变革，加速企业数字化、网络化、智能化转型，切实提高企业管理水平和综合竞争力。未来的数字化模式是云平台的应用，Xcelerator Portfolio 是西门子应对工业世界的快速变革的数字化企业解决方案。该解决方案能够确保人员、机器和流程实现更快更智能的协同工作，保证企业以革新的速度开展业务并获得市场中的领先地位。Xcelerator 是一个融合产品、应用软件、工具和服务的完整生态系统。

它能满足各种客户的需求，不论企业规模大小，也不论是企业自身的数字化转型还是基于云开展业务，都能根据客户的特定需求提供个性化和适应性更强的解决方案。Xcelerator 代表帮助客户加速创新，更快地走向未来。

  Xcelerator 的第一个特点是全面而综合的数字孪生（comprehensive digital twin），包括产品数字孪生、制造数字孪生和运营数字孪生。这融合了 Simcenter、Teamcenter、Tecnomatix MindSphere 等形成了一个全面的、综合的数字孪生。Xcelerator 的第二个特点是推动个性化定制和适应性更强的应用开发，采用低代码平台，用于大规模创建、集成、部署、管理和迭代现代业务的应用程序。这个平台的最大特点就是大大降低了应用开发的技术难度，允许组织内不同类型的开发人员构建应用程序，因此企业不再需要投入昂贵的人力和开发成本。Xcelerator 的使用对象涵盖了从无技术基础的商务人士、一般的技术开发者到专业开发者的所有层级。Xcelerator 还包括基于云的开放式物联网操作系统，向下提供数据采集 API，即插即用的数据接入网关 MindConnect，支持开放式通信标准 OPC UA，支持西门子和第三方设备的数据连接，向上提供开发 API，方便合作伙伴和用户开发应用程序。Xcelerator 是一个灵活的开放式生态系统，包括数据采集开发者、系统集成商、应用开发者、渠道合作伙伴、设备制造商和最终客户。

Chapter3 | 第 3 章

iMBSE 概述——举其要而用功少

取其精华，去其糟粕，加己独创。

——李小龙

所有的模型都是错误的，但是有些是有用的。

——George Box

本章导读

本章是对全书组织结构和思路的概述，是基于模型的正向研发和协同创新的具体实现。针对国内复杂装备系统的研发现状，并结合国际先进的研发设计方法论，我们提出了更适合国情、更加全面的、集成的基于模型的系统工程（Integrated Model Based Systems Engineering，iMBSE），赋能复杂产品的正向工程研发和协同创新。

虽然基于模型的系统工程（Model Based Systems Engineering，MBSE）对于复杂产品正向研发非常重要，但是系统工程权威协会 INCOSE 统计出系统工程活动的最佳投入是整个项目成本的 14%[32]。而且从国内复杂装备系统的研发现状来看，我们不仅要关注顶层的系统设计，还要解决很多领域的工程协同设计问题。集成的基于模型的系统工程是基于模型的方法在整个复杂装备系统生命周期、整个复杂装备系统工程研发活动中的全面应用，它不仅包括基于模型的系统工程，还包括系统/产品行为、性能建模与仿真、基于模型的机械工程、基于模型的电子/电气工程、基于模型的软件工程以及基于模型的安全可靠性工程等。

本章首先给出了 iMBSE 的定义，并对基于模型的方法做了清晰解读，如基于模型的方法要求用数学方式来表达，必须是计算机能够识别的正式模型，不能是文本或图片等非正式模型。这些模型不仅包括描述性模型，如描述机械结构的三维 CAD 模型，以及描述系统行为和结构的 SysML 模型等；还包括计算分析模型，如用于机电系统动态特性仿真的 Modelica 模型，用于结构分析的 FEM 模型，用于安全可靠性分析的 RAMS 模型等。

本章给出了实践 iMBSE 最重要的三个流程：需求工程流程、系统工程流程和领域工程流程。需求工程是 iMBSE 的始端，需求驱动的工程研发才是真正的正向研发，如果一个复杂装备系统研发企业没有需求数据库，是不可能做到正向研发的。系统工程是复杂产品成功实现的关键步骤，系统工程中最重要的产出物——系统架构是复杂产品的 DNA [30]，直接决定了后期设计出来的产品的好坏。而领域工程又是整个工程研发中活动任务最多的部分，如何做到基于模型的领域工程，既能无缝承接基于模型的系统工程阶段分解下来的成果物，向下又能集成各领域详细的组件模型，开展连续性集成验证与确认，这是复杂装备系统成功实现的关键。本书创新性地提出了领域架构模型，用于向上承接系统架构模型，向下集成各领域组件模型，实现领域工程中的连续性集成验证与确认。

复杂装备系统的工程研发一定是跨组织、跨部门、多人参与的团队活动。如何实现工程研发中的快速迭代，如何做到研发设计资源集成共享，如何实现基于模型的协同创新，也是复杂产品研发管理中的难题。本书创新性地提出了复杂系统生命周期管理（System Lifecycle Management，SysLM）解决方案，以数字线程技术为基础，将现阶段 PLM 延伸到产品开发的早期，涵盖复杂产品全部学科领域。以集成系统生命周期各领域模型为核心，并对模型和流程进行有效的后台协同支撑，实现系统生命周期所有研发阶段与全部模型的互连与追溯。

3.1 iMBSE 定义

iMBSE 是基于模型的方法在工程领域的一种应用，主要解决系统和系统之系统（System of Systems，SoS）复杂性增加带来的问题，同时致力于减少开发、交付和改进这些系统的周期、成本和风险。iMBSE 的核心是基于模型的方法在工程中的应用，其中模型是技术基线的组成部分，模型贯穿整个工程生命周期，并集成项目中所有的学科（如系统工程、运行分析、安全可靠性工程、软件工程、硬件工程、制造和后勤等）。模型能够在跨工程项目之间共享和/或重用，包括政府和工业利益攸关者间的共享和/或重用。简单来说，iMBSE 是一种应用模型作为技术基线的组成部分的工程方法，包括整个工程生命周期中能力、系统和/或产品的需求、分析、设计、实现和验证阶段[46]。iMBSE 涉及范围比较广，需要使用多种类型的模型来解决产品或能力的不同方面，包括基于模型的系统工程、物理行为建模与仿真、基于模型的安全可靠性分析、基于模型的机械工程、基于模型的电气工程和基于模型的软件工程等，如图 3-1 所示。

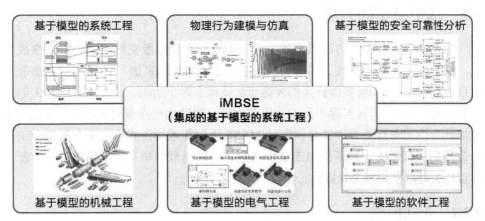

图 3-1　集成的基于模型的系统工程

在 iMBSE 中需要使用什么类型的模型，首先取决于建模领域。建模领域可能包括产品的系统、机械、电气或软件方面，或产品的不同阶段，如需求、设计、分析、测试、制造或维护阶段；模型类型还可能取决于应用领域，如通信、飞行器设计和汽车设计。不同的建模领域和不同的应用领域可能需要不同的模型，特定的模型只适用于解决特定领域的问题。

模型是 iMBSE 的核心。从大的类别来分，模型类型可分为计算分析模型和描述性模型。

- 计算分析模型主要是在计算机上建立的仿真模型。这些仿真分析模型可能是定量分析模型，如用于飞行器的动力学分析（Simulink 模型）、飞控伺服作动系统的阶跃响应分析（Amesim 模型）、电气系统散热的热分析（CFD 模型）等动态分析模型；这些仿真分析模型也可能是静态分析模型，如可靠性预测分析模型、故障树分析模型。这些仿真分析模型可能是参数确定性分析，也可能是参数不确定的分析，如蒙特卡罗（Monte-Carlo）性能仿真分析；有的时候，这些模型也可能与硬件、人员集成，形成硬件在环或人员在环仿真。
- 与计算分析模型对应的是描述性模型，用于描述系统和设计特征。这种描述性模型通常用图形化建模语言来表达，并由相应的建模工具完成描述性模型的建立。典型的描述性模型包括机械设计中的三维几何模型、电气设计中电气原理图、软件架构模型（如 UML、AADL 模型）以及系统架构设计模型（如 SysML、Capella、UPDM 模型）等。

3.2 基于模型的方法

模型是基于模型的方法实现的基础，如果没有模型做支撑，iMBSE 就变成空谈。模型的定义是对系统、实体、现象或流程的抽象或表达[32]，这种抽象或表达的目的有两个：1）模型能让人们表达想法或概念时更清晰，无歧义，增强人们之间的沟通能力；2）在实际产品构造出来之前，通过执行模型验证想法，确认系统的功能、性能和行为是否符合预期。iMBSE 强调要采用正式模型来支持整个工程生命周期流程活动，基于模型连续传递数据，以模型为中心，做到工程中的所有利益攸关者以模型为主线协同工作。

3.2.1 正式模型

iMBSE 要求模型一定是正式模型，而不是图片或文本等非正式抽象描述模型。正式模型是可以用数学形式来表达的模型，分为几何模型、定量模型和逻辑模型（图 3-2）。几何模型代表产品的几何或空间关系，如 NX CAD 模型；定量模型代表产生数值结果的产品定量关系，如 Amesim 模型；逻辑模型代表系统和部件、部件之间的逻辑关系，如 SysML 模型。

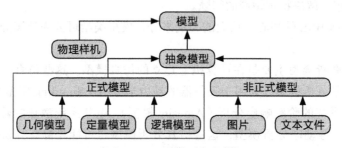

图 3-2 正式模型分类[32]

在系统生命周期中制定正规的模型开发和使用计划，并按照企业或项目流程规范正式地开发、集成和展示模型，确保模型是精确的、完整的、可信的和可重用的。模型作为主要的技术基线组成，通过使用模型支持跨生命周期的工程活动和决策权衡。

3.2.2 以模型为中心

iMBSE 要求建立跨生命周期阶段模型和数据的追溯关系，能够基于这些正式模型连续传递数据，如图 3-3 所示。首先要做的是建立各生命周期阶段的需求分解或衍生的追溯关系，实现需求驱动的正向设计。然后基于管理系统建立全生命周期内的模型和数据以及追溯关系，在发生变更时就能够有效并快速地追溯到源头，分析问题的原因，优化相关领域模型，实现全生命周期的快速迭代。

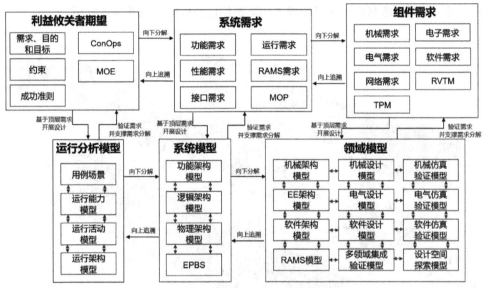

图 3-3　全生命周期的追溯、基于模型的数据连续性传递

建立模型的权威真相源，以互相关联的模型为中心，在生命周期中的所有利益攸关者都能基于模型进行协同工作，如图 3-4 所示。

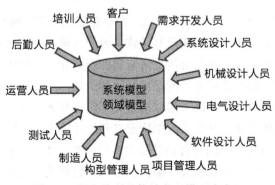

图 3-4　所有的利益攸关者以模型为中心

3.3　iMBSE 流程

iMBSE 关注的是整个工程项目生命周期，DoD 定义的生命周期阶段包括材料方案分析阶段、技术开发阶段、工程和制造开发阶段、生产和部署阶段以及运行和支持阶段，如图 3-5 所示。采用运行分析模型、系统模型和组件模型为技术基线，在工程生命周期的各个阶段集成所有领域，如系统、硬件、软件、构型管理、项目管理、测试、制造、后勤等。而且 iMBSE 注重协同，采用系统生命周期管理的思想，做到上游客户、项目组成员和下游供应商间的模型共享或复用。

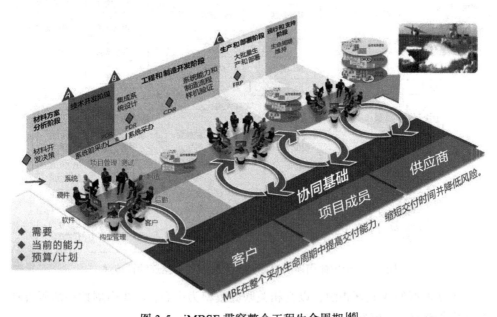

图 3-5　iMBSE 贯穿整个工程生命周期[46]

iMBSE 的主语是工程，是一种使系统/产品能够成功实现的流程活动。而系统/产品能够成功实现的主要形式是满足利益攸关者的需求。所以首先要清楚各利益攸关者的需求，关注问题域，从系统运行所需要的能力和活动开始，捕获业务需求和利益攸关者的需求，确保待研究的问题已经表达清楚，才可以进入解决方案域，寻找满足需求的解决方案。而解决方案域的主要工作是开展系统定义，即把利益攸关者的需求转化为系统需求，开展系统架构定义和设计定义，确保所提供的系统解决方案能够满足问题域所描述的所有利益攸关者的需求，如图 3-6 所示。这是 iMBSE 转变思维模式的第一步，不仅要关注解决方案域，更要关注问题域。如果不能清晰表达待研究的问题，对客户的需求描述不清，是不可能做出成功的系统/产品的。

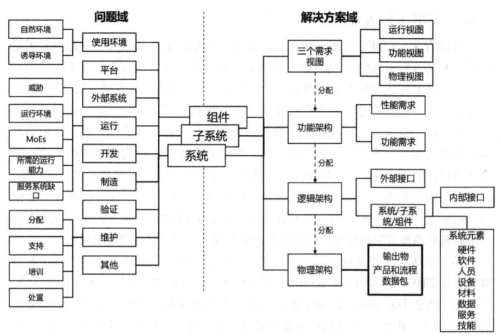

图 3-6 从问题域到解决方案域 [47]

解决方案域主要是把用户视角的需求转换为技术视角的需求,即把利益攸关者的需求转换为系统需求,并建立双向追溯关系。如图 3-7 所示,首先开展系统定义和设计,将系统需求分解为组件需求。组件需求就到机电软的领域详细设计,然后分别开展各领域的组件实现和测试。接下来把测试验证后的组件进行集成,根据系统需求进行系统测试,满足系统需求的系统解决方案才能交付给利益攸关者进一步确认。iMBSE 不仅强调将基于模型的方法应用在系统级设计,而且还要把基于模型的方法应用到子系统/组件。

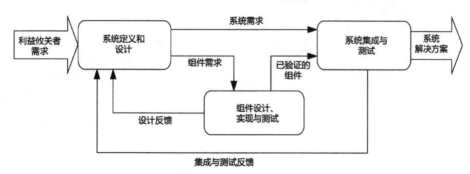

图 3-7 解决方案域包括系统和组件的定义和设计

3.3.1 需求工程流程

开展需求工程及建立需求数据库,是企业在系统生命周期的早期是否采用正向研发和是否应用 iMBSE 方法的一个关键体现。在当前面向客户、基于模型的开发中,需求工程已成为不可忽视的重要领域和阶段。需求工程是系统架构、设计、集成、验证与确认的基础和依据,涉及需求的捕获、需求分析、确定需求的验证与确认方法、需求发生冲突时的沟通和协商、记录并管理需求。如果在开发早期没有很好地定义需求,后期的需求变更会对项目成本和进度造成很大的影响,甚至导致项目的失败或取消。需求工程流程增强了利益攸关者对复杂系统所需功能、性能及结构的理解,增进了利益攸关者之间的交流,减少了可能的误解和理解偏差。而需求管理能够更有效地处理需求变更,提高设计效率和设计质量,建立需求追踪关系能够更加准确地反映项目的进展情况,以便更好地进行决策。

需求的演进从外部的高层需求开始,如军事战略,如图 3-8 所示。从 SoS 层级的运行意图(Concept of Operations,ConOps)、运行能力、运行任务、运行活动,得到运行概念(Operational Concept,OpsCon)和业务需求(Business Requirements Specification,BRS),并捕获利益攸关者的需求;进一步把利益攸关者的需求,转化为可验证、可量化的利益攸关者的需求(Stakeholder Requirements Specification,StRS);更进一步从问题域过渡到解决方案域,开始进行系统定义。先把利益攸关者的需求转化为系统需求(System Requirements Specification,SyRS),开展系统架构定义和系统设计定义,把系统需求细化为更底层的需求,如硬件需求(Hardware Requirements Specification,HRS)和软件需求(Software Requirements Specification,SRS)。

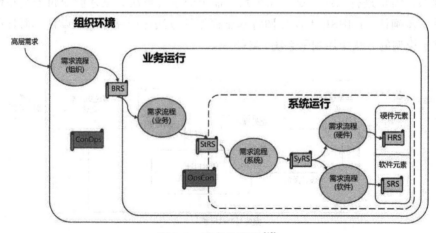

图 3-8 需求的演进[48]

在系统产品开发阶段，需求也是贯穿整个生命周期的，从用户需求作为输入，一直到成功交付最终系统产品，如图 3-9 所示。在 V 流程的左侧，每一个层级（系统、子系统和组件）都有同意用户的需求、生成并验证设计和生成并确认输出需求到下一个层级。而在 V 流程的右侧，每个层级都要开展需求的验证和确认并交付合格的产品到上一个层级。

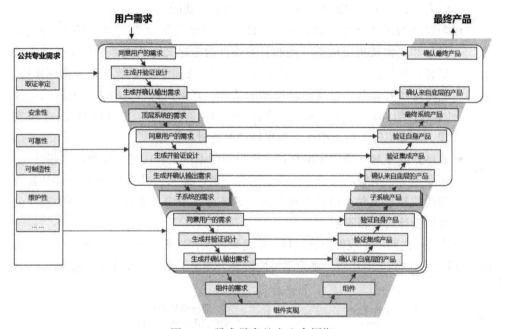

图 3-9　需求贯穿整个生命周期

3.3.2　系统工程流程

iMBSE 中的系统工程主要是系统定义和设计，是基于已确认的系统需求开展架构定义，从众多解决方案系统架构中选择出最佳方案，架构定义阶段要独立于技术实现。接下来开展设计定义，考虑系统如何物理实现，定义物理架构，并确定系统组成元素的构型，如哪些组件需要重新设计和制造？能否重用现有类似的组件？是否能购买货架产品或将其转包出去？基于模型的系统工程流程主要包括运行分析、系统分析、逻辑架构定义、物理架构定义和最终产品分解架构定义。

- 运行分析流程主要定义"系统的用户需要做什么"。主要活动是识别与系统交互的参与者、参与者的活动和活动间的交互关系，从而分析用户的需要和需求问题。

- 系统分析流程主要定义"系统必须为用户做什么"。主要活动是开展系统外部功能分析，包括在非功能性属性的限制下，识别用户需要的系统功能（如"计算最佳路径""检测威胁"）。
- 逻辑架构定义流程主要定义"系统如何工作才能满足客户期望"。主要活动是内部系统功能分析，包括必须执行哪些子功能，并将这些子功能进行组合，来满足上一层级中确定的用户需要的系统功能。还要考虑在非功能性约束下，识别出逻辑组件来执行这些内部子功能。
- 物理架构定义流程主要定义"系统将如何开发和建造"。物理架构层级的目标和逻辑架构层级是一致的，主要目的是定义系统内部如何工作才能满足客户期望，但除此之外，该层级还定义将要建造的系统的最终物理架构。它增加了实施某些技术选择所需的功能，并突出执行这些功能的行为组件（如软件组件）。进一步地，这些行为组件由实施组件（如处理器板卡）来实现，实施组件为行为组件实现提供必要的材料资源。
- 最终产品分解结构定义流程是基于模型的系统工程中最低层级的工程活动，主要定义"期望从每个组件的提供者得到什么"。该层级的流程活动从物理架构层级导出每个组件必须要满足的条件，以满足在前几个层级中建立的架构设计约束和限制。

这些流程之间不是线性串行过程，而是渐进迭代过程，如图 3-10 所示，下一层级的流程要返回到上一层级，确定下一层级是否满足了上一层级分解下来的需求。

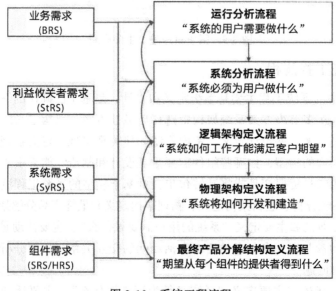

图 3-10　系统工程流程

3.3.3 领域工程流程

以上内容主要考虑需求分析和系统工程的问题，这些工作内容虽然非常重要，但需求分析和系统工程只占整个项目总任务的 8%～19%[32]。更多的项目任务在领域工程，如机械结构、机电系统、嵌入式软件、电气系统的详细设计，以及各领域的建模与仿真分析。所以我们要成功实现整个系统产品，不仅要关注顶层的需求工程和系统工程，还要扩展到详细阶段的领域工程，如图 3-11 所示；不仅将基于模型的方法运用在系统工程领域（即 MBSE），还要把基于模型的方法运用在机械工程、电气工程、软件工程等领域，形成基于模型的机械工程、基于模型的电气工程和基于模型的软件工程等，这也是 iMBSE 的重点。

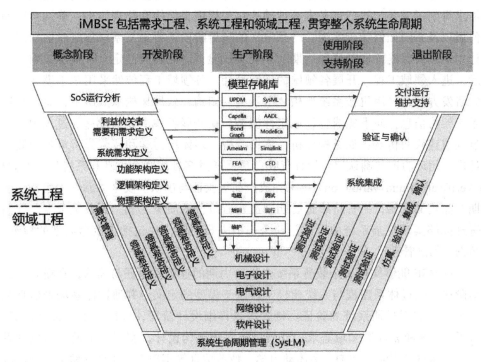

图 3-11 iMBSE 的 "V" 流程

从系统工程到各领域工程的衔接过渡，是通过定义领域架构来实现的。以系统模型中物理架构的各领域相关部分作为各领域的基础架构，进一步定义各领域架构，如机械领域架构、电气领域架构或软件领域架构，这些领域架构比系统层级的物理架构更加详细，用于下一阶段的各领域模型之间的集成。根据各领域架构，进一步开展各领域的详细设计，如机械设计、液压设计、电子设计、电气设计、软件设计等，并对物理架构、领域架构、详细设计模型之间的快速迭代进行优化。

然后过渡到 V 流程的右侧，开展各领域的仿真验证或试验集成测试验证。待各领域集成测试验证完毕后，进入子系统/系统级的集成、验证和确认，最终完成系统产品的交付运行和维护支持。

3.4　iMBSE 内涵

总的来说，iMBSE 总体框架如图 3-12 所示，其中产品定义阶段根据系统工程方法确保构建了正确的产品，以满足利益攸关者的期望。首先要定义系统的范围，包括功能、特性、参数和目标等，开展运行分析和功能分析以确保利益攸关者的需求得到了满足，然后定义多领域架构，包括逻辑架构和物理架构，确认系统如何做以及系统如何物理实现。产品定义的最后阶段还要定义系统集成验证与确认计划，以确保连续性验证和后期的系统集成验证。完成产品定义、顶层架构设计后，进入领域工程，开展各领域的详细设计。各领域工程依然采用基于模型的正向研发方法，采用机械系统架构、电子电气架构、软件架构承上启下，向上承接系统架构信息，向下集成各领域组件模型。在开展各领域详细设计的过程中，通过领域建模与仿真，如结构分析、流场分析、多体动力学和疲劳分析对各领域设计进行闭环验证与确认以及设计优化。最后通过多领域联合仿真和系统集成 V&V（Verification and Validation）技术完成产品级验证与确认。安全可靠性工程是从前期产品定义开始，一直持续到后期制造运营阶段的质量工程。而系统全生命周期管理能够实现复杂系统的跨部门跨公司的人员协同，并包括全生命周期的模型、数据、信息管理。

iMBSE 能够实现复杂装备系统全生命周期的连续性验证与确认，在概念和方案阶段，通过体系建模与系统建模实现基于模型的定义，并通过体系场景仿真和系统分析实现早期系统的验证。接着进入详细设计阶段，系统需求分解为机械、电子/电气和软件等领域需求。开展机械系统架构设计，实现基于模型的机械设计，并通过有限元、CFD、多体动力学、疲劳仿真等实现机械领域的验证；开展电子电气架构设计，实现基于模型的开发线束、线缆、PCB、传感器等，并通过电磁仿真和电子散热分析实现电子电气领域的验证；开展软件架构设计，实现基于模型的软件开发，并通过 MiL、SiL 和 HiL 等闭环仿真实现嵌入式软件的验证与确认。模型可信度评估、安全可靠性分析和设计空间探索从概念阶段贯穿到方案阶段和详细设计阶段，最终通过多领域多学科联合仿真和多物理场耦合仿真实现产品的集成验证与确认（图 3-13）。

第3章 iMBSE 概述——举其要而用功少

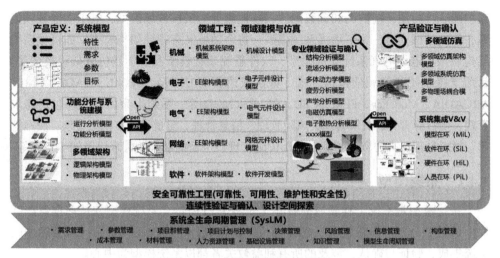

图 3-12 iMBSE 总体架构框架

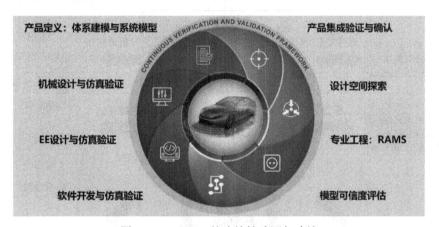

图 3-13 iMBSE 的连续性验证与确认

简单来说，iMBSE 最核心的体现有三个部分：系统模型、领域模型和系统生命周期管理。如图 3-14 所示，这三个部分相辅相成，实现基于模型的方法在整个工程中的应用。

iMBSE = 系统模型 ＋ 领域模型 ＋ SysLM

图 3-14 iMBSE 的组成

从系统开发阶段来看，系统模型分为运行分析模型、功能架构模型、逻辑架构模型和物理架构模型；从描述系统的特征或现象以开展系统建模来看，又可分为需求图、行为图、结构图和参数图。领域模型分为机械领域模型、电子电气领域模型、软件领域模型，为了承接系统模型，每个领域又有领域架构模型，如机械系统架构模型、电子电气系统架构模型、软件系统架构模型和多领域仿真架构模型等。目前支持系统和领域建模的标准、方法或语言有 UPDM、SysML、AADL、UML、ARCADIA、Modelica、FEM、CFD、BEM 和 MBD 等。系统生命周期管理包括需求管理、项目群管理、决策管理、风险管理、信息管理、质量管理、构型管理、成本管理、材料管理、人力资源管理、基础设施管理、生命周期模型管理以及知识管理等。

3.4.1 系统模型

系统模型是系统工程领域的核心，如图 3-15 所示。系统模型支持前期系统开发中的运行分析、需求定义、功能分析、逻辑设计、物理架构定义，以及后期的系统集成、验证与确认，涉及的所有利益攸关者都以系统模型为中心。

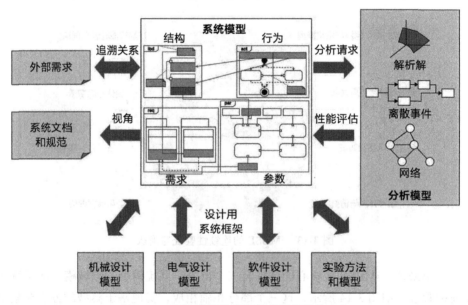

图 3-15　系统模型是系统集成和交互的中心

按照开发流程顺序，系统模型主要包括运行分析模型、功能架构模型、逻辑架构模型和物理架构模型。

运行分析模型

运行分析模型的目的是确定系统潜在用户的业务需求和目标，以保证满足这些业务需求，并保证系统能力的定义是充分的，对应于《系统工程手册4.0》的业务或任务分析流程。图3-16所示为一个典型系统——气象气球系统的运行分析模型。

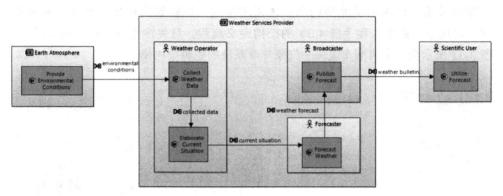

图3-16　气象气球系统的运行分析模型[49]

功能架构模型

功能架构模型主要关注系统做什么，定义一组功能和子功能的组合，以及功能之间的接口，以完成运行分析模型中定义的任务，满足用户的期望，对应于《系统工程手册4.0》的系统需求定义流程。图3-17所示为一个典型系统——气象气球系统的功能架构模型。

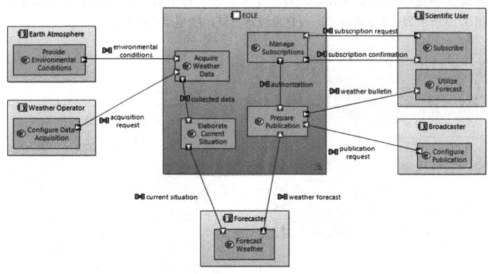

图3-17　气象气球系统的功能架构模型[49]

逻辑架构模型

逻辑架构模型主要关注系统如何工作，进一步定义系统的行为以及行为间的逻辑关系，以满足功能架构和系统需求基线。逻辑架构模型要独立于系统实现，对应于《系统工程手册4.0》的架构定义流程，只关注系统功能、逻辑层级。图 3-18 所示为一个典型系统——气象气球系统的逻辑架构模型。

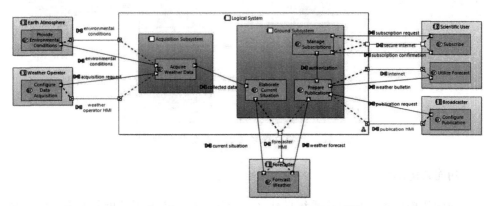

图 3-18　气象气球系统的逻辑架构模型 [49]

物理架构模型

物理架构模型是一些物理元素的组合，包括系统物理元素和物理接口等，为逻辑架构提供物理实现方案，对应于《系统工程手册4.0》的设计定义流程。图 3-19 所示为一个典型系统——气象气球系统的物理架构模型。

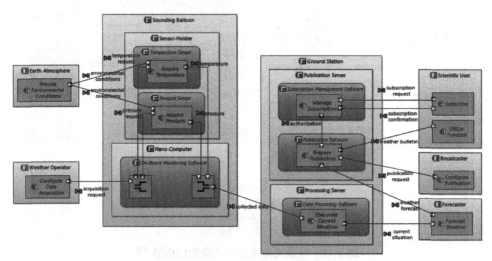

图 3-19　气象气球系统的物理架构模型 [49]

3.4.2 领域模型

领域模型是多学科、多维度、多属性的,是机械工程、电气工程和软件工程等领域工程的核心,实现所有领域工程涉及的利益攸关者都以领域模型为中心。大体上分为四类领域模型:机械领域模型、电气领域模型、软件领域模型和跨领域、多学科模型(图 3-20)。

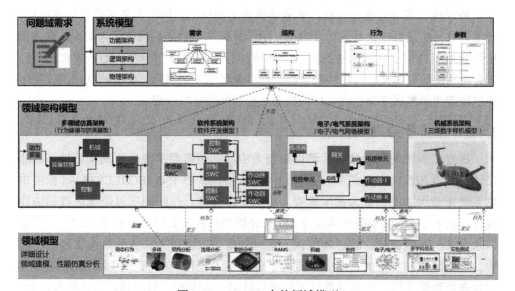

图 3-20　iMBSE 中的领域模型

机械领域模型

机械领域模型包括:机械系统架构模型,开展结构整体布局和机构运动设计;机械设计模型,用于 MBD 的零部件详细设计;结构分析模型,用于结构件的强度、刚度校核分析;流场分析模型,用于结构件的内、外流场特性分析;多体动力学模型,用于机构运动学/动力学分析;疲劳分析模型,用于分析结构件的疲劳损伤和使用寿命;声学仿真模型,用于分析设备/产品的声学特性。

电气领域模型

电气领域模型包括:电子电气系统架构模型,开展电子、电气、网络系统整体布局设计;电子、电气、网络设计模型,用于元器件的 EDA 设计;电磁仿真模型,用于低频电磁场分析和高频电磁场分析;电子散热分析模型,用于分析电子、电气元件的散热或冷却性能。

软件领域模型

软件领域模型包括：软件系统架构模型，基于 UML、AADL 的软件顶层架构设计；软件开发模型，采用基于模型的方法开展软件详细设计，自动生成代码；Mil/Sil/Hil 模型，用于集成测试或验证嵌入式软件控制策略和逻辑算法。

跨领域、多学科模型

跨领域、多学科模型包括：多领域仿真架构模型，用于定义多领域仿真接口，开展多学科集成仿真；系统仿真模型，用于分析机电系统的动态行为特性；多物理场耦合模型，用于分析如热固耦合、热流耦合、流固耦合特性；RAMS 模型，用于分析系统的可靠性、可用性和可维护性以及评估安全风险；实验测试模型，用于通过物理实验测试零部件或整机的振动、疲劳和噪声特性等。

3.4.3 系统生命周期管理

所有工程中的利益攸关者都以模型为中心，还需要系统生命周期管理，才能保证单一真相源，实现跨部门、跨组织间的协同。在 ISO/IEC/IEEE15288 标准中把系统生命周期流程分为技术流程、技术管理流程、组织的项目使能流程和协议流程。其中，技术流程关注从业务/任务分析利益攸关者的需要和需求定义、系统需求定义、系统设计、验证和确认、运行和维护以及退出，这是系统工程的主流程，是系统成功实现的根本。但是为了保证技术流程活动的顺利执行，我们还需要管理流程做支撑，如制定系统工程项目计划（SEMP）、对项目进行评估和控制、控制项目风险和项目质量等；作为有权力决策项目启动和项目终止的组织，要为系统工程项目的顺利进行提供企业职能服务，如为项目提供基础设施、人力资源等。可见，我们在实施集成的基于模型的系统工程的过程中，除了选择合适的建模和仿真工具，还要考虑整个工程管理环境，这通常与系统生命周期管理环境相关。系统生命周期管理是将现阶段的 PLM 延伸到产品开发的最早期，涵盖产品全部学科领域和服务；以集成系统生命周期全阶段各领域模型为核心，并对模型和流程进行有效的后台协同支撑，实现系统生命周期所有开发阶段与全部模型（需求 R，功能 F，逻辑 L，物理 P，……）的互连与追溯[50]。支撑集成的基于模型的系统工程实施的相关 SysLM 管理环境包括：需求管理、项目管理、构型管理、质量管理、文档管理、知识管理、成本管理、决策管理、风险管理以及模型数据管理等。本书重点关注数字线程驱动的系统全生命周期管理，包括需求管理、参数管理、连续性的集成验证与确认管理、模型生命周期管理、产品分解结构（PBS）演变的构型管理，以及复杂装备系统设计资源集成共享和闭环质量管理。SysLM 是研发快速迭代、研发设计资源集成共享、基于模型的协同设计得以实现的基础。

Chapter4 第 4 章

产品定义——运行分析与系统建模

他山之石，可以攻玉。

——《诗经·小雅·鹤鸣》

科学是一种方法，它教导人们：一些事物是如何被了解的，不了解的还有什么，对于了解的，现在了解到了什么程度。

——理查德·费曼

本章导读

本章是复杂装备系统开展基于模型的正向研发活动的起始。这里所述的产品定义主要包括早期问题域的概念定义（弄清楚面临的业务/任务问题，以及利益攸关者的期望或需求），以及解决方案域的系统定义（为满足利益攸关者的期望，系统需要具备哪些功能，以及系统由哪些部分构成）。这个过程中系统定义阶段产生的系统架构是系统的 DNA [30]，由系统架构输出的最终产品分解结构（End Product Breakdown Structure，EPBS）是复杂装备系统数字孪生的雏形，它是第一个反映系统整体特征（包括定义的功能、性能以及系统组成关系）的数字孪生体。

对于复杂装备系统如何开展基于模型的正向研发，我们需要一套完整的流程方法做参考，所需的这套流程方法能够清晰地告诉我们做什么，以及如何基于模型来实现。国际系统工程流程标准（如 ISO/IEC/IEEE 15288、IEEE 1220 等）和 MBSE 方法论（如 OOSEM、ARCADIA、Harmony-SE 等）恰好能告诉我们在基于模型的正向研发中"做什么"和"如何做"。

本章从系统工程学科的起源开始讨论，涵盖基于文档的方法到基于模型的方法的范式转移，分四个阶段叙述了系统工程的发展演进。从20世纪70年代美国发布MIL-STD-499标准，标志着系统工程流程方法形成初步的体系，到2015年，ISO、IEC和IEEE联合发布ISO/IEC/IEEE 15288: 2015，意味着系统工程流程方法逐步走向成熟，也从美国视角转换成国际视角，得到国际主流复杂装备/产品开发商和制造商的认可。随着计算机技术的飞速发展，采用基于模型的方法是系统工程当前研究的重点，也是未来的发展趋势。然而由于系统建模涉及的建模广度和建模要素非常广，目前的系统建模语言和MBSE方法还在发展中，下一代系统建模语言SysML V2标准的官方正式发布日期还没公布，所以MBSE如果想达到像CAD技术对机械设计支持的成熟度，还有很长的一段路要走。

本章着重介绍了目前最新的，经历过泰雷兹、阿丽亚娜、罗·罗公司、大陆集团、法马通等多年工程实践的MBSE技术路线：ARCADIA/Capella。该方法针对目前SysML V1存在的一些问题，从系统工程实践的角度，在功能分解和系统架构定义方面给出了更符合系统工程师的实践方法。

为了方便各位读者应用MBSE方法解决实际的工程问题，本章还结合一个概念产品——火星车2030，给出了火星探索运行分析、火星车系统功能定义、火星车逻辑架构定义以及火星车物理架构定义的具体实践和建模过程。

4.1 系统工程发展演进的四个阶段

4.1.1 第一阶段：基于文档或视图的系统工程

系统工程是一种使系统成功实现的跨学科的方法[32]。最早应用系统工程方法开展工程系统设计的案例，可以追溯到1937年英国人为了应对国外的空袭问题。无线电专家和机械设计专家组成的多学科团队发明雷达，成功设计出第一代防空系统。之后美国人继承了这种系统工程方法，1939～1945年贝尔实验室通过系统分析，发现探测到敌机后，摧毁敌机的最好办法是发射导弹将其击落，这便是NIKE导弹防空系统。真正的国家级防空系统是1951～1963年MIT设计的SAGE空中防御系统，这是一个大型系统工程项目，该项目的参与人员和资金甚至超过了曼哈顿计划。这些大型工程项目的实践推动着一门新学科的诞生，1954年号称"美国智库"的兰德公司首次提出系统工程（systems engineering）的概念，1962年Hall出版了 *A Methodology for Systems Engineering*，标志着系统工程学科的正式诞生。

1969年，美国军方标准MIL-STD-499的发布标志着系统工程流程方法在复杂装备研制中得到了广泛应用，该标准中提到的需求分析、功能分析和分配、设计综合以及系统分析与控制（如图4-1所示），依然是现在系统工程的核心部分。

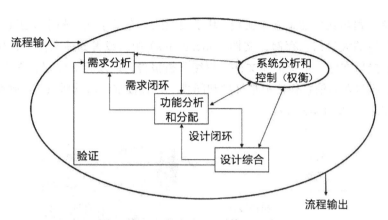

图 4-1　MIL-STD-499 系统工程流程

2015 年 ISO、IEC 和 IEEE 联合发布 ISO/IEC/IEEE 15288: 2015，题目为"系统工程和软件工程——系统生命周期流程"，从技术流程、技术管理流程、协议流程和组织的项目使能流程四个维度，全面而详细地论述了使系统成功实现的 30 个流程（如图 4-2 所示），该标准标志着系统工程流程方法逐渐走向成熟。

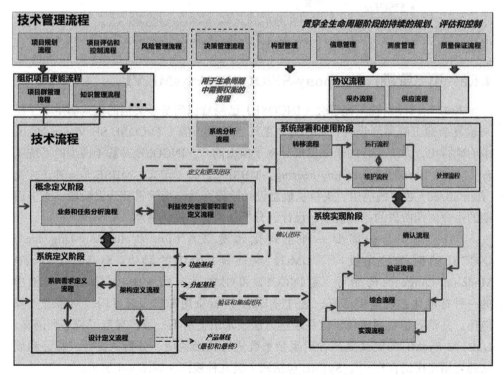

图 4-2　ISO/IEC/IEEE 15288 系统生命周期流程

系统工程实践最初是基于文档/基于视图的。在基于文档的系统工程方法中，通常把产生的大量信息存储在文档（documents）中，或者其他文件中，如需求规范文件、接口文件、系统描述文件、权衡分析报告，以及验证计划、程序和报告。这些文档所包含的信息往往很难维护和同步，并且很难评估其质量（正确性、完整性和一致性），如图4-3所示。

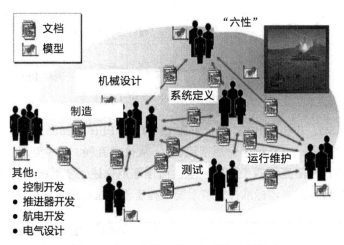

图4-3 基于文档/视图的系统工程模式

4.1.2 第二阶段：Harmony-SE/OOSEM+SysML V1

2007年国际系统工程学会（INCOSE）已经意识到基于文档的模式满足不了越来越复杂的工程系统设计，INCOSE在其当年发布的《INCOSE SE Vision 2020》中明确指出，系统工程的未来发展是基于模型的[5]。INCOSE对基于模型的系统工程（Model Based Systems Engineering，MBSE）进行了定义：MBSE是一种正式化（formalized）建模的应用，支持从概念设计阶段开始，持续贯穿开发阶段，直至后期的生命周期阶段的系统需求、设计、分析、验证和确认活动[32]。

实践MBSE首先需要一种正式化建模语言（formal modeling language），INCOSE这时把目光投向了OMG，这便是SysML的诞生。SysML是System Modeling Language的缩写，是INCOSE和OMG为支持MBSE方法落地而推出的一种标准化系统建模语言。通过对UML进行重用和扩展来专门针对系统工程应用，并消除了不同建模语言在表达方法及术语上的不一致，规范了符号和语义。OMG对SysML的定义是一种对复杂系统进行详细说明、分析、设计、验证和确认的通用建模语言[51][52]。SysML包括四大类九种视图，如图4-4所示。

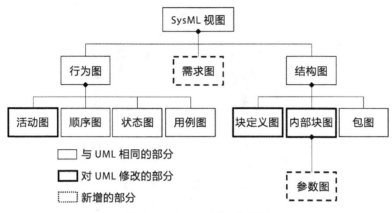

图 4-4　SysML 的 9 种视图

然而 SysML 只是一种系统建模语言，它不是一种方法，也不是一种流程。实施基于模型的系统工程，还需要 MBSE 方法。2008 年之前的 MBSE 方法论主要有 6 种：INCOSE 面向对象的系统工程方法（OOSEM），IBM Rational Telelogic 的 Harmony-SE，IBM 系统工程统一流程（RUP-SE），Vitech MBSE 方法论，JPL 的状态分析法（SA），Dori 的对象–流程方法论（OPM）。其中最早进入中国的 MBSE 方法是 Harmony-SE，该方法在航空工业有着广泛的应用，Harmony-SE + SysML 也成了国内开展 MBSE 实践的标配，当然国际上 MBSE 实践还有另外一个技术路线就是 OOSEM + SysML。

对于一种 MBSE 方法，首先其要符合国际系统工程标准。而 Harmony-SE 由于提出年代较早，其方法定义的需求分析、系统功能分析和设计综合流程与 DoD 在 1974 年发布的 MIL-STD-499A 很类似（如图 4-5 所示），目前来看该方法有点落后。

OOSEM 主要包括以下开发活动（如图 4-6 所示）：分析需求、定义系统需求、定义逻辑架构、综合分配架构、优化和评估候选架构，以及验证与确认系统。这些活动与经典的系统工程"V 形"流程保持一致，能够迭代和递归地应用到系统的各个层级。OOSEM 方法定义的流程活动和最新的 ISO/IEC/IEEE 15288: 2015 保持一致：分析需求流程活动对应着业务 / 任务分析，以及利益攸关者需要和需求分析流程；定义系统需求流程活动对应着系统需求定义流程；定义逻辑架构流程活动对应着架构定义流程；综合分配架构流程活动对应着设计定义流程；优化和评估候选架构对应着系统分析流程；验证和确认系统对应着验证和确认流程。但是该方法定义的流程活动颗粒度太粗，基于该方法开展系统建模时具体每个步骤要建哪些 SysML 视图，以及构建视图的先后顺序并不是特别清晰。

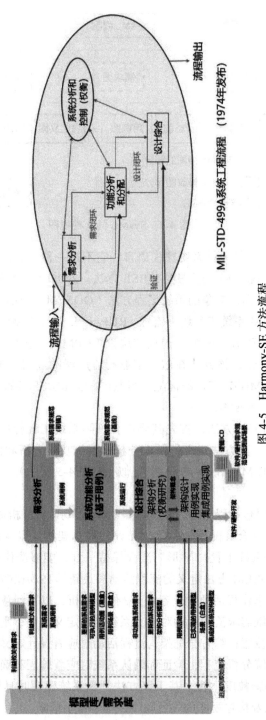

图 4-5 Harmony-SE 方法流程

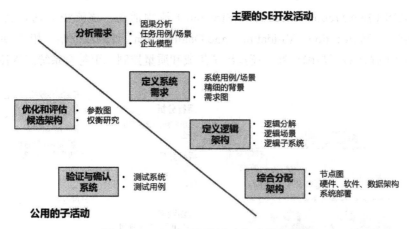

图 4-6　OOSEM 流程活动和建模成果物

SysML V1 自 2007 年首次发布至今，SysML 在工业界已经实践应用超过 10 年时间了。在这个过程中，整个工业界收获了系统建模的诸多经验和成果，同时也发现了当前版本 SysML 的一些限制和不足。SysML V1 语义中软件术语太多，对于不是计算机建模专家的系统工程师来说比较难懂且上手慢，而且对于系统工程师来说也不需要知道过于底层的软件术语。

4.1.3　第三阶段：ARCADIA+Capella

ARCADIA 是泰雷兹集团摸索和实践系统工程多年经验的沉淀，是目前众多 MBSE 方法中最符合工程视角的，经受了工程实践的检验。ARCADIA 方法应用领域很广，包括航空电子、轨道系统、防务系统、卫星系统和地面站、通信系统等，不仅在法国有广泛应用，也扩展到了美国、德国、英国、意大利、中国、澳大利亚和加拿大等。目前支持 ARCADIA 方法实施的 Capella 工具已经是系统工程领域的开源免费软件[53]。

该方法在 2018 年正式发布为法国标准 AFNOR-XP Z67-140，目前正在申请成为 ISO 标准。该方法强调连续性工程和并行工程，并和 ISO/IEC/IEEE 15288 以及 IEEE 1220 标准中定义的系统工程流程保持一致。该方法在问题域和解决方案域做了明显区分。其中，问题域包括两个工程层级活动——运行分析和系统功能分析，主要关注业务、利益攸关者的需求、系统作为"黑盒"的外部功能分析；而解决方案域也包括两个工程层级活动——逻辑架构和物理架构定义，主要把系统作为"白盒"，开展内部功能分析，关注系统的组成，以及组成元件如何实现。

ARCADIA 是对 OOSEM 方法的一种扩展，该方法中定义的流程活动同样也与最新的 ISO/IEC/IEEE 15288: 2015 保持一致，如图 4-7 所示。ARCADIA 还提出了 EPBS（End Product Breakdown Structure）流程活动，该流程活动定义 IVVQ（Integration，Verification，Validation，and Qualification）计划或战略，相比 OOSEM 方法，除了强调验证与确认外，还提出了集成和质量控制，更符合系统工程流程。

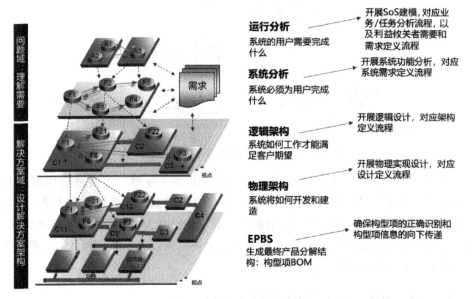

图 4-7　ARCADIA 流程活动与 ISO/IEC/IEEE 15288: 2015 保持一致

相较于 OOSEM，ARCADIA 流程活动更加详细，这种详细的流程活动和建模步骤对系统工程师是非常有好处的。ARCADIA 流程步骤参照了 IEEE 1220 2005 标准，IEEE 1220 是对 ISO/IEC/IEEE 15288 的补充和细化。ARCADIA 具体流程活动与 IEEE 1220 2005 标准相一致，如 ARCADIA 中提到的功能架构、逻辑架构和物理架构，各阶段的权衡分析与 IEEE 1220 定义相一致（图 4-8）。而且，ARCADIA 流程内嵌在 Capella 软件中，系统工程师开展系统建模时能够很清晰看到先做哪些流程活动，后做哪些流程活动。

Sys ML V1 的问题是，对于不是建模专家的系统工程师来说，SysML V1 语义、语法中软件术语太多，系统建模过程比较复杂。为此，ARCADIA/Capella 对 SysML V1 进行了封装和扩展，使其更符合工程师的思维和实践。ARCADIA/Capella 借鉴了 75% 的 UML/SysML，并对 SysML V1 底层的面向对象思想（如先建类型 Block，后建实例 Part）进行了封装，使其更符合系统工程师的思维。ARCADIA/Capella 还借鉴了 5% 的 NAF，如将 SysML 用例图（软件工程常用）转换成更符合系统工程领域的能力视图，并增加了实践系统建模所需的运动活动图、场景图和系统架构视图。

第4章 产品定义——运行分析与系统建模

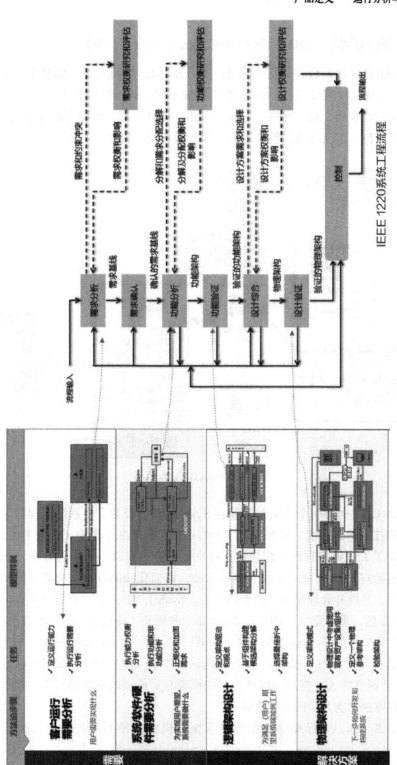

图 4-8 ARCADIA 具体流程活动与 IEEE 1220 2005 标准一致

4.1.4 第四阶段：OOSEM/ ARCADIA+SysML V2

MBSE 的第四阶段还只是个畅想，因为 SysML V2 标准还在编制中，未正式发布。但 SysML V2 肯定是 MBSE 未来的发展方向，该标准首先会兼容 SysML V1，然后会在模型构建、模型可视化、模型分析、模型管理、模型互换和集成、MBSE 协同和工作流，以及支持扩展和定制化等方面有很大的加强（图 4-9）。

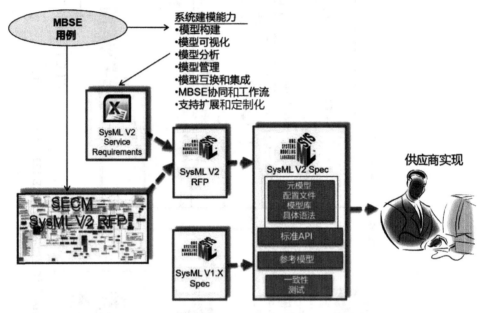

图 4-9　SysML V2 RFP

SysML V2 的第一个方向是要兼容 SysML V1，但为了使系统工程师专注于工程问题和技术解决方案，对 SysML V1 的封装和扩展在不影响工程业务的基础上，尽量减少了工程师的软件建模任务，这也是所有工业软件努力的方向。这些封装和扩展包括对 SysML 底层建模机制的封装，以简化功能分解、功能分配到组件等建模过程，并提升管理系统复杂度的能力。SysML V2 的第二个方向是提出一种不依靠 UML 的、重新定义新的语法（syntax）和语义（semantics）的系统建模语言。从 OMG 发布的最新 SysML V2 RFP 来看，SysML V2 metamodel 除了包括需求、行为、结构等，还有对分析、验证与确认的扩展（图 4-10）。除了这些，SysML V2 还包括标准的 API 接口，以增加系统模型与其他领域模型的交互，并增强了系统模型的可视化能力和模型管理能力。

相信 SysML V2 标准的发布会使系统建模能力得到质的提升，然而 SysML

依然只是语言，实施 MBSE 还需要流程和方法。在目前众多的 MBSE 方法中，OOSEM/ARCADIA 最符合国际最新的系统工程标准，应用范围也最广，所以可以预测未来的 MBSE 实施技术路线可能是 OOSEM/ARCADIA+ SysML V2。

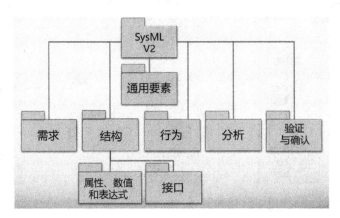

图 4-10　SysML V2 metamodel

4.2　新一代 MBSE 方法和实践：ARCADIA/Capella

ARCADIA 是目前众多 MBSE 方法中工程实践最多的一种方法论。它以功能分析为基础，从用户期望的能力开始，定义各种场景图（scenarios）和功能链（functional chain），以更加清晰地描述用户所期望的能力。它进一步开展功能分解，详细定义功能之间的交互，以及附在功能之上的性能和非功能性属性（如可靠性、可用性、维护性和安全性等），并把功能分配给组件或参与者，把功能交互分配给组件交互或结构连接。必要时，还需要进一步定义由功能交互触发的系统、组件或参与者的模式图，以及功能交互传递的数据视图等（图 4-11）。

ARCADIA 方法不但支持自顶向下（top-down）的正向研发流程，而且还支持自底向上（bottom-up）的逆向研发流程。这更符合实际工程应用，因为复杂装备系统的研制不可能一直都是自顶向下的研发流程，在物理架构定义阶段，如考虑复用现有元件、设施或材料，一定还需要自底向上的逆向研发流程。

ARCADIA 方法支持迭代（iterative）和渐进式（incremental）开发方式，因为对于一个复杂装备系统，其研发过程一定不是线性的，而是不断迭代、综合权衡、逐步寻优的。ARCADIA 方法还支持递归（recursion），方法流程比较柔性，支持剪裁。这对于复杂装备系统的层级化（hierarchy）分解设计很有用，顶层系统设计中的模型数据和流程直接可以递归应用到子系统设计中（图 4-12）。

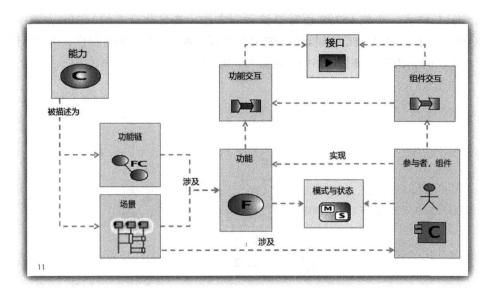

图 4-11 ARCADIA 方法中的功能分析过程

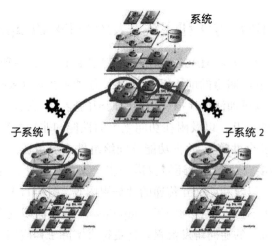

图 4-12 从系统层到子系统层自动传递

4.2.1 功能分解

功能分解是系统工程师广泛使用的经典技术,ARCADIA/Capella 提供了相应视图以支持功能分解。

从语义的角度来看,ARCADIA/Capella 的"功能"和 SysML 的"活动"表达同样的语义。ARCADIA/Capella 的功能是动词,用于指定分配给组件的所期望的操作。本节描述了 SysML 的活动（activity）/动作（action）和 ARCADIA/Capella 功能（function）之间的结构差异。

在 SysML 中，几个活动图之间的关联依赖于两个主要概念：
- 活动由不同类型的动作（可以嵌套其他活动图）描述；
- 属于该活动图的参数可以连接到某动作的输出/输入引脚。

这种活动图嵌套机制有利于在多个上下文中重用活动图，但单个活动图可以表示的内容受到了限制，并使自下而上的工作流难以实施，如图 4-13 所示。

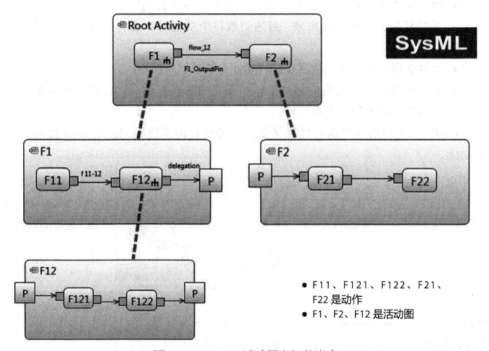

- F11、F121、F122、F21、F22 是动作
- F1、F2、F12 是活动图

图 4-13　SysML 活动图之间的嵌套

在 ARCADIA/Capella 中，理念有很大不同：SysML 活动图和 ARCADIA/Capella 的数据流图之间存在三个主要区别：
- ARCADIA/Capella 数据流图中没有控制流，这意味着没有执行的语义，也没有控制节点，例如 Join、Fork 等；
- 功能及其子功能之间的关系是直接的包含关系；
- ARCADIA/Capella 中每个被分解的功能的端口之间都没有代理机制。

在 ARCADIA/Capella 功能的层次结构中，非叶子节点的功能有以下特点：
- 非叶子功能不应具有端口或功能依赖性；

- 不应将非叶子功能分配给组件；
- 叶子功能可以自由连接到任何其他叶子功能；
- 当非叶子功能具有端口时，则认为该设计未完成，其余端口应该被拖拽并移向叶子功能；
- 在图表上显示中间/父/非叶子功能时，将自动显示叶子功能之间的低级依赖关系。

以上这些语言机制的目的是：

- 通过减弱功能树的复杂性，使工程师从维持各级别功能间的依赖性和一致性的复杂工作中解放出来（当达到数百个功能时，这会成为设计师很大的负担）；
- 允许立即生成简化的视图以进行功能分析；
- 实现自顶向下和自底向上的工作流程之间的自然结合，这对于支持系统工程师的日常工作至关重要。

CAPELLA 利用这些语言机制来提供几种简化的系统视图。图 4-14 说明了这些功能。

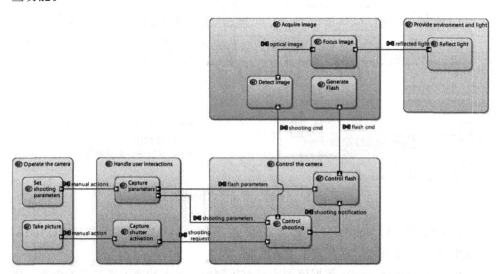

图 4-14　ARCADIA/Capella 数据流图

图 4-15 是基于图 4-14 的数据流图自动计算得来的。端口显示在非叶子功能上，但仍然属于叶子功能。

类似地，可以通过在各模型视图上对组件和功能实现自动计算来简化显示，如图 4-16 和图 4-17 所示。

第4章 产品定义——运行分析与系统建模 103

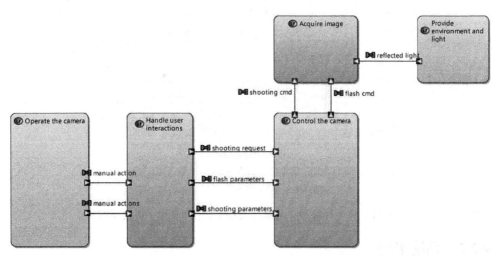

图 4-15　ARCADIA/Capella 数据流图（自动计算端口）

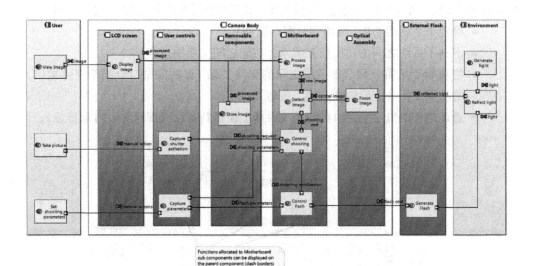

图 4-16　ARCADIA/Capella 系统架构图（白盒视图）

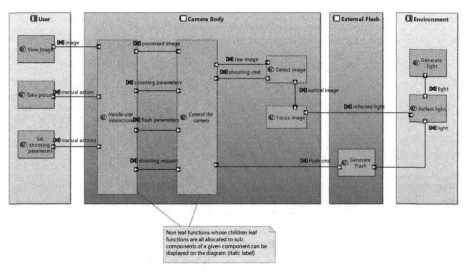

图 4-17 自动计算端口的系统高层架构图（黑盒/灰盒视图）

4.2.2 系统架构

ARCADIA 方法最重要的目标是通过识别和证明接口来确保架构设计活动。这一目标是通过提供一种并行进行功能、组件和接口建模的全局方法来实现的（见图 4-18）：

- 确定子系统的功能（将功能分配给组件）。
- 识别子系统之间的功能交互关系（功能之间交换的规范）。
- 将功能交互项分配给子系统之间的交互关系（将功能端口分配给组件端口，将功能交换分配给组件交换，等等）。
- 通过组件端口定义接口的规范（根据上面提到的所有规范可以自动推导）。

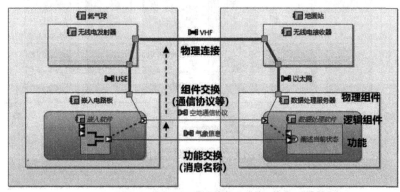

图 4-18 ARCADIA/Capella 中功能、组件、接口的关联映射

这种功能／组件／接口的关联映射，在 SysML 中实现和实施起来并不简单，如图 4-19 所示。Capella 中的这种建模方法还附带了一组辅助工具，用于加强与此集成相关的模型正确性，并提供自动化方法，这是系统架构设计的关键。

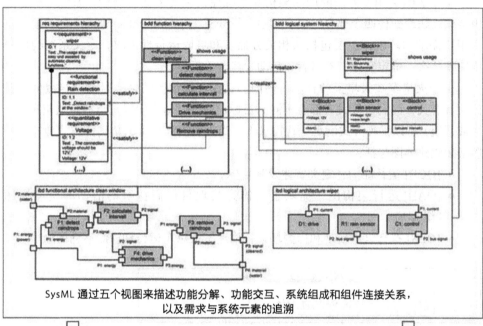

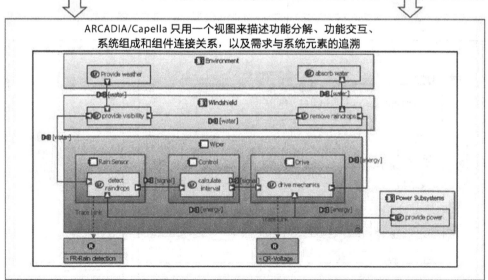

图 4-19　SysML 和 ARCADIA/Capella 功能／组件／接口的关联映射的对比

4.3 基于 ARCADIA 的火星车产品定义

4.3.1 火星探索运行分析

基于 ARCADIA 方法的产品架构和系统建模主要由运行分析、系统分析、逻辑架构、物理架构四个部分组成。其中运行分析（operational analysis）的目的是定义用户需求和环境，主要包括从相关方捕获和巩固运行性需求，定义系统的用户要实现什么，确定实体、参与者、活动、概念等工作。

由于火星车在火星上的移动、转向、钻探、通信等很多运行活动与很多利益攸关者有关，而利益攸关者都有不同的目标，因此，这个阶段重点放在火星车（产品或系统）将以某种方式满足运行需求上，尚未引出火星车的精确范围或内容。一些必须创建的图包括：

- [OCB] 运行能力：定义实体及其目标。
- [OAB] 运行架构图：提供了实体为实现目标而执行的活动的全面视图（图 4-20）。
- [OES] 执行火星活动和探测场景：描述了火星车运行和探测活动的顺序。

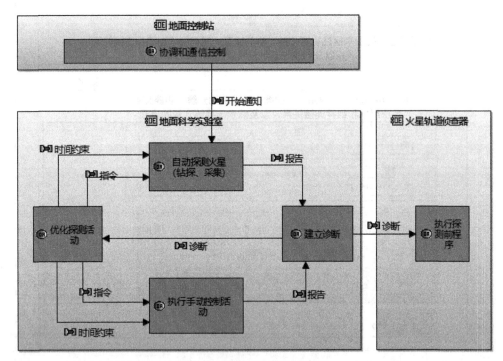

图 4-20 火星车运行架构图

4.3.2 火星车系统功能定义

系统分析（system analysis）的目的是形成系统需求，主要包括确定系统的边界以及巩固需求，定义系统要为用户实现什么，定义功能数据流和动态行为建模等工作。

火星车系统分析也可以称为火星车产品或系统的需求分析。这里的重点应该放在火星车本身，其目标是设定边界并提供需求的清晰视野。一些必须创建的图包括：

- [MCB] 任务能力框图：显示了火星车的能力。
- [SDFB] 产生火星环境视图：提供了关于参与者实际行动以及与火星车进行何种交流的功能概述。
- [SDFB] 遵循一条探测路线：同样提供了关于参与者实际行动以及与火星车进行何种交流的功能概述。
- [SAB] 火星车系统分析：提供了顶层系统概览及其高层级系统概述，是进一步在模型中浏览的非常好的切入点（图 4-21）。

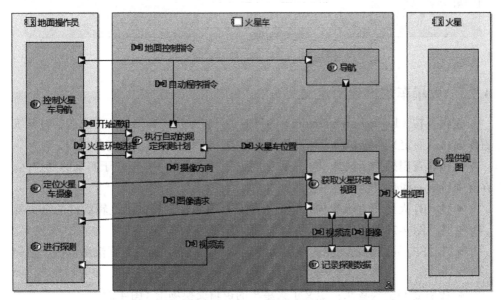

图 4-21 火星车系统分析

在这个阶段建议使用能力作为驱动来浏览模型。此外，还有一些辅助说明的功能链和场景等，帮助说明火星车在火星上要执行的活动和功能。

- [ES] 自动导航场景：说明了火星车的场景。
- [SFCD] 探测功能链描述：描述了火星车功能链也就是功能执行的顺序。
- [M & S] 导航模式状态机：对火星车运行模式进行地球控制和火星车自主运行切换的全局模式机（图4-22）。

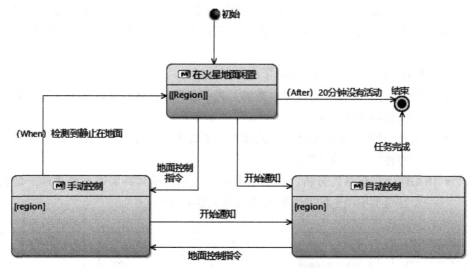

图4-22　火星车导航模式状态机

4.3.3　火星车逻辑架构定义

逻辑架构（logical architecture）的目的是开发系统逻辑架构，主要包括将系统看作白盒从而定义系统如何工作以便满足期望，并要执行首个权衡分析等工作。

火星车逻辑架构定义提供了一种中间设计，隐藏了一些依赖于实现的复杂性。在这个阶段一些必须创建的图包括：

- [LAB] 火星车逻辑架构：包括火星车所有组件，提供了逻辑组件的全局视图（图4-23）。
- [LDFB] 导航逻辑功能：顶层功能是一个入口点，通过数据流图说明了细化功能。
- [ES] 逻辑交换场景：定义了火星车的逻辑交换场景（图4-24）。

同时，还需要定义一部分数据模型以支持前面系统分析中的功能链，包括数据和交换条目。

第4章 产品定义——运行分析与系统建模

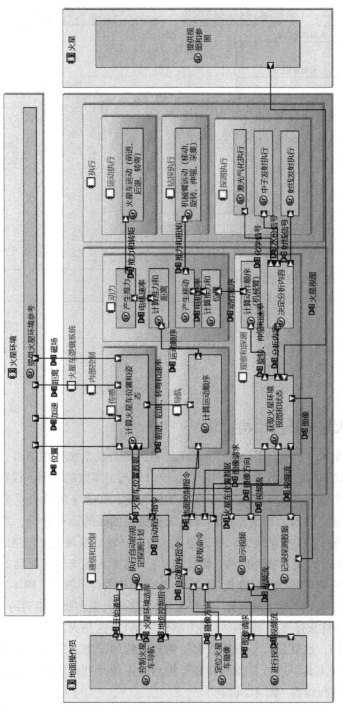

图 4-23 火星车逻辑架构

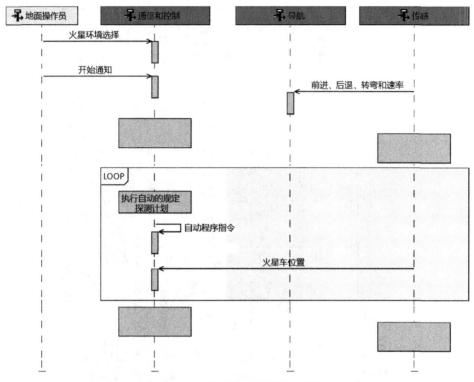

图 4-24 火星车逻辑交换场景

4.3.4 火星车物理架构定义

物理架构（physical architecture）的目的是开发系统物理架构，主要包括：系统如何开发和构建，软件、硬件分配，接口规范，实施的构型，权衡分析等工作。

火星车物理架构定义描述了系统如何构建，在这个阶段火星车的功能也越来越细化。这个阶段的很多框图所实现的功能在前面的运行分析、系统分析、逻辑架构中都进行了类似的定义，在这里不再赘述。这个阶段主要创建的图包括：

- [PAB] 火星车物理架构（轮式驱动）：这是火星车轮式驱动的物理架构，其中的实现和行为组件提供了所有物理组件的详尽视图（图 4-25）。
- [PAB] 火星车物理架构（履带驱动）：这是火星车履带驱动的物理架构。
- [PAB] 火星车物理架构（动力驱动控制）：这是火星车动力驱动控制的物理架构，也就是火星车轮式驱动物理架构的子集。这个子集可以提供创成式设计工具，进行具体的物理架构创成工程并进行优化，从而得到最终架构来进行仿真（图 4-26）。

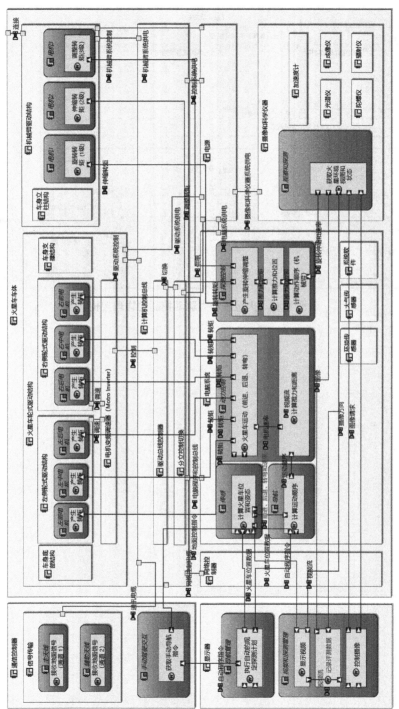

图 4-25 火星车轮式驱动的物理架构

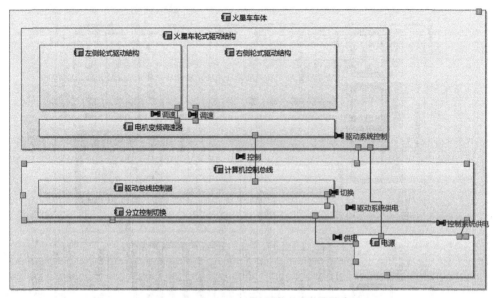

图 4-26　火星车动力驱动控制的物理架构

| Chapter5 | 第 5 章

创成式架构设计、探索和优化

系统并不是其组成物的简单加总，而是这些组成物之间交互的结果
——罗素·艾克夫

想象力比知识更重要。
——阿尔伯特·爱因斯坦

本章导读

按照《NASA 系统工程手册》中的观点，系统工程师关注折中和权衡，时刻保持观察"系统全貌"，不仅确保设计出正确的系统（满足用户需求），还要确保正确的系统设计[1]。复杂装备系统（如飞机、卫星和火箭等）的设计也是一个反复迭代、不断权衡和逐步寻优的过程，图 4-8 所示的 IEEE 1220 系统工程流程的应用和管理标准中就有很多个权衡分析节点。在需求分析阶段，如果功能/性能需求与约束冲突，就需要通过系统分析，权衡出较优的功能需求、性能指标和约束组合；在功能分析和设计综合阶段，也会面临功能分解、功能分配和设计方案权衡择优等问题[47]。而在基于模型的系统工程中，可以基于系统架构（功能架构、逻辑架构和物理架构）来开展各阶段的权衡分析，这便是本章的重点，结合机器推理（machine reasoning）、创成式设计（generative design）理念，拓展权衡设计空间，从万千架构中权衡择优。

国内有很多人把创成式设计理解为机器创新的过程，甚至认为将来电脑能够取代人脑成为更优秀的设计师。这种理解是片面的，首先工程设计是个创造性工

作，里面涉及很多设想、假设和决策，关于想象力和决策，目前的电脑还是取代不了人脑的。

其实创成式设计只是辅助人脑开展工程设计的一种手段，它是一种迭代设计过程，通过程序辅助人脑拓展设计空间，根据人脑设定的约束条件和设计目标，自动生成可行的设计方案供设计师选择。目前创成式设计结合增材制造技术主要应用在三维设计领域，而本章使创成式设计应用更进一步，在早期概念定义和系统设计阶段，通过人脑和电脑的结合，基于AI技术生成成千上万种可行的候选系统架构，极大地拓展了设计空间。

本章结合具体案例——阿波罗登月项目中的任务运行架构设计、火星车2030控制驱动架构设计以及火星车2030的电子电气架构创成式设计，详细叙述了创成式架构设计、探索和择优的流程和方法。从系统工程流程活动过渡到领域工程流程活动，需要定义领域架构来桥接，并实现基于模型的数据传递。本章详细叙述了从系统模型到多领域仿真架构模型、电子/电气系统架构模型、嵌入式软件架构模型和机械系统架构模型的数据传递，以及系统工程师和各个领域工程师的协同工作流程。

5.1 系统架构创成式设计和优化

5.1.1 系统架构创成式设计理论

系统工程师的一个非常主要的工作就是根据一组客户的需求和期望的目标，设计出系统架构。对于复杂装备系统，系统架构设计工作是非常具有挑战性的，这是因为设计参数之间有着复杂的联系，而且还有着各种各样的候选方案。这种前期的巨大的设计空间挑战着人类和计算机，无论是人脑还是电脑，都无法单独完全探索整个设计空间，找出最优的系统架构[30]。

系统架构创成式设计是一种人脑和电脑互补结合的系统架构设计、设计空间探索和择优的方法。它的主要目的是减少系统架构设计过程的复杂性和歧义性，也有助于人脑的创造性思维。系统架构创成式设计流程主要分为四个步骤：理解任务/业务需求，捕获设计空间，生成架构和探索以及评估和择优，如图5-1所示。接下来我们结合阿波罗登月任务架构设计的例子来说明这四个步骤。

理解任务/业务需求

从业务需求或任务目标来初步定义设计问题，如阿波罗登月任务的目标是把一名宇航员送到月球,然后再将其安全地送回来。最初的任务概念有三种:1)从地球直接飞往月球;2)在地球轨道进行交会对接操作(Earth Orbit Rendezvous,EOR);3)在月球轨道进行交会对接操作(Lunar Orbit Rendezvous,LOR)(图 5-2)。

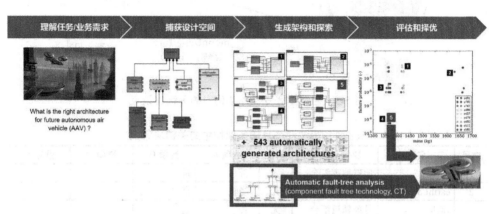

图 5-1　系统架构创成式设计流程

图 5-2　阿波罗登月任务最初的设计问题

捕获设计空间

进一步分析设计问题,确定设计空间中的关键决策点。如阿波罗登月任务设计空间中的关键决策点除了图 5-3 所示的地球轨道汇合(EOR)和月球轨道汇合(LOR),还有任务中的宇航员数量、降落到月球的宇航员数量和所使用的燃料。

阿波罗登月任务架构中的关键决策点列表如表 5-1 所示。

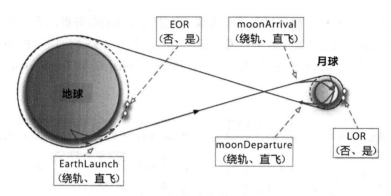

图 5-3 阿波罗登月任务架构中的关键决策点

表 5-1 阿波罗登月任务架构中的关键决策点

序号	名称	决策点描述	单位	选项 A	选项 B	选项 C	选项 D
1	EOR	地球轨道汇合	无	否	是		
2	earthLaunch	地球端发射方式	无	绕轨	直接		
3	LOR	月球轨道汇合	无	否	是		
4	moonArrival	到达月球的方式	无	绕轨	直接		
5	moonDeparture	离开月球的方式	无	绕轨	直接		
6	cmCrew	指挥舱人员数量	人	2	3		
7	lmCrew	登月舱人员数量	人	0	1	2	3
8	smFuel	服务舱燃料类型	无	低温燃料	可储存燃料		
9	lmFuel	登月舱燃料类型	无	无	低温燃料	可储存燃料	

在生成架构之前要排除那些不可行的方案，这时需要制定一些规则。例如，如果不包括 LOR，则所有宇航员都降落到月球上（cmCrew = lmCrew）；而如果选择 LOR 选项，则降落到月球的宇航员人数小于或等于指挥舱的宇航员总数（cmCrew ≤ lmCrew）。

生成架构和探索

下面我们定义架构问题的所有相关组件，包括所有相关参数和变体，根据这些组件之间的组合可以创建大量可行的系统架构。但目前的系统架构设计中通常不能评估超过 10 种不同的系统配置，这限制了设计创新，也可能是这些狭小的设计空间根本就没有包含最优的系统架构配置方案，因此事实上不可能得到最优架构。所以在系统架构设计过程中，我们需重点关注建模的广度，而不是建模的精度。我们要以较低的保真度来建立尽量全的架构设计空间，设定约束和衡量指标并评估择优，这便是创成式架构设计的目的。通过人脑和电脑的结合，基于 AI（主要是机器推理），这种方法允许生成超过 1000 种可行的候选系统架构，极大地拓展了设计空间。

阿波罗登月在借助机器推理自动生成架构之前，我们需要定义一些约束规则，以保证其生成的架构都是可行的。阿波罗架构生成中创建的部分逻辑约束如表 5-2 所示。

表 5-2 阿波罗架构生成的逻辑约束规则

序号	规则名称	适用范围	描述规则的方程组
1	EORconstraint	EOR，earthLaunch	（EOR == yes && earthLaunch == orbit）|| （EOR == no）
2	LORconstraint	LOR < moonArrival	（LOR == yes && moonArrival == orbit）|| （LOR == no）
3	moonLeaving	LOR，moonDeparture	（LOR == yes && moonDeparture == orbit）|| （LOR == no）

最关键的一项决策就是 LOR，根据第 2、3 条逻辑约束，如果选择进行 LOR，那么就不能直接降落到月球表面。起飞离开约束时也不能直接离开月球，而是必须先进入月球轨道。基于西门子 Simcenter DX 软件定义的逻辑约束可以图形化显示，如图 5-4 所示。

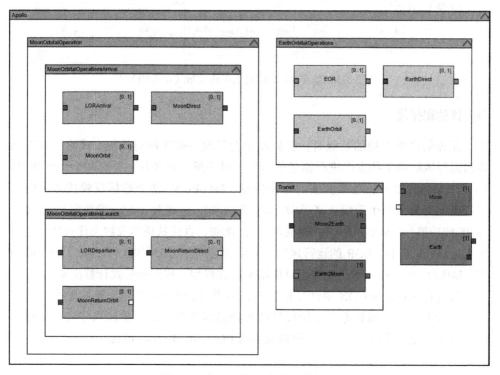

图 5-4 定义架构生成的约束规则

在此之后，我们可以在 Simcenter DX 中生成所有可行的任务架构概念，总共 15 个，如图 5-5 所示。

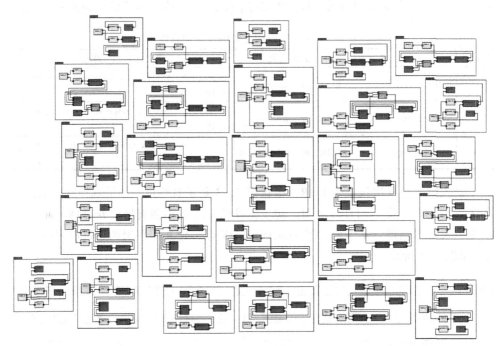

图 5-5　基于 AI 的创成式架构生成（示意图）

评估和择优

在评估这些架构的效能时，我们通常会发现一些能够对性能、成本、开发风险和运行风险的某些方面进行衡量的指标。对于阿波罗登月主要有两个评价指标：1）运行风险；2）低地球轨道的初始质量（IMLEO），这个指标反映成本。假设运行风险可分为四个等级：高风险（0.9 成功率）、中风险（0.95 成功率）、低风险（0.98 成功率）和极低风险（0.99 成功率）。例如，直接从地球发射飞往月球的运行风险为 0.9 成功率，EOR 的运行风险为 0.95 成功率，LOR 的运行风险为 0.95 成功率。IMLEO 也一样，每个架构可以根据火箭方程和一些经验公式计算出来。

最终在 Simcenter DX 中计算得到的评估得分如图 5-6 所示，落在帕累托前沿的点包含了当时美国和苏联专家设计的各种运行架构方案。美国当年实际选择的登月方案为如图所示，它的运行风险和 IMLEO 为 0.74、182 klbs。

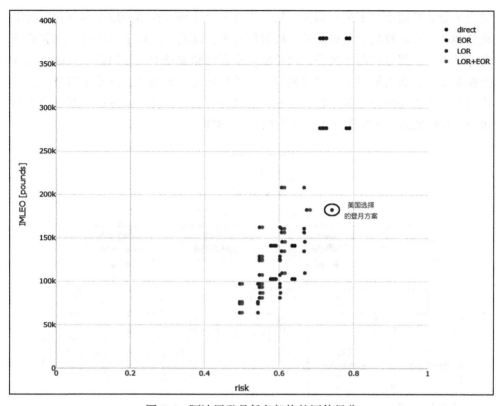

图 5-6 阿波罗登月任务架构的评估得分

5.1.2 火星车案例

火星车控制驱动架构定义

对于火星车的驱动控制系统来说,假如我们已经决定采用轮式驱动架构而不是履带式驱动架构,那么很可能遇到这样的问题:是选用四轮集中控制驱动还是六轮集中控制驱动,或者是无论是四轮、六轮都是单独控制驱动呢?不同架构实现的功能是相同的,但是采用的控制机制是不同的。最后至少会造成不同模式采用不同的变频控制系统来控制火星车移动和行驶的速度。

那么,要进行创成式设计的第一步就是捕获设计决策的意图和可变性。Simcenter DX 支持以架构为中心的探索语言(ACEL),ACEL 模型有两种表示形式:图形和文字。火星车的驱动控制系统主要由四个部分组成,如图 5-7 所示。第一个部分是核电池,用来为火星车供电。第二个部分是分立控制切换器,指在混合或混合+分立控制模式下进行切换。第三个部分是变频调速器，用来调整和控制电机的频率，从而控制火星车前进、后退的速度，以及通过轮子的速度差来完成转弯等动作。这部分有两种选择，六轮驱动或者四轮驱动变频控制器。第四个部分是控制器，包括六轮驱动总线控制器、四轮驱动总线控制器，以及采用分立式架构的时候所采用的分立控制器，因此，这部分有三种选择。经过这些部分的排列组合，我们就会得到实现驱动控制系统的不同架构。

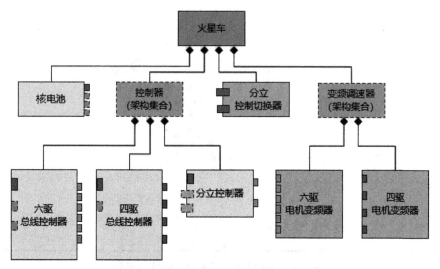

图 5-7　火星车控制驱动架构组成

火星车控制驱动架构系统模型定义

完成架构的基本定义之后，还要细化一些端口和条件，这样就出现了连接和架构进一步设计的问题。这个问题被转换成数学公式，然后推理引擎将在该数学公式上工作。问题陈述类似于自动定理证明中的问题陈述。

创成式工程的系统模型（图 5-8）定义包括如下内容：
- 要使用的组件；
- 组件如何通过端口相互连接；
- 端口的类型定义了可以相互连接的端口；
- 集合表示可以使用一个或多个包含块来表达可变性（可选择性）；
- 组件之间的连接。

在 Simenter DX 工具中可以产生内部视图（图 5-9），对所产生的系统模型架构进行浏览和研究。

第 5 章 121
创成式架构设计、探索和优化

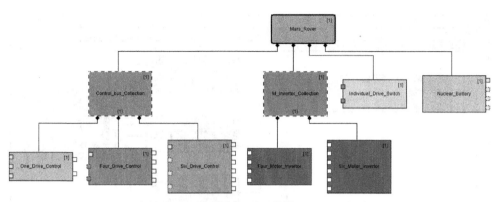

图 5-8 火星车控制驱动系统模型（DX 工具）

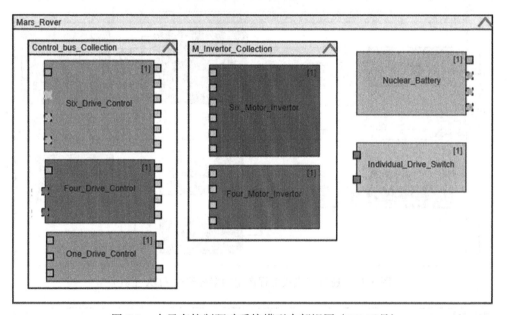

图 5-9 火星车控制驱动系统模型内部视图（DX 工具）

火星车控制驱动架构可变性定义

在火星车控制驱动架构中，总线架构有三种可能的选项，变频调速架构有两种可能的选项，这样经过与其他架构的排列组合，就可能得到多于 30 种的架构（图 5-10）。

最后，对架构进行评估是一种实践，因为最后要在多种架构中优化出我们需要的架构，对其进行细化并进行仿真，这时候我们需要诸如 Simcenter Amesim 之类的工具（图 5-11）。

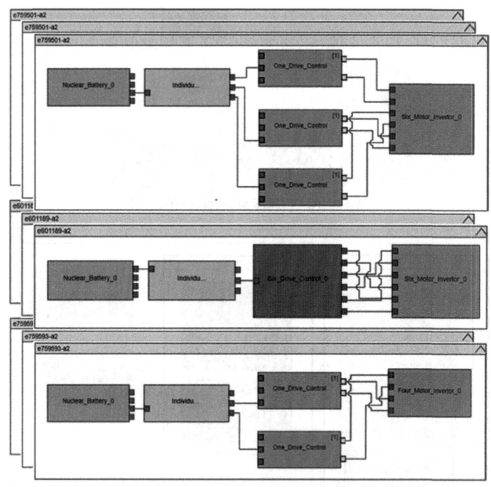

图 5-10 通过创成式工程产生的多种架构（DX 工具）

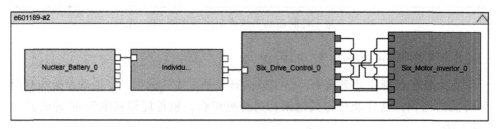

图 5-11 通过创成式工程产生的最优架构（DX 工具）

总结起来，创成式工程通过以下步骤进行系统模型架构的创成和优化：
1）从业务角度出发，定义一个设计问题；

2）提出设计问题后，可以使用领域特定的语言创建系统模型；
3）将模型转换为数学公式并求解；
4）最后找到正确的设计，为此必须进行架构的评估（仿真验证）。

5.2 电子电气架构创成式设计

5.2.1 电子电气架构创成式设计理论

电子电气架构

系统架构是对系统实体及实体间的关系所做的抽象描述，是对物理的/信息的功能与形式之间的对应情况所做的分配，是对元素之间的关系以及元素同周边环境之间的关系所做的定义。简单地说，就是形式和功能之间的映射。

电子电气（Electronic/Electrical，一般称为 E/E，读作 Double E）架构一般起源于轿车领域，是指电子电气功能在物理拓扑上的分配，是对各个功能之间的关系以及功能同周边环境的关系所做的定义。具体说来，需要考虑整个电子电气各个子系统的功能和系统的整体解决方案，需要考虑和权衡电源和信号分配系统、车载网络、功能以及系统交互的问题。最终形成包含各个功能的逻辑连接以及拓扑关系，在不违反逻辑连接的情况下，考虑如何在拓扑上映射所需要的功能，也就是说，以逻辑连接的功能如何在整车拓扑上实现。

如今，电子电气系统成为复杂工程系统的重要组成部分。电子电气、软件、网络等在提升产品性能、为用户提供差异化的功能方面起到重要的作用，也是产品不断创新的重要驱动因素。优秀的设计不仅会对产品的性能带来提升，而且会对成本、可制造性、可维护性带来巨大的影响。架构设计变得如此重要，以至于需要专门的技术团队来进行规划，例如汽车行业就有专门的部门对整车的电子电气架构进行设计和优化。

汽车行业面临着有史以来最大的变革，自动驾驶、电气化以及车联网对新的汽车架构提出了挑战。为了应对这些挑战，势必需要引入更新的技术和系统，需要对多领域多系统进行协同设计；为不同的国家、市场和用户需求提供具有差异性的产品，提升了产品的复杂度；为了缩短从设计到投入市场的时间，势必需要考虑如何缩短从概念到生产交付的时间，需要考虑如何实现设计即验证，从而缩短验证的时间和减少实物验证的次数；需要考虑如何减少不必要的设计工程变更以及有效地管理工程变更，等等。汽车电子电气的架构也正在经历从分布式电子电气架构到局部（域）集中式电子电气架构再到车辆集中的电子电气架构的演变（图 5-12）。

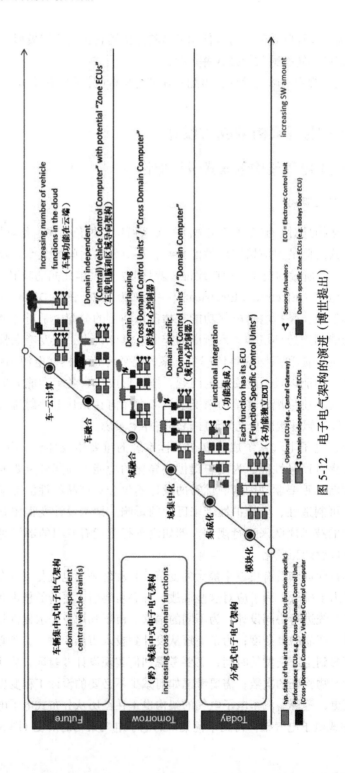

图 5-12 电子电气架构的演进（博世提出）

无论是现今主要的分布式电子电气架构还是更为先进的跨域集中式电子电气架构，以及未来的集中式电子电气架构，都必须要协调各个领域的需求来创造性地得到最佳设计。

创成式电子电气架构

创成式是指利用算法和施加的规则和约束，在给定的输入条件下，用软件来生成满足约束和规则的具体数字化结果的过程。创成式设计在充分利用计算机和软件强大的计算能力的基础上提供了快速的迭代设计过程，允许设计人员充分发挥其创造能力，能够获得大量的可选方案。针对电子电气领域而言，新的编程技术环境和脚本功能使得创成式设计的能力越来越强大和重要，设计人员只需要懂得一些编程语言就可以表达构思，一些商业化软件甚至能够提供引导式的语言来帮助其创建规则和约束。因此，把创成式设计理念引入电子电气架构设计，为设计人员提供更有力的工具和方法来释放设计人员的创造性是一件自然而然的事情。

电子电气系统架构一般有 4 个层面需要考虑，分别是功能、功能 / 软件、网络以及拓扑。架构设计需要在这 4 个不同的层面上对电子电气架构进行分层描述，从不同的角度在该架构上对客户、研发、生产进行分析[54]。

功能（function）是指该产品能够为最终用户提供的某个受益点。产品设计之初，必须要描绘该产品具体会提供哪些可选的功能给最终用户。由于功能之间存在着一定的关联性，在逻辑层面上需要定义和引入这种技术关联性。例如，要实现前挡风玻璃自动刮水，实现下雨时自动开启刮水器进行刮水，则必须要有雨量传感器，这两个功能就存在技术关联性。另外还存在着功能互相对立的情况，例如自动变速和手动变速。由此，功能定义必须要有完整的功能列表以及各个功能之间的约束关系定义。

功能 / 软件一般由 3 部分组成，即功能模块、传感器模块和执行器模块[54]。在系统层面上，3 个模块可靠地结合在一起，共同决定了能接收什么样的信息，如何对接收的信息进行处理，以及如何发出一个信号并由执行器进行处理。在该架构中，一般认为功能模块起着软件组件的作用，但其如何实现并未确定。

网络包含 ECU（Electrical Control Unit）、传感器和执行器。在架构设计中，重要的一点是确定哪些信号需要通过网络来进行传输，以及确定有哪几种不同类型的网络。

拓扑不但表达了组件在物理空间的位置及其连接方式，而且也表达了功能模块的实现方向。良好的拓扑结构能够辅助设计者对架构的安全性、保护、环境条件、电磁兼容等进行协调和合规审查。

架构设计中还必须要有评价指标这个核心的要素，这是实现优化设计的先决条件。一般来讲有如下指标：成本、重量、导线截面积、ECU 数量和网络负载。另外一个重要的影响是法律和标准[54]。

5.2.2 火星车案例

本节以火星车为例对设计流程做更进一步的阐述。

系统模型

即基于模型的功能系统建模，针对单个功能或者一组功能，通过系统建模语言，采用 MBSE 的方法，使用相应的工具如 SMW（System Modelling Workbench）等从其行为场景出发，到系统分析、逻辑架构再到物理架构。系统模型不仅仅针对电子电气，它也可以包含机械、流体、热等系统模型的构建。系统模型是下游的电子电气功能模型的基础。在 SMW 中创建的系统设计如图 4-23 所示。

功能模型

采用了在单一层级上结合标准化的、按等级的功能模型来描述系统架构的技术方案。标准化是指可从它们最终作为硬件、驱动器和软件组件执行中分离出来的单个功能，这使得单个特定域的描述可以与单一的功能抽象结合起来。另外，信号被标准化为软件、电气或者总线，在单个功能之间通信。采用这种方法，硬件、软件和电子以及网络通信的组件模型就可以集成在一起。图 5-13 所示的各个不同功能块，相互之间有电信号的传递，信号的参数可以赋值在信号上，作为驱动详细设计的规范要求。

从系统模型到功能模型可以采用自动化的方式来映射实现，例如从 SWM 到 Capital 的电气架构软件，可以只映射电子、电气、软件、载体等信息，其余的流体、机械、热等信息会被自动筛选掉。

平台架构模型

在功能模型设计完成后，就可以创建下游的平台并决定这些功能是如何实现的（硬件和软件、总线系统和电气分布系统）。火星车平台架构拓扑如图 5-14 所示。

在平台上的单个节点被作为资源建模为标准化的电子控制单元、电气组件、电源以及接地。各个单元之间通过电气导体或者总线系统相连，这些通信通路被称为载体（carrier）。

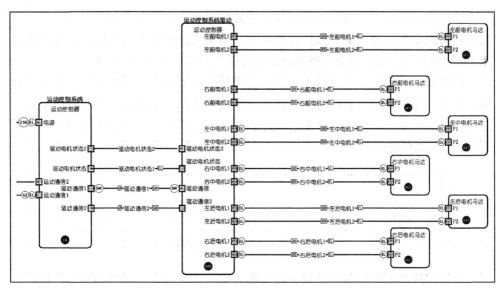

图 5-13 展示功能块和信号参数的功能图

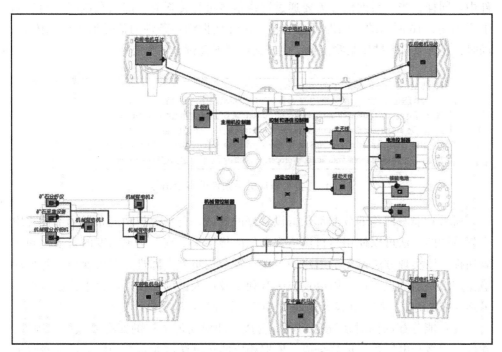

图 5-14 火星车逻辑平台架构

架构的设计就是功能系统在拓扑上实施的过程。该过程采用自动化实现，例如软件功能模型自动分配到软件控制单元，需要通过网络传输的信号自动布置到相关的网络载体，需要通过导线连接的系统会继续保留其逻辑连接关系。

创成式的设计方法为设计人员提供了类似自然语言的方式来对系统注入约束或者规范，甚至是经过总结的从验证环节所汲取的企业经验，把验证的约束提前应用到设计阶段，以设计即验证的方式来缩短开发时间。图 5-15 所示即为自动把功能布置到部件的语句。

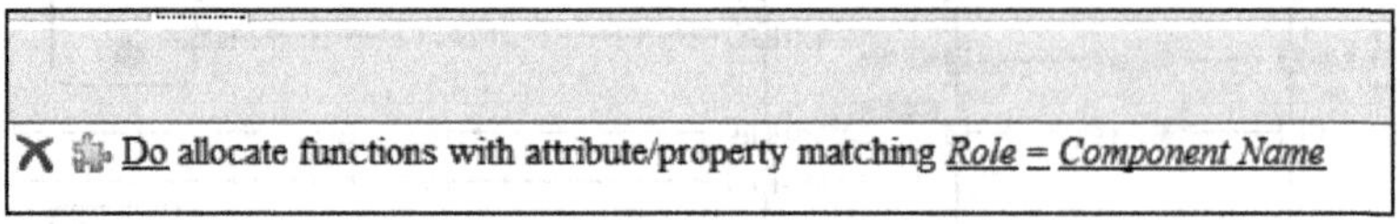

Do allocate functions with attribute/property matching Role = Component Name

图 5-15　将功能自动布置到部件

该语句的意思是把逻辑连接中的功能自动布置到与其同名的部件中，在整个平台上应用该约束，那么该平台上的所有功能都会一次性地自动放置到相应的部件中。同样，当一系列信号需要通过网络信号进行传送时，那么在该网络的载体上添加图 5-16 所示的语句即可自动且一次性地把满足条件的信号加入该载体上，同时，还可以自动排斥某些信号，使该载体上不会包含某些信号。

Carrier - Multiplexed - Assignation Constraints
Don't assign signal with attribute/property matching Type = Software to carrier
Do assign signal with attribute/property matching Group = .*Safety.* to carrier
Do assign signal with attribute/property matching Name = S60101.* to carrier
Don't assign signal with attribute/property matching Multiplexed = False to carrier
Don't assign signal with attribute/property matching Name = S60101D to carrier

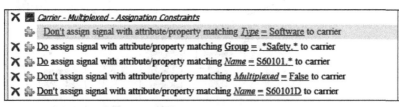

图 5-16　自动添加满足条件的多个信号

所有功能与部件的分配都依据设置好的规则，自动地把功能布置到部件。用户创造性的想法可以使用与自然语言类似的描述来实现，实现高度的自动化和经验捕捉。该实现方法避免了用户手工地在各个逻辑层之间进行多层映射，并自动确保多次映射的正确性。创成式方法有利于设计人员利用自然语言来捕获其设计灵感和施加约束，使得在设计初期就能够让设计尽量满足设计要求。

在功能分配的同时系统自动进行合成，即对功能描述的四类领域——硬件、软件、网络和电气执行运算合成。依据相应的运算法则对各个功能的需求参数进行计算和汇总，并把计算结果实时呈现出来，为优化和权衡整个架构体系提供支撑。同时,与平台开发时所制订的 KPI 进行比较,以确认是否满足要求。

控制单元的指标包括:设备重量,CPU 负荷,RAM、ROM、FLASH/EEPROM 的要求,印刷电路板(PCB)的面积、单位体积功率和热耗散。例如,多个功能块被放置到某个 ECU 后,其 ECU 内存是否超出,计算要求是否过载,等等。电气域的指标包括电线、焊接点(splice)和连接器数量、导线长度、线束直径。在此阶段,用户需要进行仔细且有说服力的评估,获得有指导意义的方向性的设计意见(图 5-17)。

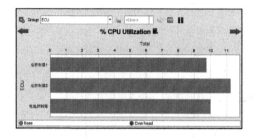
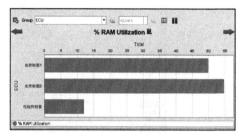
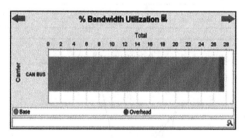

图 5-17 电子电气架构的评价指标

针对所关心的重点功能参数或者功能在不同的部件中所带来的差异,可以创建多个场景,例如我们分别创建了集中式和分布式的控制器拓扑架构,然后对两个不同的实现方法所带来的评价指标进行比较和探究,如图 5-18 所示。

选定架构方案后,其数据可以再分别导入下游的专业领域设计工具:针对硬件,可以输出功能清单(bill of functions)文件指导下游的 PCB 设计;针对网络,输出包含网络拓扑、网络信号、延迟要求、带宽需求等的系统文件给网络软件,再进行打包、封装、时序、负载等分析,图 5-19 为网络拓扑样例;针对软件功能,可以输出软件架构,按照 AUTOSAR 的标准进行软件开发;而对于电气连接,在自动输出电气逻辑连接信息后,进行物理接线和线束详细设计。第 6 章节会对每个领域的详细设计再进行阐述。

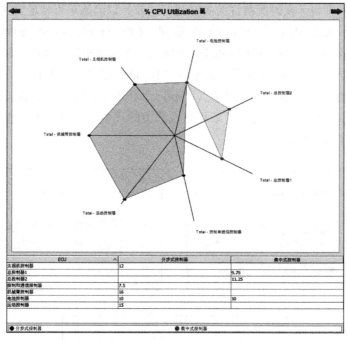

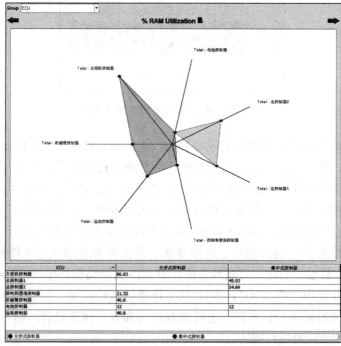

图 5-18　不同电子电气架构的指标比较

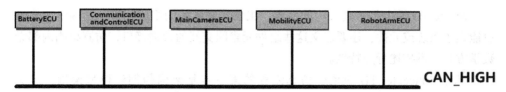

图 5-19　架构设计中重要的网络拓扑结构

5.3　领域架构设计

5.3.1　多领域仿真架构

多领域仿真架构模型是对复杂物理系统的组成元素和组件元素间的接口的一种抽象描述。多领域仿真架构模型定义了组成元素间的交互接口,有助于多领域物理系统设计人员集成来自不同部门的异构行为模型。基于架构开展多领域物理系统动态行为仿真分析,可辅助决策者从众多方案中选出最优的方案(图5-20)。

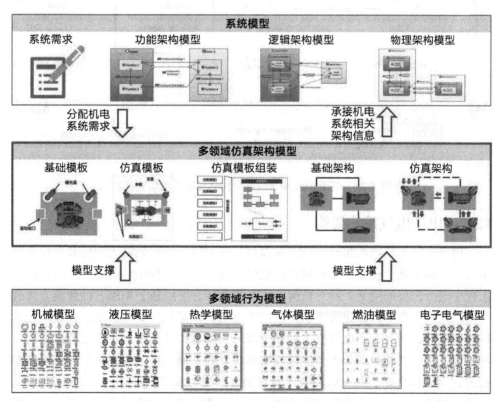

图 5-20　多领域仿真架构模型承上启下

Simcenter 提出了仿真架构的概念，主要定义系统的组成元素，这些组成元素可能是子系统或元件；还要定义这些组件元素间交互的数据接口，仿真架构内部无数学方程，不描述行为特性。

基于 Simcenter 1D 的系统仿真流程的第一步是架构师创建模型架构，定义 ICD（Interface Contract Document）接口协议，并分配建模 ICD 给模型开发人员。第二步是模型开发人员根据建模 ICD 创建物理行为模型，定义和执行仿真模型并提供已验证的模型给架构师。第三步是架构师根据仿真设置配置架构并创建分析数据库。第四步是系统设计人员创建配置，定义和执行仿真研究，评估各种配置方案的性能（图 5-21）。

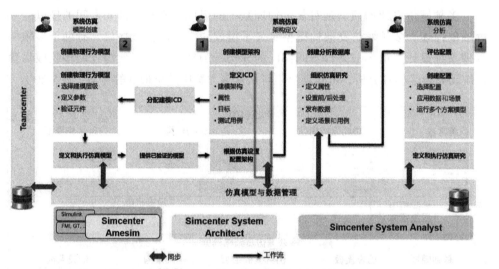

图 5-21 基于 Simcenter 1D 架构驱动的系统仿真流程

5.3.2 电子电气系统架构

电子电气系统架构模型实现了从系统工程到电子电气领域工程的基于模型的衔接，实现了基于模型的架构驱动的电气工程。在该流程中，前期的产品在产品工程中进行完整的定义，针对任何新的系统功能，采用基于 MBSE 的建模方法进行系统建模。当然，该建模不仅针对电子电气，而是包含所有领域的模型。在该模型完成后，其与电子电气有关的部分流入功能建模工具中进行功能的详细设计和捕捉，然后在整个拓扑平台上进行架构设计和功能实施，由此获得各个对象参数的详细评价指标。在完成评估并确定最终的架构设计方案后，把硬件（PCB）、软件、网络、电气连接的结果推送到下游的专业软件进行详细设计。该流程着眼于高效的架构评估,并不把相关专业领域的设计与架构设计本身关联在一起,其特点是高效、简洁、针对性强。其思路是架构设计是总体折中,是方向和指导,不纠缠于细节(图 5-22)。

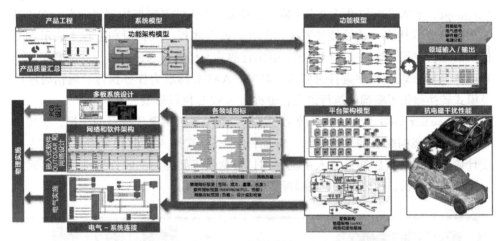

图 5-22　电气架构模型平衡总体需求并驱动各领域的详细设计

在进入电子电气系统设计阶段时,需要把系统模型和电子电气相关的视图、数据信息提取出来,进一步开展电子电气架构设计,完成软件、网络、电气和电子的专业定义,并把分析结构、设计参数反馈给系统工程师,用于系统架构的权衡或优化(图 5-23)。

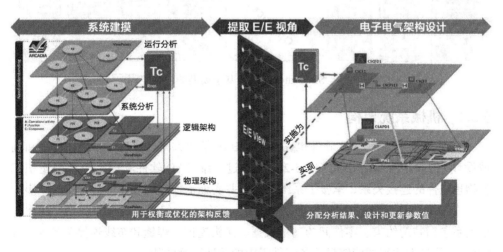

图 5-23　由系统架构到电子电气架构设计

5.3.3 嵌入式软件架构

SysML 关注系统层建模，不擅于表达计算机运行时环境（包括线程、进程以及对处理器的分配）等特性。而 AADL（Architecture Analysis and Design Language，架构分析与设计语言）是一种复杂的嵌入式系统架构描述语言，它通过组件的概念描述嵌入式软硬件系统。AADL 提供线程、线程组和进程来表示在受保护的地址空间（时间和空间分区）中执行的并发任务，通过端口、共享数据组件和服务调用来表示软件运行时架构。此外，AADL 标准为任务执行、通信时序以及模式转换提供了精确的执行语义，也称为 AADL 执行模型。

Simcenter ESD 实现了从系统工程到软件领域工程的基于模型的衔接，实现了基于模型的架构驱动的软件工程。Simcenter ESD 支持 AADL 和 SysML 专用系统设计语言。用户可以通过导入系统架构，根据系统架构建立软件架构，进而完成后续的需求关联、代码开发、测试验证工作（图 5-24）。

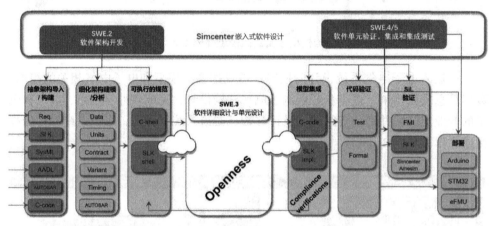

图 5-24　Simcenter ESD：基于模型的软件工程

5.3.4 机械系统架构

目前有部分三维 CAD 软件也提出了 MBSE 解决方案，实现了系统工程师和机械设计/仿真工程师的协同（图 5-25）。通过三维 CAD 软件物理架构视图建立了各物理组件的连接关系，承接了系统架构，并实现了物理组件设计与需求的连接。

在三维 CAD 软件中构建物理架构视图，能够显示组件间的连接关系，这种连接关系包括装配约束、零件间的测量数据、接头连接、焊缝和布线连接关系等（图 5-26）。物理架构视图能够显示各组件需求的验证与否的状态。

第 5 章
创成式架构设计、探索和优化

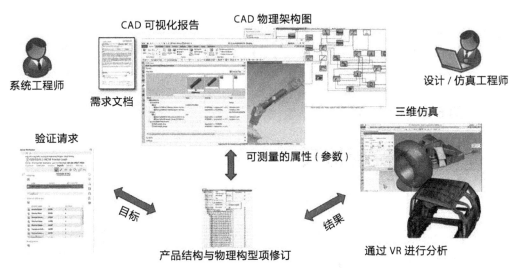

图 5-25 三维 CAD MBSE 实现系统工程师和机械设计 / 仿真工程师的协同

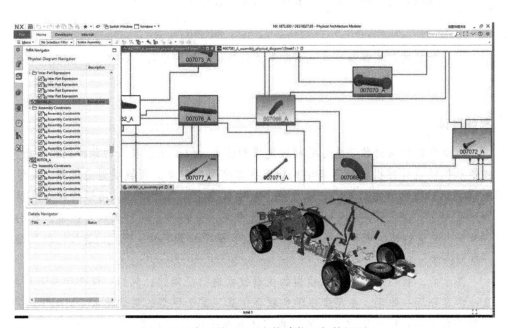

图 5-26 在三维 CAD 中构建物理架构视图

第 6 章 | Chapter6

领域建模与仿真

> 现实只是一种幻觉,尽管这种幻觉一直存在。
>
> ——阿尔伯特·爱因斯坦
>
> 所有的现象都像是在一面非常清晰的镜子里的重现,并非与生俱来。
>
> ——佛陀

本章导读

本章我们将探讨数字孪生的领域建模和仿真。领域模型包含的范畴比较复杂,包括从机械设计到机电软等多学科物理仿真模型的建立。领域模型是近现代科学上百年经验和理论的积累,它赋予数字孪生以生命,工程师可以用领域模型来预测产品性能,在设计早期寻找优化的设计方案,并对产品进行确认和验证。我们认为一个先进的领域模型必须包含以下三点:模型的真实性、研发的连续性以及设计空间探索。

基于此,我们对机械领域模型的先进技术进行了阐述,包括:综合架构设计、设计仿真分析一体化、多尺度多学科联合仿真、基于模型的测试技术(MBST)以及基于专家知识的定制化等。同时我们还对电子设计、创成式电气设计、网络设计以及软件设计进行了探讨,并通过"好奇号"火星车的案例,应用领域模型对火星车的振动环境、热环境、着陆、漫游、电气、网络、软件架构等进行了 DEMO 演示。

从早期纯机械的产品,发展到今天机电软一体化的复杂装备系统,产品的复杂性不断增加，产品中的各子系统集成更紧密，各学科耦合更强。需要多学科、系统级和整体视角的仿真验证，还需要借助最新的 AI 技术、多物理场耦合以及设计空间探索技术来实现设计方案的快速迭代，以及复杂装备系统的多目标多属性平衡。

6.1 领域模型概述及研究进展

领域建模和仿真是产品数字孪生的核心，它在计算机的虚拟环境中设计和创建产品的三维设计模型，并通过创建与之对应的机械、电子、电气、网络、软件等各种领域模型来表征产品的物理功能和性能，通过快速迭代在产品的研发阶段不断对产品的功能进行完善。今天，我们甚至可以通过物联网，利用另外两个数字孪生模型——生产数字孪生与运营数字孪生来实现全生命周期的闭环数字孪生，真正把虚拟世界和真实世界连接起来，实现持续优化（图 6-1）。

基于数字孪生的领域模型，如果单从术语、定义来看，可能对大多数人都显得过于空灵，但是当我们看到这个概念其实正在不断被付诸实践时，相信这些定义会变得更容易理解。

图 6-1 全生命周期的闭环数字孪生

人类的生活方式正在转向更多的线上活动，特别是个人购物。这样就产生了许多比以前规模小得多的送货需求（也就是我们常见的快递业务），这对人力资源昂贵的发达国家来说尤其是一个挑战。最后一公里是运送过程中最昂贵的部分，为此自主机器人可能会是最终的答案，例如 TwinswHeel 团队通过 Simcenter 不断打造数字孪生模型，正在逐渐证明这一可能性，如图 6-2 所示。

另外，我们常常认为数字孪生只会影响现代工业，但通过热那亚理工大学和小提琴制造大师多年来利用测试和仿真技术打造名贵小提琴数字孪生的实践（图 6-3），我们看到古老而受人尊敬的、广受追捧的斯特拉迪瓦里乌斯的声音已经成功地得到了复制和再

图 6-2 自动驾驶送货机器人

现。可以说，从古代的毕达哥拉斯杯到超现代的火箭发射器，所有这些都与基于仿真和试验的模型以及与其相关的工程创新相关联。

领域模型赋予了产品的数字孪生以生命，让产品的数字孪生在虚拟的世界里活灵活现地跳舞。设计师利用领域模型对产品的需求进行确认，对功能进行验证。如何能快速准确地创建机械、电子、电气、网络、软件等各种领域模型来预测产品性能，

图 6-3　斯特拉迪瓦里乌斯小提琴的秘密

并寻找优化设计方案，是所有研发工程师的重要目标之一。以下我们将从三个方面来阐述领域模型的三个发展方向：模型的真实性、研发的连续性以及设计空间探索。

领域模型的真实性直接决定了模型的置信度。我们都知道，所有工业软件都是建立在研究人员对于已知物理现象的经验描述的基础上。在过去，由于计算机资源和物理认识的限制，我们往往需要对模型进行各种维度的简化，如三维几何模型简化、物理方程简化等，如图 6-4 所示。就复杂几何的网格数量来说，在 20 世纪 90 年代，一个 CAE 模型有几万或者几十万网格就已经很多了，而如今我们已经能够以几千万甚至上亿的网格来进行整车的外流场分析。如图 6-5 所示，2015年，西门子数字化工业软件的 Simcenter STAR-CCM+ 在美国国家超算中心的计算环境中进行了一系列的大规模并行计算测试。10 亿网格在 6 万个核上的并行效率达到了 93%，在 7.1 万个核上达到 84%，在 10.2 万个核上达到 79%，创造了当时的世界纪录。这样的技术进展让我们对于汽车、飞机、船舶等大型设备的复杂问题处理起来更加有信心了。

图 6-4　物理模型的真实性

另外一个案例是关于湍流模拟的。我们都知道，湍流是由不同尺度的涡组成的，如何准确地解析不同尺度的涡就决定了流体流动求解的精度。如图 6-6 所示，在湍流的雷诺平均（RANS）模型中，所有尺度的涡都用模型来进行简化处理。而

在大涡模拟（LES）模型中，大尺度的涡会被直接求解，小尺度的涡利用模型进行模拟。图 6-7 展示了这两种湍流模型对于方柱扰流流场的模拟结果，很明显，LES 模型能够更准确地捕捉流场中分离涡的动态变化。目前，全尺度涡求解的直接数值模拟（Direct Numerical Simulation，DNS）也在不断研究之中。相信随着计算技术的不断进展，DNS 商业化应用也会在不久的将来得以实现。高置信度的领域模型可以大大增强设计决策者的信心，将仿真的结果作为产品数字签发的重要依据。

图 6-5　Simcenter STAR-CCM+ 在 10 万个核上进行并行计算

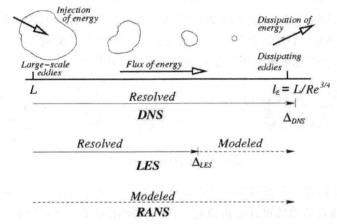

图 6-6　湍流模型中不同尺度涡的处理方式

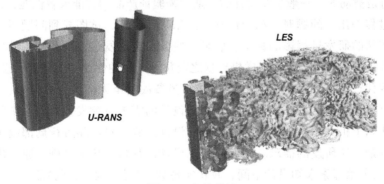

图 6-7　方柱扰流

领域模型的第二个发展方向是研发的连续性，如图6-8所示。过去在很多企业内部，产品数字孪生的各个环节是分开的。比如，企业内部的设计部门和仿真分析部门就是完全独立的两个部门，设计部门仅提供三维CAD数模给仿真分析部门，而仿真分析的结果大多数也仅仅在部门内部进行讨论，很少会实时反馈给设计部门，更谈不上仿真驱动设计了。因此，我们需要把企业内部的人、项目以及数据真正连接起来，推动企业协同。设计分析一体化就是一个很好的技术方向，它不但让一般的设计工程师能用上专业的仿真分析工具，还能够在设计的更早期就对产品性能进行快速验证，在产品研发的各个阶段都可以实现闭环。领域模型的连续性的另一个特点是不同的领域模型之间无障碍的数据交换，从而实现多物理场协同仿真分析，真正解决现代产品研发的复杂性。如图6-9所示，在这个案例中客户利用Teamcenter对产品研发过程的数据进行全流程管理，利用Simcenter Amesim对整车的能量系统进行模拟，预测车辆行驶里程和油耗，利用Simcenter STAR-CCM+来仿真车辆的空气动力学，获得车辆的风阻系数，并实时同Simcenter Amesim进行数据交换，协同仿真。在这样的架构下，产品研发部门的所有利益攸关者都能够以更完整的视角来做出最佳抉择。

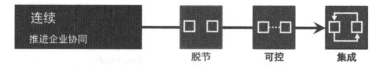

图6-8 领域模型的连续性

领域模型的第三个发展方向是设计空间探索，如图6-10所示。从单一的设计方案验证，到自动化的设计分析流程，再到智能化的设计空间探索，领域模型对于设计的影响一步步加深。如图6-11所示，以前大部分公司在进行领域模型的仿真分析时是被动的，一般是在设计的后期用来验证产品的功能或者性能；或者在产品使用过程中出了问题时，利用仿真工具来进行排错，试图找到问题所在。而这些对于产品的研发过程影响甚小。后来一些公司在研发过程中开始主动使用领域模型来进行仿真分析，在物理样机出现之前预测产品的性能并尝试进行设计改进。然而，现代产品的研发需要颠覆性思维，多参数甚至无参数，多目标，多约束，系统的复杂性大幅度提高。人们对于创新设计的需求也愈发强烈，原来的设计研发流程遇到了极大的挑战，纯粹靠已有的设计经验来对产品进行局部改进已经不能满足复杂系统研发的需求。领域模型以设计流程自动化为基础，通过优化算法或者AI来主动探索未知设计空间，真正实现数字化探索和物理验证，帮助企业更快速地找到更优的创新设计方案。

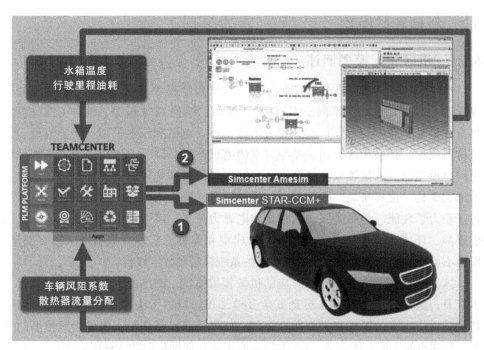

图 6-9　不同领域模型的协同仿真

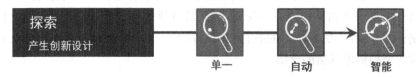

图 6-10　设计空间探索

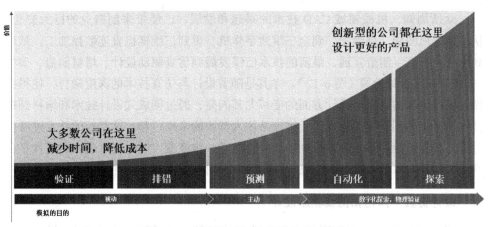

图 6-11　领域模型在研发过程中的演化

6.2 机械领域模型

6.2.1 机械领域模型概述

机械领域模型涉及的内容非常广泛，大到火箭或者飞机总体、小到轴承油膜或者芯片焊点，包括但不限于 CAD 设计模型、结构 FEA 模型、流体 CFD 模型、热力学模型、多体动力学模型、疲劳寿命模型、电磁和压电模型、声学模型、复合材料模型、管路和线缆线束模型、试验测试模型，以及上述两个或者多物理场的耦合模型等。机械领域模型分别从机械系统的不同物理属性提供数字孪生模型的形貌架构、位置布局、几何尺寸、质量惯量、静力学性能、气动特性、温度状态、动力学性能、寿命时限、电磁场和电磁力分布、声学和振动性能、运动和形变干涉、环境适应性、安全可靠性以及成型和安装工艺等虚拟和测试数字变量，作为不可或缺的一环融入复杂数字孪生的系统模型和数字线程。

这其中的每一个物理属性对应的机械领域模型，都已经拥有或者可以续写多本专著，其建模和仿真方法更是复杂多样，我们当然无法在这本书中面面俱到，甚至难以用有限的篇幅来做到管中窥豹。如果简单概括来说，机械领域模型的发展正呈现出如下的总体趋势：1）发展重心正从几何样机向功能样机演变；2）设计仿真一体化和仿真驱动设计；3）多物理场贯通的联合仿真和全耦合仿真；4）系统仿真和细观仿真相辅相成并举发展；5）通用型平台支撑下的专业化模块和客户化定制；6）试验与仿真技术的融合和混合建模。为了帮助读者理解上述观点，下面仅对各个趋势做概括的介绍。

发展重心正从几何样机向功能样机演变

众所周知，机械领域 CAD 技术的兴起和发展，已经带来制造业的巨大变化。从早期的甩图板二维绘图，到全三维数字样机，再到三维样机直连数控加工，最后到设计-仿真-制造互通，最新的技术已经发展到仿真驱动设计、增材制造、架构创新和 DFX 设计阶段（图 6-12）。尤其是随着设计与仿真技术的深度融合，使得机械领域模型在仿真驱动设计方面的变革尤其闪亮，通过创成式设计技术和增材制造技术所产生的创新，正为现代机械产品注入鲜明的未来色彩。这些新的技术进展促进了机械领域模型从几何样机到功能样机的进一步演变，同时越来越多的设计平台开始把仿真技术纳入其核心组成，并作为未来创新的源动力和重要发展方向。

设计仿真一体化和仿真驱动设计

机械领域仿真模型的现状，仍经常被认为是虚拟验证或者故障分析的工具。

其原因是仿真模型相对不易建准，经常难以得到可信的仿真结果或者得到仿真结果太迟，而无法真正助力或驱动产品开发过程。导致这一现状的原因当然是多方面的，但多年的经验教训和不断的实践探索使得大家普遍认识到一个重要的共性问题，那就是机械领域要应对更复杂的产品开发挑战，亟须一个多学科统一、共享、易用的设计/仿真集成平台，实现多学科联合的快速建模，并同时驱动各类最先进的求解器，嵌入成熟的专家经验和建模规范，打造更加高效的工作流程，最终保证快速、稳定的设计和仿真结果输出。具体需求表现为：1）跟主流设计平台集成，从受控唯一的设计数据源出发，实现关联自动更新的几何清理、边界设定、网格离散、装配耦合等建模工作；2）领域相关学科高度集成，并实现统一界面下的协同仿真；3）试验与仿真技术相结合，并能实现联合或者混合仿真；4）支持设计仿真一体化工作流程，具备强大的流程自动捕获和自动化功能；5）具有足够的开放性和可扩展性，充分利用已有资源并支持自主定制和开发创新；6）各学科横向打通，支持多物理场耦合仿真，更真实地模拟现代智能复杂产品；7）支持海量数据输出和高效率的设计空间探索，实现仿真驱动设计；8）集成有效的流程和数据管理，并与复杂装备系统工程数字线程绑定。

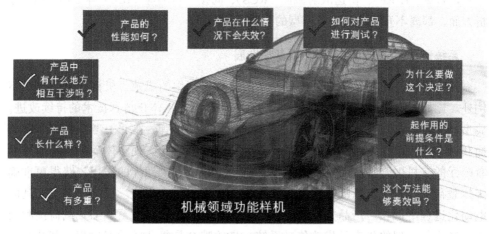

图 6-12　从数字样机到功能样机

实现上述需求的机械领域设计仿真平台，近年来已经取得极大发展，并且这一趋势正被各大领先软件供应商所认同，分别从各自的设计平台或仿真平台出发，投入大量资金，不断地进一步打通设计和仿真之间的壁垒、各学科之间的壁垒、零部件到系统级的壁垒、仿真和数字线程壁垒等。这一现状正在推动机械领域数字孪生应用日趋成熟，并朝着高保真、流程化、预测性和设计空间探索驱动的愿景不断前进。

多物理场贯通的联合仿真和全耦合仿真

现代设计中，越来越多的机电一体化和智能产品大量涌现，使得机电液热控多学科联合仿真乃至实时仿真的需求越来越显著。比如在机械领域经常遇到的三维多体动力学模型和一维液压控制模型的联合仿真，就是典型的应用。再比如新能源的发展，催生了电磁场、结构力学、声学的多场联合仿真需求，通过顺序的数据链来解决特有的电机高频啸叫问题，这类属于多场联合仿真。当然还有基于物理方程的多场全耦合仿真，比如统一场论中非常重要的电磁场，跟机械领域模型始终有着千丝万缕的联系，刚刚提到的电机啸叫仿真，就正在向全耦合仿真发展，以便更精确地考虑电机运行过程中气隙变化导致的转子受力变化和转子受力变化反过来影响气隙变化的强耦合作用。与此同时，机械结构作为电流和电路的物理载体，其在高频电磁兼容/电磁干扰（EMC/EMI）领域，也是重要的耦合研究对象。尤其在军工领域，如军机、卫星、船舶、GPS等系统的天线和天线阵设计、天线座天线罩设计、天线系统布局设计，以及接地网络电源/信号完整性（PI/SI）、高强辐射场（HIRF）、雷达散射截面（RCS）、间接雷击响应（IEL）等EMC/EMI分析方面，都离不开结构和电磁模型的全耦合仿真。

系统仿真和细观仿真相辅相成并举发展

正如前文指出的，仿真模型的精度决定数字孪生的成败，机械领域当然也不例外。比如，对分析精度的不断渴求一直驱动着机电一体化仿真技术的持续改进，典型的代表是通过刚柔耦合分析把关键部件的柔性（弹性变形）考虑进去，准确捕获运动机构的动力学和振动响应。而最新的发展已经实现多体动力学和非线性有限元的有机融合，从而可以考虑复杂机构中非线性柔性体的作用，获得更准确多体载荷的同时得到运动过程中柔性结构的非线性应力应变。再比如前面提到的电动化进程中低噪声产品开发的需求，带动了复杂动力传动系统细观载荷预测的不断进步，典型的代表是齿轮传动系统。齿轮啮合是复杂的动态过程，其载荷受齿轮刚度、重合系数、分度精度、传动误差、齿形偏差、微观修型、表面粗糙度，乃至润滑、轮轴和壳体刚度以及轴承刚度等众多因素的影响，最新的多体动力学仿真工具，已经可以通过专家模板的方式快速实现齿轮系统的快速准确建模，并为振动声学仿真提供高保真的载荷。

在机械领域的系统仿真模型方面，除了基于能量键合图理论的一维仿真技术的迅速发展，三维系统级仿真技术也在不断进步。基于能量的方法以及随机统计的方法在这里同样发挥了重要作用,比如描述随机声振的最新技术把不确定性边界条件(比如火箭发射扩散声场激励、流体湍流附面层激励)和确定性的声振传函有效结合,准确描述复杂机械系统在随机激励下的声振响应。另外在高频振动和声学研究领域,则使用统计能量分析技术来描述因模态密集而无法用确定性方法(有限元或者边界元)求解的工程问题。这些方法在航天器发射和回收等高科技领域正在发挥越来越重要的设计验证和早期预测作用。

通用型平台支撑下的专业化模块和客户化定制

机械领域仿真模型尤其是三维模型的复杂程度,决定了其建模和分析的困难程度,这其中的痛苦相信大家都有深刻体会。虽然统一功能样机平台的发展可以缓解这一矛盾,但仍然无法消除手工建模耗时费力和经验依赖等多方面的困扰。因此,基于企业流程和专家知识的客户化定制仍然是重要的发展方向,甚至在某些特定行业还形成了集成定制的专业平台,把大量繁杂耗时且易出错的重复性手工操作进行封装,实现复杂数字孪生模型的快速设计迭代。这方面的典型代表如西门子公司和空客公司联合开发的CAESAM/ISAMI结构强度平台,该平台在国内许多航空主机厂也已经定制实施并发挥了显著作用。

随着上述各类专家定制平台的不断发展,反过来催生了统一平台支撑下的专业化模块的成熟涌现。比如随着多电系统越来越普遍,产生了大量复杂线缆线束设计分析需求,尤其对万物互联、自动驾驶、人工智能的未来预期,使得智能产品上线缆线束的用量成倍增加,而线缆线束所特有的复杂编织缠绕、多层各向异性材料、线芯接触、相对运动等非线性分析属性是很难使用通用的有限元程序来完成的。上述原因推动了柔性管路和线缆线束相关的专业仿真模块的不断发展和成熟。在航天科技及其他领域,类似的专业化模块还有很多,比如转子动力学、热烧蚀、太空热等。

试验与仿真技术的融合和混合建模

最后,让所有仿真从业人员都深有感触的复杂模型的精度跟物理世界脱节的现实问题,需要得到有效解决。虽然数字孪生模型从物理和数学上验证正确,但客观世界的复杂边界、连接关系、材料本构、阻尼特性、运行环境等模型参数,目前经常是无法精确描述或者完全数学复现的,为此,很多工程问题仍然需要仿真和试验的有机结合,充分利用试验模型快速准确、仿真模型灵活可变的优点,通过相关性验证和混合建模等高级技术助力复杂工程应用,有效提高机械领域数字孪生模型的计算速度和仿真精度。与此同时,试验测试的效能也开始受益于仿真模型的发展。比如最新的基于模型的系统测试（MBST）技术，将物理测试中无法布置传感器的直接或者间接物理量，通过实时或非实时的（一维系统）仿真模型来创建虚拟通道，从而获得普通试验技术无法实现的复合测试数据，大幅扩展试验测试技术的综合能力和分析效率。

在接下来的章节，我们将选择几个主要的技术方向，就机械领域模型搭建方法和核心技术以及最新发展等做进一步的介绍。

6.2.2 从综合架构设计到 DFX 设计

现代机械设计是面向市场、面向客户的设计，设计人员需要掌握先进的设计方法和流程，才能更好地满足市场和客户需求，在激烈的市场竞争中赢得领先。目前机械设计领域已基本上从传统的二维设计转到更先进的三维设计。机械设计用三维模型表达产品设计结果，不仅更为直观、高效，同时包含质量、材料、几何结构等物理、工程特性。三维机械设计模型能够为真正的虚拟设计和优化设计提供理想的数字化核心模型，三维设计技术已成为企业技术先进性的一个重要衡量标准。

近年来三维设计技术发展迅速，已从较早的线框建模、实体建模、曲面建模、参数化建模发展到能够摆脱参数化局限的同步建模技术。多种建模技术的复合运用更进一步完善了三维机械设计能力，能够快速实现动态的产品变形、系列化设计。

三维设计技术正朝智能化、集成化、规范化方面发展，同时三维设计已逐渐扩展到电气、电子、控制、光学设计等领域，机械结构三维设计与这些领域的紧密集成，将各领域集成到一个统一的多领域产品设计方案中，不同部门可以并行协同工作，从而实现真正的多学科协同研发。

基于 MBD 的机械设计

为了充分发挥三维设计的优势，在国内外先进制造行业，基于模型定义（MBD）的全三维设计技术已经得到了广泛的应用（图 6-13）。MBD 是指产品定义的各类信息按照模型的方式组织，其核心内容是产品的几何模型，所有相关的工艺描述信息、属性信息、管理信息等都附着在产品的三维模型中，减少信息的二维表达，实现信息结构化。

MBD 技术将全三维模型作为企业的数据核心，实现了单一数据源，消除了传统研发模式中的三维模型与二维图纸之间的信息冲突，减少了创建、存储和追踪的数据量，保证了设计信息的正确和快速传递，把从设计到制造的各个方面集成到一起，实现仿真分析、装配验证、工艺设计、生产制造等都基于同一核心模型并行工作，为实现更高效率的产品开发提供了更为强大的动力。

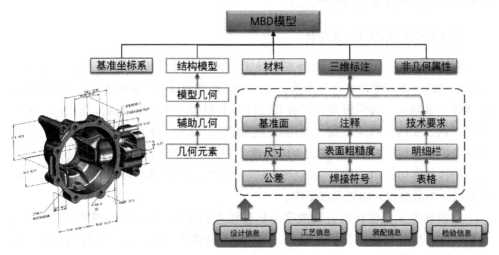

图 6-13 二维图纸向 MBD 全三维设计的转变

基于创成式设计技术的设计优化

随着 3D 打印技术的逐渐普及和深入应用，3D 打印中新的制造工艺也给机械设计带来了新的改变和革新。在新的 3D 打印制造技术的推动下，新的创成式优化设计技术得到了越来越多的实际应用。创成式设计彻底颠覆了传统设计方式（图 6-14），设计者首先确定必要的设计空间（或边界体积）和设计目标（例如最小化重量）。几何约束通过非几何参数的附加值来确定，例如材料和成本约束。然后，软件算法通过许多几何模型排列来完成自动循环工作，基于所有定义的约束来寻求最佳解决方案。

图 6-14 创成式设计彻底颠覆了传统设计方式

创成式设计方法包括拓扑优化、形状优化、制造优化，这些最优设计（有时称为仿生化）激发了设计师的丰富想象力和思想灵感，将各种美而复杂的设计方案从可制造性约束的束缚中解放出来，推动了产品开发的水平和创新，并激励以前所未有的形状和形式重新构想产品。

基于增强现实的沉浸式设计

在可以预见的几年内，增强现实技术将改变工业研发、决策、服务、培训、制造、营销、供应管理等各个方面。基于增强现实的设计能够在 VR 套件及 VR 支持硬件的基础上，提供沉浸式研究和设计预览能力。通过简单的拖放操作，包含虚拟操纵、多用户协同操纵，使用高性能渲染、剖视、捕捉静态图像技术，将数字图像叠加到真实物体上，使用 VR 装置在 3D 环境中体验模型，并在仿真的虚拟会话中执行实时分析，即使团队分散在不同地方，也能够轻松实现可视化并了解预期设计与最终设计的规模和影响。

增强现实工业设计可突破数字与物理世界的界限，将设计和实物联系起来，将数字化环境与物理世界联系起来，加快了设计速度，使产品的设计具有前所未有的灵活性（图 6-15）。

图 6-15　基于增强现实的设计

基于模型的 DFX 设计

随着三维设计的日渐普及，在满足设计需求的前提下，设计更需要考虑到后续工艺、制造、装配、成本等相关因素，在设计阶段实现针对性的设计优化。

DFX（Design For X）设计技术称为面向"X"的设计，这里的"X"可以是制造、服务等。随着技术的发展，"X"可代表的内容越来越广泛，常见的 DFX 包括：DFM（Design For Manufacture，面向制造的设计，见图 6-16）、DFA（Design For Assembly，面向装配的设计）、DFS（Design For Serviceability，面向服务的设计）、DFT（Design For Test，面向测试的设计）、DFE（Design For Environment，面向环保的设计）、DFR（Design For Reliability，面向可靠性的设计）、DFC（Design For Cost，面向成本的设计）、DFP（Design For Procurement，面向采购的设计）等。

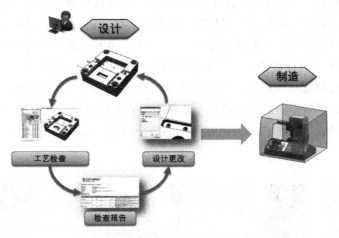

图 6-16　DFM

以知识为基础的 DFX 是基于已有知识和设计经验的设计，知识资源管理及应用对设计决策的结果起到了决定性的作用。设计人员在设计过程中的设计思想、设计准则以及设计原理等通过知识显示出来，体现了现代设计的发展趋势。

6.2.3　设计仿真一体化和仿真驱动设计

产品的功能样机是需求、创意以及生产制造的基石，是从概念到现实世界的虚拟体现。产品性能的验证和认证在虚拟世界和现实世界也分为两种：试验和仿真。仿真因其高效率、低成本、全周期适用的特点，被制造业广为接受和应用。如今，仿真相关工具、流程和专业知识已得到全面发展和深耕细作。富有远见的创新公司都在使用仿真来发现新的设计理念，同时将仿真用作设计流程中不可分割的一部分，以快速找到合适的设计并在市场上占据竞争优势。

仿真是一个涉及多个工具的复杂过程，在每个物理领域都需要专业模型和专家知识。在性能仿真领域通常涉及经典力学、热力学、电磁学、流体力学、计算机与通信等专业知识，建模思路和解算方式不同又导致多个平台独立，需要更多专业领域专家协作完成。同时仿真也是设计人员和分析人员之间的一个迭代过程，有效的团队协作可以更快速和流畅地完成产品迭代。然而，往往由于双方设计源数据不对等、数据分发不受控、迭代周期不同，造成设计已修改多轮而仿真仍未得出结论，等到分析完成时，产品早已不是最初的产品，或是分析人员提出的反馈无法在设计模型中复现。最终造成仿真资源的浪费或开发周期的延长。

打破设计模型与仿真模型割裂开的现状，就是打破设计人员和仿真人员之间的隔阂，才能真正实现设计的同时进行仿真，实现仿真驱动设计。设计仿真一体化是将设计和仿真深度结合，采用统一的环境、统一的数据源、统一的管理平台，数据参数可继承，可同步协作无缝交互，减少一切不必要的中间环节（图6-17）。在统一平台实现设计变更的快速更新迭代，最终实现设计即产品，图形即性能。专业仿真工程师能够实时获得所分析产品的设计模型状态，设计模型变化后，可以自动可控地更新原有的分析模型，从而使得分析模型与设计模型时刻保持一致。在产品概念设计、详细设计和性能验证的各个阶段，都能够充分发挥仿真的价值和作用。

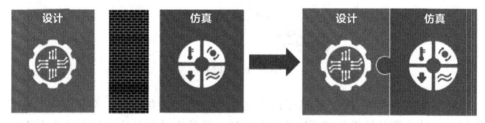

图6-17　设计分析一体化

利用性能仿真与设计模型的紧密相连，可以进一步实现仿真驱动型设计的理念（图6-18）。通过仿真驱动设计可以帮助设计人员在概念设计阶段发现可能从未想过的创新设计，而且不再是天马行空的概念。这是因为设计工程师正在使用物理定律来帮助推动设计塑型，设计工程师能够更加直接地了解、评估和优化零部件和总成的强度、热和振动等物理特性。这是一个高度迭代和预测的工程过程，可以带来更轻

图6-18　仿真驱动设计

薄、功能却更强大的产品。

　　增材制造，这一被认为可能成为第四次工业革命重要支撑的颠覆性制造技术，即是这一先进研发趋势的典型代表。通过离散化手段逐点或逐层依据产品三维CAD模型从无到有直接打印，增材制造摆脱了传统原始设计范式、制造装配工艺甚至业务模式的桎梏，为设计师和工程师打开了一扇全新的大门。

　　但受限于传统的设计思维、离散的工作流程、基于复杂三维模型的数据交互和高昂的材料和工艺成本，目前的增材制造只在个性化定制、小批次生产、复杂零部件、特种材料和集成性产品中得到了应用。在理想的情况下，未来新一代的增材制造技术应基于集成的端到端的产业化系统平台，通过设计和分析一体化快速迭代，实现增材制造的一次打印成功，减少试错次数，降低材料和工艺成本。

　　在设计端，由于不需要考虑模具，设计师可以在产品需求和功能限定的设计空间内任意挥洒。通过计算机软件提供的先进优化算法，输入设计目标、材料、制造方向、成本等信息后，可以创成式地设计出前所未有的产品外形，获得流动特性、传热、结构强度刚度更好的产品（图6-19）。通过收敛建模和晶格设计，直接对拓扑优化后的产品进行编辑，获得轻量化的产品，同时在设计的时候考虑增材制造的工艺约束，例如产品壁厚、悬垂角、打印体积和封闭体积等。

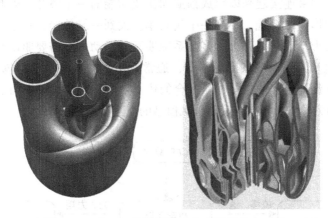

图6-19　基于拓扑优化设计的高温燃烧室喷头

　　设计完成后，在统一的平台上，产品和设备数据可以无缝传递到分析端。为了保证产品的一次打印成功，避免结构出现热变形、残余应力、刮板碰撞和局部过热现象，通过多学科多尺度耦合仿真分析，充分考虑工艺过程中材料的复杂热物理属性变化（包括相变），以及结构热力学耦合变形行为，实现准确的增材制造工艺仿真并指导下一轮设计迭代（图6-20）。

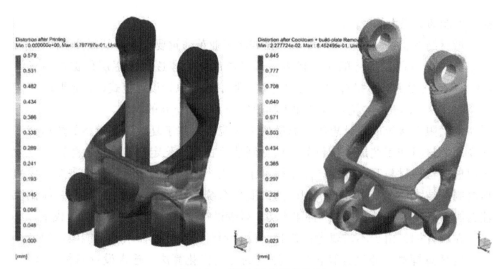

图 6-20　增材制造工艺仿真

6.2.4　机电系统联合仿真模型

复杂工业产品的主要体现形式为机械物理系统，它是由若干个物体组成，通过一系列几何约束连接起来以完成预期动作或功能的一个整体，因此也可以把整个机械系统叫作多体系统，小到一个玩具车，大到一艘轮船、一架飞机，零部件数量可以从几十个到几百万个。多体系统涉及的运动一般需要驱动和控制，其中驱动可能是电动、液动或气动等形式，通常意义上的机电系统都包含这些要素。复杂机电系统设计过程中，多学科联合的仿真及验证已成为必不可少的环节，机电系统多体动力学仿真模型与其他领域模型的交互关系见图 6-21。

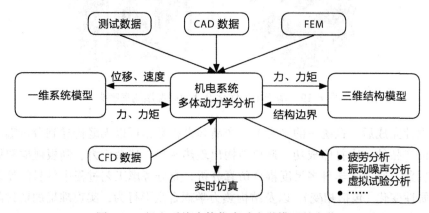

图 6-21　机电系统多体仿真动力学模型的定位

机电系统仿真模型主要解决大范围运动部件的力学性能问题，可以理解为机构动力学或多体动力学范畴，获取部件位移、速度、加速度以及铰支力。随着产品越来越复杂，要求越来越高，机电系统仿真模型和其他领域模型的交互以及联合仿真也越发重要，因此如何提高机电仿真的效率和精度成为软件发展的重要关注点。结合近些年各大软件的发展历程，机电系统仿真主要朝着集成性的方向发展。首先是和设计模型的无缝集成，通过 CAD 和 CAE 的一体化平台，CAD 的设计变更直接驱动机电系统仿真模型的更新和迭代，对设计进行快速的性能评估。其次是多领域模型的联合仿真集成，机电系统仿真已经拓展到和一维系统模型、有限元模型、控制模型以及流体模型等的联合，基于联合的机电系统仿真可以评估各领域性能参数的相互影响和匹配，提高机电系统的综合分析能力，获取复杂工业产品的最优总体性能指标。第三是多学科流程集成，统一的平台可尽可能地完成更多的性能分析，而机电系统仿真分析只是众多 CAE 工作的一部分，其他还涉及结构有限元、疲劳、振动、噪声、优化、复合材料、热、电磁、转子动力学、管路及流体等。这些学科的仿真大部分都是有关联性的，并不是孤立的，因此基于同一仿真平台环境和同一数据源的仿真可以极大地提高仿真的效率，实现模型和知识的重用，打通各学科之间信息传递的瓶颈，解决各自分析的信息孤岛问题，为未来实现 CAE 与 AI 的融合提供坚实的平台支持。第四是与试验的集成，平台支持试验测试数据的无缝集成，直接的作用是对机电系统仿真的结果进行校核，另一方面实现试验数据直接替代机电系统刚柔耦合模型中指定的有限元模型，即提高了仿真模型的准确程度，又提高了计算效率。后期的试验数据需要充分反馈到仿真流程中，最大化地利用其准确价值。

基于机电系统模型的组成和建模特点，通常将其划分为高精度机械系统、复杂电液作动系统和高可靠性控制系统三类。

高精度机械系统

机电系统模型的非线性是一个需要关注的重点，接触、材料非线性、大变形等是其主要的体现形式。运动部件之间的接触无处不在，可简化为各类运动副，也可以考虑为接触，特别是，大规模的接触（例如履带车）对接触定义和求解提出了比较高的要求。某些零部件在运动过程中弹性明显，要考虑其线性柔性甚至非线性，另外在特殊的工作环境下，也要评估温度对机构运动的影响，例如空间天线展开等场合。多体模型中刚体的柔性化一般采用有限元模态综合法，考虑到计算效率需要对模态结果进行截断，势必会带来截断误差，因此模态补偿是一个非常必要的手段，另外，柔性体的大变形和热非线性也是多体动力学耦合分析的方向。

对于大型的工业产品,例如飞机、坦克、汽车、工程机械等装备,整机(整车)的机电系统仿真模型是极其复杂的,众多的分析模型和分析任务需要多位工程师共同合作完成。基于各子系统通过子机构综合快速建立整机(整车)模型,提高模型的重用程度,节省建模时间,进行整机(整车)性能评估的快速迭代计算。由于运动形式的多种多样,机电系统仿真模型也需要有一些专业模型库或模板,例如齿轮传动系统、起落架模板系统、快速整车建模模板、履带链条绳索模板、轴承库等,可以极大地提高建模的效率,降低工程师的工作强度。

复杂电液作动系统

复杂的机电系统仿真模型需要考虑越来越多的设计指标和要求,也承载着更多的分析任务。机电系统的运动是由驱动控制的,驱动形式多样,包括电、液压、气动等,传统的机电系统仿真分析,边界一般都是位移、速度或加速度驱动,属于硬边界,并没有考虑到机械系统和电液驱动系统耦合的相互影响。这些驱动形式的分析一般通过一维系统仿真完成,模型涉及电机、泵、阀、管路、电路等。三维机电系统和一维电液驱动系统的联合是目前机电系统仿真的主要工作内容,主要解决复杂机电系统的综合性能和匹配问题(图6-22)。目前多数分析软件支持两种联合仿真的形式,一是将一维驱动模型纳入多体模型联合求解,二是将多体模型纳入一维驱动模型联合求解,选择方式依据分析的关注点。

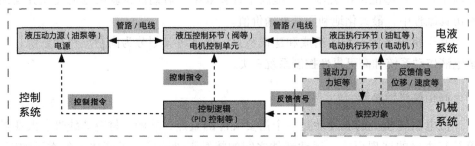

图 6-22 复杂的机电液系统

联合仿真的求解方式由共仿真方式向耦合求解方式发展,耦合求解指的是利用多体求解器直接求解三维仿真和一维仿真模型,共同得到各自的结果,流程便捷且计算方便,当然,这也对多体求解器的稳定性、准确性以及求解效率提出了更高的要求。一维驱动及控制模型的参数和变量可以通过直接接口传输到多体环境完成集成,其中变量可以实时监控,参数可以作为优化变量,并且参数的变更不需要返回一维模型环境，极大地提高了建模分析的效率，可快速评估参数的变更对机构综合性能的影响。

高可靠性控制系统

机电系统仿真模型中的部件运动形式多数情况下均是受控的，也就是说离不开控制系统的设计和耦合。传统的控制系统设计滞后于机械系统的设计，需要在物理样机制造出来后进行联调联试，评估控制率的设计是否满足要求，研发周期给控制率的评估时间相当短，压力大任务重。机电系统仿真精确模型的实时化允许在物理样机之前和控制系统联调联试，验证工作大大提前，有充裕的时间获取更好的控制率，这种方式通常称为半物理仿真或半物理试验或在线实时仿真等。实时仿真最大的特点是仿真时间和物理时间的统一，因此模型简化和求解器效率很重要，否则就有延迟，达不到实时的要求。

以典型的控制系统为例，在线实时仿真流程可分为以下几个阶段：

1）模型在环（model-in-loop），在虚拟环境中建立完备精确的机电系统仿真模型，包括机械系统、作动系统和控制系统，初步评估各系统间的匹配性能。

2）软件在环（software-in-loop），控制系统首先生成 C 代码，并且和作动系统以及机械系统耦合分析，主要目的是校核 C 代码的生成质量。

3）硬件在环（hardware-in-loop），经过校核的控制代码烧制在物理的 ECU 里，其他机电系统模型转为实时仿真模型，并与物理 ECU 双向实时交互数据，切实考察控制率的设计。

4）驾驶员在环（pilot-in-loop 或 driver-in-loop），在线实时仿真的边界条件不是提前设定好的，而是由外部硬件随机生成的。例如，汽车驾驶模拟器或飞机模拟器等都属于此类范畴，用于培训驾驶员或飞行员，也可以用于机电系统性能的评估。

基于模型在环的完备机电系统仿真模型里，控制系统、任意组件或子系统的物理模型均可以和其余系统的实时模型交互数据，称为组件在环（component-in-loop），这也是未来发展的趋势之一。当前广泛应用的实时仿真环境如 Concurrent、dSPACE、RT-Lab、xPC、LabView 等均支持在线实时仿真。

最后，为了使整个机电系统仿真活动得到有效的管控，和其他领域模型类似，也需要一个仿真数据管理平台，管理对象包括仿真模型数据、仿真流程、仿真模板、仿真报告、报告审签等，整个机电系统仿真始终处于有效的管控中，便于模型的查看、编辑和追溯等。

6.2.5　从零部件到系统级声学仿真模型

振动和声学是自然界中普遍存在的物理现象,尤其是声学,作为既古老又迅速发展的学科,其应用已渗透到几乎所有重要的自然科学和工程技术领域[55]。在航空航天行业的复杂装备中,声学现象同样无处不在,涉及发动机、电机、空压机、泵、风扇等部件级以及飞机、火箭、空间站等系统级应用。

绝大多数声学仿真都涉及多物理场耦合问题,包括结构力学、传热、流体、电磁等众多学科,所以复杂产品的声学分析与预测面临着众多挑战。近年来,随着声学理论及计算机技术的不断发展,声学数值仿真技术被越来越多地应用到产品研发及工程实践中,并逐渐从传统的振动噪声仿真向流体、电磁噪声仿真扩展,从单一零部件噪声仿真向系统级噪声仿真发展。

声压级过高的声学现象将会产生噪声问题,目前,航天行业也存在着严峻的噪声问题。例如,在火箭发射的上升阶段,火箭发动机产生的喷气噪声和通过稠密大气层所产生的摩擦噪声高达 160 分贝,整流罩内噪声高达 125～130 分贝。搭载的高精密载荷设备长时间暴露在高强度的噪声环境中,可能导致声疲劳甚至失效等可靠性问题,因此需要通过地面环境试验或者仿真,确保载荷设备能够承受高强度的噪声激励。另外,载人空间站在轨飞行过程中,来自生命保障系统的噪声将一直伴随着宇航员,其总声压达 30～75 分贝,可能会对失重状态下航天员的生理及心理健康产生消极影响,所以需要对生命保障系统、空间站进行降噪设计。

声学仿真的工程方法论

工程中的大部分声学和振动问题,都可以简化为频域内的线性问题来研究,进而利用互易定理、叠加原理等方法,使复杂的工程应用更易实现、仿真数据解读更加清晰。

在进行声学仿真时,首先需要将声学系统分解成激励源、传递路径、响应三个层级,由于激励源和传递路径的频谱特征共同决定了响应的频谱特征,所以抑制激励源或者阻断噪声的传递路径,就可以降低最终声学响应的强度,这就是常用的传递路径方法的雏形。通过声学仿真可以确定引起声学问题的主要来源,此外利用叠加原理还可以确定哪个激励源、哪条噪声传递路径占主导地位。实际工程中绝大多数声学系统都是多激励源、多传递路径、多响应点的复杂系统,而基于线性叠加原理的多级传递路径分析技术是分析该复杂问题的重要手段。

航天器随机声振仿真

由于火箭发射过程中整流罩内部的噪声高达 125～130 分贝,为了保证产品的可靠性，卫星等载荷设备样机生产出来后都需要进行地面随机声振环境试验。由于地面随机声振试验需要耗费较多人力物力资源、周期较长，而且一旦发现质量问题，需要付出昂贵代价来改进产品，因此，需要在设计阶段进行随机声振仿真，从而保证一次性设计正确。随机声振仿真首先需要在声学仿真软件中构建理想的混响室环境，目前主流的方法是采用多个无固定相位关系的平面波声源来模拟混响声源，然后施加地面环境试验中的预应力、热载荷等边界条件，最后利用声振耦合技术分析载荷设备的声振响应（图 6-23）。由于卫星整星级的随机声振计算规模比较大，为了提高计算效率，可以借助自适应阶次有限元技术、快速多极边界元、H-矩阵边界元等高级声学算法来实现。

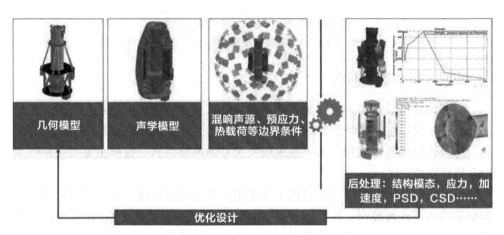

图 6-23　随机声振仿真流程

零部件级辐射噪声仿真

对于火箭、导弹等航天器而言，除了关心发动机的喷气噪声外，几乎不会关心单个设备的辐射噪声，但空间站等载人航天器却恰恰相反。空间站的生命保障系统、姿态控制系统中具有大量的电机、空压机、泵阀、风机等设备，其工作过程中产生的噪声会直接向空间站内传播。为了保障航天员在轨飞行过程中能够正常工作和生活，必须严格控制空间站内部的噪声指标，因此需要对空间站中的关键设备进行降噪设计。对于零部件级设备辐射噪声仿真（图 6-24），首先需要根据其发声机理，选择相应的仿真工具模拟其内部载荷。例如，空压机的机械噪声仿真需要借助多体动力学软件模拟内部激励载荷，电机的电磁噪声仿真需要借助电磁软件模拟内部的电磁载荷，风机的气动噪声需要借助 CFD 软件模拟内部的流体载荷。然后，利用声学有限元、声学边界元等方法分析辐射噪声。最后利用贡献量分析手段，研究噪声问题的主要来源，从而进一步对产品进行降噪设计。

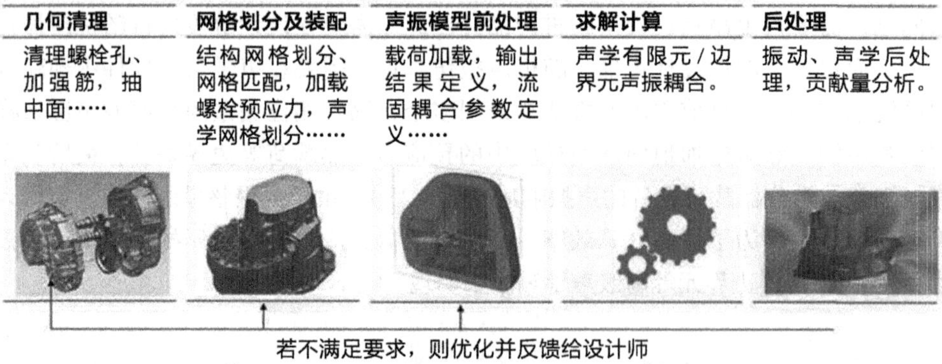

几何清理	网格划分及装配	声振模型前处理	求解计算	后处理
清理螺栓孔、加强筋，抽中面……	结构网格划分，网格匹配，加载螺栓预应力，声学网格划分……	载荷加载，输出结果定义，流固耦合参数定义……	声学有限元/边界元声振耦合。	振动、声学后处理，贡献量分析。

若不满足要求，则优化并反馈给设计师

图 6-24　零部件级辐射噪声仿真

空间站系统级噪声仿真

零部件级的设备噪声可以采用声学有限元、声学边界元方法进行分析，但对于飞机、火箭、空间站等系统级的噪声仿真，由于计算规模急剧增大，声学有限元、声学边界元不再适用。对于系统级大尺寸的声学仿真，目前主要采用声线法以及统计能量方法。

对于空间站纯声学仿真，目前主要采用声线法进行分析，该技术可以快速分析空间站内部环境控制、热控制、姿态控制等设备产品的噪声在空间站内部的传播规律，分析空间站内部声音响度、尖锐度、语音清晰度等声品质参数，并对吸声降噪方案提供指导。对于空间站的声振耦合仿真及声学包设计，网格需要借助统计能量方法来进行。近年来最新的技术将擅长低频问题的有限元方法跟统计能量方法有机结合起来，尤其最新的研究成果还基于结构有限元计算的归一化传函，通过引力算法实现满足弱耦合假设的自动子系统划分，解决了统计能量子系统划分不确定和依赖专家经验的难题，使统计能量分析模型的置信度和可靠性得到了质的提升。

6.2.6　高级计算流体动力学性能仿真模型

许多机械设计工作都需要考虑流体的影响，流体的动力学性能直接影响着机械的结构性能，比如汽车外气动性能、船舶兴波阻力、电子散热性能等。尤其是以流体为工质进行能量转换的流体机械，流体在其中扮演了更重要的角色，比如风力发电机、水轮机和泵等。此外，在某些机械结构中，流体性能与结构、电磁性能耦合共同决定了机械的性能，比如飞机机翼的颤振现象，就是一个典型的流体、结构双向耦合现象。随着计算机科学和数值计算的发展，借助计算流体力学（Computational Fluid Dynamics，CFD），机械结构的流体性能可以通过数值模拟的方法得以预测、验证和优化。

CFD 数值仿真方法在一定程度上可以取代实验，能够降低研发成本，缩短研发周期，并且数值仿真结果能够提供详细的、三维可视化的流场信息，帮助机械设计人员更好地理解并优化产品性能。因此，CFD 方法是当前和未来进行机械结构性能研发必不可少的工具和手段。

对于 CFD 数值仿真技术在机电软应用领域的发展，一方面需要提供更便捷高效的工具对数值模型进行前、后处理，以提高数值仿真过程的工作效率；另一方面则需要不断开发新的物理模型，使其能够更好地模拟真实的物理现象。许多机械设备的运行都包含了复杂的结构、流体等物理现象，更真实准确的仿真结果能够使我们窥探机械结构内部详细的流体性能，同时为后续的产品性能优化提供依据。

某些机械设备的运行过程不仅涉及单一的流体介质和状态，而且往往还存在多相流动，比如空气和水的混合、颗粒和气泡的运动、液体的蒸发和冷凝等。在此以多相流为例来说明 CFD 技术如何模拟真实的物理世界。CFD 软件通常提供了一些常用的多相流模型，如欧拉多相流（Eulerian multiphase）、混合多相流（mixture multiphase）、VOF（Volume Of Fluid）模型、分散多相流（dispersed multiphase）、液膜（fluid film）模型、拉格朗日多相流（Lagrangian multiphase）、离散元法（discrete element method）等。这些多相流模型具有不同的假设，适用于不同的场合，可解决不同的问题。比如，欧拉多相流模型是最"完整"的多相流模型，在计算过程中求解每一相的输运方程，仿真代价是计算量大，对于计算网格的质量要求较高；拉格朗日多相流主要用于分析固体颗粒、液滴或气泡在连续流体介质中的运动情况；液膜模型用于模拟固体表面液体薄层的运动。

为了仿真现实中一些复杂的物理现象，需要使用多个多相流模型，因此 CFD 软件必须具有多种不同的多相流模型，能够兼容并同时求解。这里以汽车雨水管理仿真为例来说明多种多相流模型的应用。汽车雨水管理仿真的目的在于获得雨水的流动状态，提高驾驶的安全性，以及防止雨水影响驾驶以及电子传感器的敏感性。

在这个过程中，涉及不同的多相流模型之间的转化：
- 雨滴的降落使用拉格朗日多相流模型；
- 雨滴撞击前风挡、侧窗、后视镜等处形成液膜，需要使用液膜模型（图 6-25）；
- 液膜累积转化为 VOF（图 6-26）；

- 液膜被风吹起，或者从几何边缘剥落，形成拉格朗日多相粒子（图 6-27）。

图 6-25　雨水喷射和液膜形成

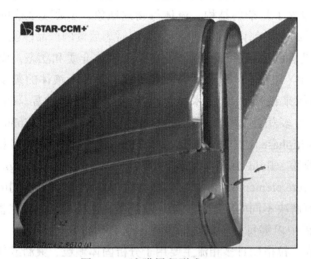

图 6-26　液膜累积形成 VOF

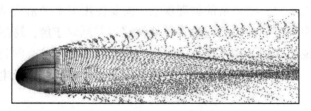

图 6-27　液膜剥落形成拉格朗日粒子

总之，对于机械结构领域的 CFD 数值仿真来说，CFD 仿真软件需要具有丰富的物理模型和求解性能，这样才能数值再现真实的物理世界，从而帮助产品设计人员基于数值仿真结果对产品性能进行改善并实现产品创新。

6.2.7 基于模型的系统测试

仿真与测试之间的交互技术一直在不断发展，广泛地应用于基于模型的设计工程中。比如，试验模态分析结果通常用于和仿真模型相关联，进行仿真模型的验证、相关性分析以及模型优化。随着工业产品中研发需求的不断提升，需要将试验方法和数值模型进行更广泛、更深度的结合。基于模型的系统测试（Model Based System Testing，MBST）作为一种创新的理念应运而生，它所研究的是如何将成熟的测试技术与机电一体化的多物理场系统模型更加充分地结合在一起。

MBST 技术可以带来更多的可能性。除了使用测试数据来验证多物理模型，或利用仿真模型指导工程师确定测试的边界条件，甚至可以将物理的测试系统与仿真的模型直接结合，建立硬件在环测试、系统在环测试系统，从而实现对测试对象施加真实负载和更实际的测试边界条件，并通过控制系统模型的反馈信息实现测试工况的实时调整，完全打通测试与仿真之间的联系。

无论是在学术界还是在工业领域中，模态测试或试验模态分析（Experimental Modal Analysis，EMA）技术已经广为人知。长久以来，该技术被应用于结构动力学或振动噪声领域中系统模态参数的估算和识别（包括试验室条件或工况运行条件下），分析结果也经常被应用于疲劳耐久、产品寿命预测中。得到的试验分析结果通常与结构或声学有限元（Finite Element，FE）模型结合使用，通过对模型进行相关性分析和模型优化，从而提高模型的预测精度。这项技术已经广泛应用于机械行业，例如汽车、航空航天、土木工程以及风电等行业。

随着工业以及技术的发展，这些试验方法已经超越了纯机械系统的范畴，其应用也扩展到了其他领域，例如电动机测试[56, 57]、机电系统[58]、多物理场分析[59]以及机电一体化应用[60]。而且，EMA 技术也不再仅与故障诊断相关，模态参数和模型也被用于对作用在系统上的力和负载进行估计，即所谓的虚拟传感器技术。例如，利用试验获得的模态参数设计出增强型卡尔曼滤波器，以估计作用在结构上的力[61]，并进一步研究使用这种滤波器估计作用在系统上的模态载荷[62, 63]。

此外，日趋复杂的、有更多物理属性要求的新系统、新应用，同样也给物理试验带来了更艰巨的挑战。这不仅要求在测试方面有更多新的手段和方法（而且要兼容更多样化的物理量），而且还要求测试结果能够应用于各种新型的、更广泛的数值仿真模型的验证，例如多体和一维多物理场仿真模型[64]。一方面，测试数据可用于验证这些模型；另一方面，更进一步实现更复杂的模型和物理现实之间的实时交互，实现多物理场数值模型与试验数据的直接混合，即构建系统在环系统，进行系统试验。其中，系统的一部分是物理的，另一部分是仿真数值模拟的。

在这种发展的驱使下，基于模型的系统测试被定义为结合物理测试和仿真模型的一门学科，旨在研究、识别、验证和改善多物理系统和机电系统的行为。它不仅涉及结构测试和 3D 仿真模型，还涉及多物理系统和 1D 仿真模型。

MBST 可以分为 3 类：为仿真而测试（testing for simulation），为测试而仿真（simulation for testing），测试仿真相结合（testing with simulation）。前两种情况下，测试和仿真工作分离进行，而最后一种情况下，测试和仿真将紧密结合，同步进行。

"为仿真而测试"的典型应用就是模态分析——获取模态测试参数，以便创建和优化仿真模型，当然这种情况还包括多物理场的其他应用。这其中还涉及使用试验后处理工具进行仿真数据的分析。

"为测试而仿真"与使用仿真模型来改善或加速测试进程相关，典型应用就是在仿真环境中进行预试验分析。例如通过仿真分析确定传感器和激励点的最佳位置。此外还包含一些最新的技术，例如虚拟振动台、虚拟测试以及人机交互在环试验的应用。

"测试仿真相结合"则是将测试和仿真紧密结合的情况。包括硬件在环、系统在环、虚拟传感器以及混合测试。在环技术中的关键因素是系统的实时处理能力。图 6-28 的树图中显示了所有类别的 MBST。

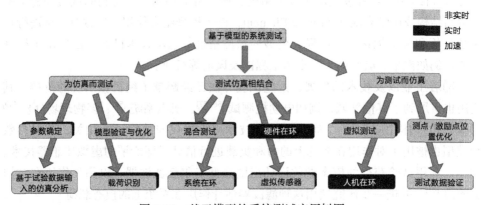

图 6-28　基于模型的系统测试应用树图

6.2.8　集成行业专家知识的定制化

企业在应用 CAE 软件时通常需要定制开发，这主要是因为企业的研发、生产、服务都是围绕产品展开，而 CAE 软件通常专注于某一领域，所以企业在构建自己的研发体系的过程中，除了采购成品软件外，还需要软件开发服务。

定制开发需求浅析

根据企业需求侧重点的不同，定制开发的内容也不尽相同，下面分析其中的两类主要需求。

企业流程定制

某些大企业的研发过程涉及多个学科，团队分布在不同部门，甚至不同国家和地区。这就需要围绕产品设计的全流程或某一方面，将设计方法和手段规范化、程序化、流程化。比如空客公司在 21 世纪初实施的 ISAMI 系统，将整个强度设计流程、方法、工具集成到统一的平台下，实现了对飞机型号设计的跨学科、跨部门、跨国家协同，极大地提高了设计效率。

专用解算方案

对于某些细分行业，主流 CAE 厂商基于投资回报考量，不会提供专用解决方案，而企业的需求又真实存在，这就促使那些规模较小的创新公司专注于这些细分领域，形成有针对性的解决方案。

比如，Simcenter Flexible Pipe 是西门子通过并购获得的针对管路及线缆线束设计的专用解决方案（图 6-29），其可以实现管路材料属性识别、在设计初期对实车使用问题进行提前预测、合理优化设计管长以及管路相关的支撑件和护套护簧。同时，还可以缩短从研发到上市的时间，减少与供应商或制造部门的反复交互及修改次数。此模块针对性强，在管路分析领域取得了良好的应用效果，市场反馈良好。

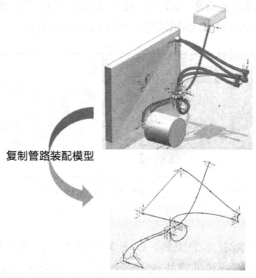

图 6-29　Simcenter Flexible Pipe 柔性管路与线缆线束

综上所述，随着企业竞争的加剧，产品研发周期越来越短，企业对面向产品或系统的解决方案的需求与主流 CAE 厂家提供的软件产品之间的差异一直存在，这是 CAE 软件定制开发市场存在的基本前提。

随着云计算、大数据、IoT、人工智能、3D 打印技术在制造业中的深入应用，又会催生出大量的软件开发需求，这里面很多都可以纳入 CAE 厂商的业务范围。换句话说，CAE 定制开发既可以作为现有软件产品的补充，也可能是潜在创新产品的雏形。

定制开发技术梳理

CAE 软件依托于计算机软硬件的更新而不断发展。服务于工业企业的软件厂商围绕产品定制解决方案时，主要采用以下两种不同的技术思路。

基于成熟平台定制

在上文提到的企业流程定制过程中，或者业务需求与主流平台匹配度比较高的情况下，通常会采用这种方案。在选择平台时，通常会考虑现有软件的应用情况，以及平台软件的成熟度。主流 CAE 厂商通过并购不断扩充求解器和接口，客户已经可以考虑以某一家主流厂商的前后处理平台为基础，构建自己的产品解决方案。

这方面的案例很多，比如中国船级社基于西门子 Simcenter 3D 平台开发的船舶结构有限元快速建模系统 COMPASS 3D FEM（图 6-30），就充分利用了 Simcenter 3D 平台 CAD/CAE 设计分析一体化的优势。针对船舶结构和有限元模型特点，实现了由三维几何模型快速生成满足船舶直接计算规则要求的有限元网格，船舶结构属性自动施加到有限元模型。在实现有限元模型自动生成的同时，还可以充分利用平台的 CAD/CAE 编辑功能，最大限度地提高设计分析效率。

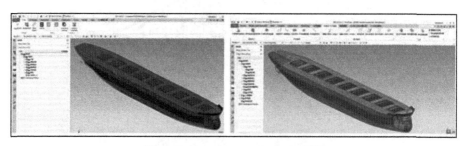

图 6-30　COMPASS 3D FEM 系统

独立开发

随着软件快速开发技术的成熟，CAE 软件研发涉及的数值计算、图形显示、界面交互等，都已经有成熟的模块或中间件支持，这为某些企业级解决方案或者新的求解需求提供了方便的实现方法。比如上文提到的空客的 ISAMI 系统，就是空客与软件厂商合作开发的独立软件系统，虽然系统的规模和复杂程度都很大，但因为采用了当时比较先进的软件架构和大量的中间件，极大地提高了开发效率，使软件的迭代速度能够适应型号研发，取得了不错的效果。

ISAMI 系统的项目经验，在国内主机所的强度平台建设中得到了成功的复制。基于 ISAMI 项目实施的基础平台，西门子先后为国内多家主机所实施了强度平台项目，取得了良好的效果。

6.2.9 火星车机械领域模型实践

火星车结构设计是整个项目的重中之重，其在整个任务剖面历程中，需要经历至少三个阶段的力学环境考核：首先是发射过载阶段的随机振动环境，载荷形式包括振动载荷、冲击载荷和声振载荷；其次是在天空起重机的辅助下登陆火星表面的冲击环境；最后是任务执行阶段，火星车地面环境巡游，包括前进、后退、转弯、越障、爬坡等，对其行驶系统的各种能力进行预测和评估。同样，热环境也是火星车必须考虑的影响因素，包括发射阶段、空间环境以及火星环境，特别是火星环境下任务执行系统的热管理需要确保电气元件的温度范围。

火星车项目的设计及管理均采用西门子公司的 NX 和 Teamcenter 平台，对各种工况的评估大多也是采用和 Teamcenter 及 NX 无缝集成的 Simcenter 分析平台，通过虚拟样机与性能样机双向实时交互数据，快速完成设计分析的迭代计算，并且所有的分析数据、流程、模板等在 Teamcenter 里均获得了有效的管控，实现了重用性、关联性、可追溯性等。统一的平台环境和同一数据源贯穿于整个研发流程，从需求定义、设计目标结构化、目标分解、方案架构定义和优化，到初步设计及分析评估和详细设计及分析评估，每一个子阶段均通过严格对标设计目标来确保所有需求定义得到最终满足（图 6-31）。

根据火星车面临的力学及热学环境和任务要求，对结构、机构及电气设计的需求定义非常重要，它决定了火星车的总体框架。涉及的参数包括：总质量、宏观尺寸（展开和折叠）、允许的过载系数、登陆速度、驱动功率、行驶速度、越障高度、倾覆角度、机械臂任务载荷、热传导方式、散热系统等。另外一些极限工况的要求也需要体现在总体指标里，例如当某个驱动轮出现机械或电力故障时，不能影响火星车的正常行驶。当然，有些试验不可避免地会出现问题，直接对设计提出了更大的挑战，需要通过快速设计及分析迭代来应对。与 NX 无缝集成的 Simcenter 分析平台极大地提高了设计的效率，在短时间内对各种详细设计方案进行评估和优化，确保了赶在发射窗口期前完成整个项目产品的验证和交付。对于力学环境性能的评估，根据不同阶段主要就以下几个方面做了工作，基本情况如下。

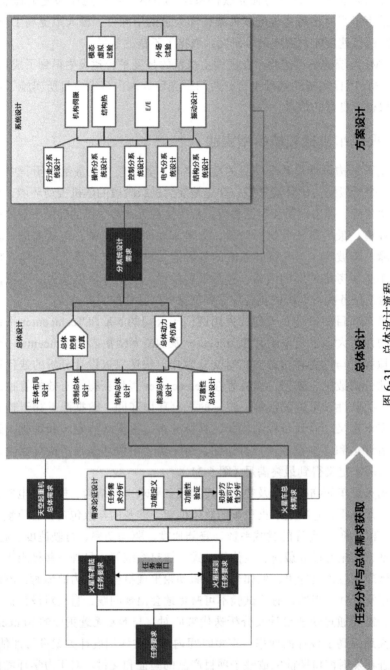

图 6-31 总体设计流程

振动环境虚拟验证

火星车折叠安装在整流罩内，在大气层内上升阶段，火箭推力和大气的相互作用势必造成火星车的振动，设计时需要首先确保这个阶段的振动不会影响火星车结构和系统的完整性。振动环境模拟试验（振动台试验）是火星车的一个非常关键的地面物理试验，用于评估其抗振性能。试验所需的振动谱主要来源于实测和标准规范，其中标准规范的振动谱是一个综合谱，可能比实测谱更为严酷，并且振动试验作为法规试验，火星车抗振性能必须满足要求才具有上箭的资格。

火星车造价昂贵，为了降低试验的风险并优化试验方案，在 Simcenter 分析平台中建立虚拟振动环境对火星车进行预验证，在设计空间内快速迭代分析，评估火星车抗振性能。目的是把大部分设计问题解决在虚拟环境中，提高振动环境试验的一次成功率，降低试验的次数和成本。在虚拟建模过程中，模型的准确程度特别是火星车有限元模型的准确程度直接影响评估的有效性。另外，作为激励的振动谱需要考虑常规振动谱、冲击振动谱以及声振载荷谱。有限元模型必须通过模态试验结果的相关性分析进行评价和修正，至少确保前几阶的模态频率和振型是真实可靠的，这样获取的动态响应结果才是可信的。

振动环境的虚拟验证已经充分应用在火星车的设计中，其分析流程如图 6-32 所示。

图 6-32 物理试验及虚拟验证流程

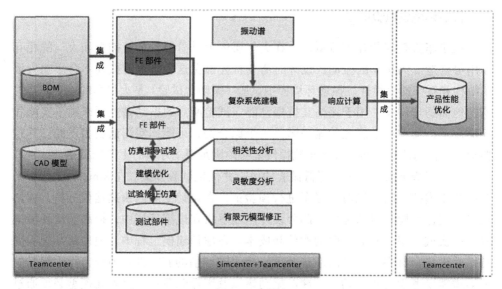

图 6-32 （续）

着陆落震分析

着陆落震分析是设计火星车结构和机构时必须考虑的场景之一，着陆器进入火星大气层，下降到一定的高度，前体脱离抛出，释放火星车同时启动天空起重机（图 6-33），火箭发动机反推，确保火星车的姿态及着陆速度，着陆信号反馈给天空起重机，断开绳索后起重机移位。整个过程对着陆各个子系统的控制要求非常严格，由于和地球的时延，其必须完全靠自我控制完成着陆，不允许出现任何差错。

图 6-33 天空起重机

火星车以一定的速度着陆瞬间，地面会对火星车的结构和机构造成冲击，这种冲击载荷必须得到有效的控制，保证结构和系统的安全。着陆落震分析需要考虑的因素包括软质及硬质路面（硬质路面冲击更大）、着陆的斜坡角度、车轮遭遇露石等的影响，一方面控制冲击载荷的大小，另一方面避免着陆时翻转。火星车着陆减振主要依赖每个车轮中间的钛合金弹簧，通过弹簧的变形减小冲击和振动，因此建模时必须考虑其柔性。基于 Simcenter 分析平台和几何关联的弹簧自动柔性化，支持快速的设计迭代，获取更优的几何设计（图 6-34）。

火星车漫游行驶分析

地球控制人员远程给火星车下达任务作业指令，火星车依靠自主控制通过一系列动作执行任务，并反馈作业状态。这一作业流程需要各子系统协调配合完成，包括桅杆相机系统、行驶系统和机械臂系统，每一个系统均包含相对独立的子控制系统，在火星车主控制系统的统一指挥下协同工作。

图 6-34 车轮减震弹簧

桅杆相机系统负责对三维环境进行拍照和扫描，并形成三维路面，地球控制人员根据传输的环境信息，发现和确定目标及路径规划，进而定义作业指令并传输给火星车主控计算机。行驶系统采用六轮独立电机驱动方式，其中前后四轮还可以独立转向。行驶系统接收目标位置和路径规划信息，在子控制系统的指挥下缓慢前进到目标位置附近，行驶过程中需要考虑越障、爬坡、转向等动作。火星车到达目标位置附近停止，机械臂在各关节电机的驱动下将末端的作业面推进到目标位置，完成查看、钻探或取样工作。整个作业过程需要几个机械系统协调配合完成，各系统交互数据且深度耦合。设计火星车时需对作业场景进行综合分析，西门子提供了完整的 Simcenter 解决方案，考虑了作动系统（电机等）、控制系统和机械系统的联合仿真，其主要工作流程如图 6-35 所示。

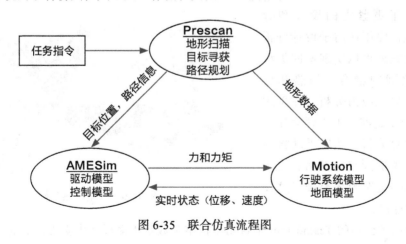

图 6-35 联合仿真流程图

基于西门子 Simcenter 平台的集成建模环境，电机作动系统利用 Simcenter 1D

AMESim 建模，控制系统耦合在电机作动系统上，机械执行系统则利用 Simcenter 3D Motion 建模，最终形成火星车机电控一体化模型，在研发阶段综合评估和预测火星车的实际工作状态。另外在后期的运维阶段，也可以为地面控制人员提供决策支持。

火星车热环境分析

为了解决热环境问题，基于西门 Teamcenter+NX+Simcenter 这套平台，对火星车机械系统的热控制进行了设计和开发。

机械设计师首先使用 NX 对火星车进行整体建模，包括探测器在巡航阶段和下降阶段的所有数字装配模型。分析师使用 NX 的几何模型，根据需要对其进行简化，作为其有限元网格的基础。这样统一的模型设计和计算分析环境可以大大提高设计团队和分析团队的协作水平，还可以减少创建分析模型所花费的时间和精力。集成的设计和分析环境还能够使工程团队快速地进行设计的重新评估。

设计工程师从一个小型模拟开始（因为这是一个试验项目）验证建模假设，并最终确认所建模型能够完整涵盖并正确考虑所有的物理现象。然后，使用 Simcenter 解决方案对探测器进行各种相关的仿真分析，模拟各种物理效应，如流体流动、推进系统的热控制以及巡航阶段的太阳能热负载。其分析结果再被用于更新设计方案。如此从设计到分析再到设计更新的便捷性和高效性大大加快了火星车热控制系统的研发。确保火星车研发进度至关重要，然而同样重要的是使用西门子的设计仿真一体化解决方案，使设计工程师能够对某些无法开展物理测试的运行工况，也通过模拟来评估热控制系统的性能（图 6-36）。

除了更紧密的设计和分析集成，使用西门子设计分析解决方案还可以实现不同类型分析之间的耦合，如热和机械变形以及应力分析。在采用 Simcenter 之前，工程师会先运行一次热分析，然后手动将温度结果映射到结构网格。使用 Simcenter 之后则省略掉了这样的手动过程。

图 6-36 火星车热分析

西门子公司的 Teamcenter 平台用于在整个数字生命周期中实现产品的结构化和流程信息管理，可帮助企业有效捕获和维护设计数据，并且更快地将新的设计特征集成到 CAE 环境中，以更新模型和执行分析。

事实上，火星车系统是涉及最多新技术和最复杂的火星探测器设计任务，除了上述关于热控制的设计部分以外，还包含飞行器的进入过程、下降过程以及着陆方法问题等。虽然与先前的研发任务相比，未来火星车的研发更加困难，但是很明显的是，西门子设计分析平台可以提供无缝的端到端的机械设计和分析解决方案，为火星车的研发工作提供重要的技术保障。在火星车的研发工作流程中，具有更多更高效的上下游建模和仿真接口，工程师会更少涉及手工操作，不必将数据重复输入多种应用程序，从而排除了潜在的错误源。这使得工程师在火星车的研发上具有更强的信心。

6.3 电子器件的实现——PCB 设计

创成式电子电气架构设计阶段完成后的主要输出物之一是对部件实现某个或者几个功能的描述，例如常见的中央电气盒或者位于汽车仪表板附近的仪表中央电气盒。该部件的主要功能是为各个用电设备分配电源动力，同时，保护电路的保险丝配置以及控制电路的继电器，等等。随着车辆复杂度的增加，以及智能化、小型化需求的提升，越来越多的电气盒已经 PCB（Printed Circuit Board）化，即采用印刷电路板。

6.3.1 PCB 设计

在一个复杂产品的正向设计过程中，电子电气、网络和软件都必须作为一个整体进行评价和衡量，这就是电子电气架构设计的价值所在。在完成总体的指导性的架构设计后，所获得的关键指标和技术要求就可以传递到下游的各个领域工具进行详细设计。

PCB 的设计通常是针对某个部件进行的，该部件包含了多个需要实现的功能，称为功能列表（Bill of Functions，BoF）。其内容表达为两个文件：ICD，即接口控制文件，描述了该设备与外部连接的所有的管脚信息，一般通过连接器进行连接；CCE，描述了设备内部的逻辑连接以及初步的布局图。

从架构导出的数据文件基本上完整地描述了该部件的所有信息，PCB 设计人员无须重新输入逻辑连接关系，这避免了输入错误的可能性；另外，考虑到设计中不断出现的设计变更，可以通过重新导出逻辑关系从而保持与 PCB 接线设计的一致性。当前，仍然存在着大量的手工传递数据现象，从而导致数据的不一致性和更高频次的工程变更，会浪费大量时间（图 6-37）。

图 6-37　从系统设计到硬件设计数据的不一致性

PCB 设计工具必须支持用户在逻辑抽象层面获取系统设计要求，同时与 PCB 设计流程进行集成。这些系统必须是双向的，允许在逻辑视图与物理视图之间进行正向和反向标注，从而确保整个设计系统保持同步状态。而且，它应该能够适应更改，允许在逻辑抽象层面的 PCB 之间进行功能分区和重新分区。应自动管理所有互连和连接器，消除手动数据输入错误和耗时费力的数据重新输入。还应该与 PCB 设计软件相集成，在整个系统设计流程中共用 PCB 内容、约束、复用和派生设计。最后，必须采用协作式并行环境来消除瓶颈。

因此，PCB 设计工具需要提供单一的设计环境，用于定义电子系统以及将电子系统从逻辑系统视图向下分解为 PCB，从而减少接口需求、手动数据处理、数据复制以及数据传输错误。利用此逻辑抽象，可以继续在整个系统设计定义周期内进行设计优化。当某项功能发生移动时，不论是在电路板上局部移动还是移动到另一个互连的电路板，都会自动更新连接，因而不存在手动数据处理所引入的错误。这种方法不仅使得互连设计变得非常简单，而且通过自动化来确保每次都能够连接正确的信号。这确保了设计即正确，设计人员无须担心连接是否会有问题。

PCB 设计工程师的设计任务包括：在给定约束的条件下，例如某个设备的安装空间、外形、人机工程等，对该板级系统进行仔细研究；根据功能和布线要求估算所需要的层数；每个所需要的功能如何分布在各个板上；在每个板上各个功能模块的元件应该如何布置，元件之间如何连接；对板上的线宽、线距等设置规则；各个板之间的功能如何连接；如果需要在板和板之间用线缆连接，那么还需要考虑线缆的三维布局走向；与各个母板连接的连接器设计以及随后的线束设计和制造图纸的生成，如图 6-38 所示。

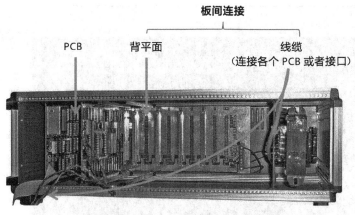

图 6-38　PCB 以及各 PCB 之间的连接

考虑到产品设计特点、功率、生产制造工艺等约束，特别是对大型的数字设计，自动布线工具会带来巨大的优势，这不仅可以提高至少 30 倍的布线速度，而且可以采用规则驱动的方式创成式地完成布线，实现设计即正确（图 6-39）。当然，自动布线并不意味着直接按一个按钮那么简单，它需要设计人员花费一些时间来规划、布置、约束以及排布优先级，手动布线和自动布线都需要仔细的规划策略和执行，以获得可接受的结果。自动布线在嵌入了设计人员的知识和经验后，与手工的布线并没有什么不同，它们具有相同的设计质量和外观。

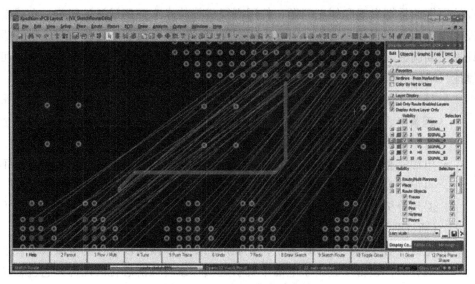

图 6-39　基于 IP 的自动布线

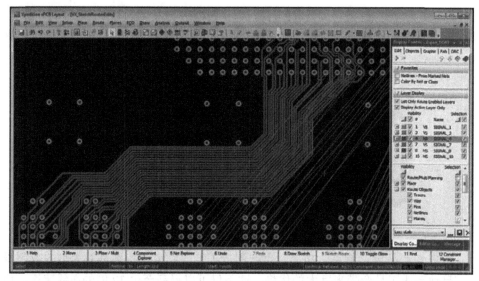

图 6-39 （续）

6.3.2 PCB 验证

尽早发现设计中的问题，或者说尽早对完成的设计进行验证和确认，可以显著提高新产品导入从而实现量产的成功率。设计验证包含电气设计规则检查，信号完整性，电源完整性以及集成 2D、2.5D、3D 的电磁干扰分析，允许用户尽量在设计周期的早期发现和纠正问题，使用高级模拟技术来预测设计的行为。布线前设计模拟允许探索替代方案，以做出明智的设计决策，而布线后验证允许在将设计提交到制造之前执行详细的签核分析。通过使用分析工具优化设计的性能和可靠性，增加了首次设计成功的机会。PCB 验证和仿真分析的内容如下：

- 信号完整性：一般是在高速布线中，随着信号频率的不断提高，PCB 越来越紧凑，布线密度加大，使得信号的完整性特别是串扰和反射，容易造成数字电路的误动作。
- 电源完整性：PCB 中有许多低压和多电压集成电路的设计，电源和接地不再那么容易设计和分析。PCB 的各个层中可以包含多达 30 个电源分配网络，必须分析这些网络的直流电压降（所有 IC 管脚都有足够的功率）、电流密度（通过网络狭窄部分的电流过大）和交流（电源是否干净）。
- 电磁兼容：模拟在该环境中，在规定的安全界限内以设计的等级或者性能运行时，设备不会由于电磁干扰引起损坏或者性能恶化的能力。它包含两方面的含义：一是具有抑制外部电磁干扰的能力；二是尽可能产生低电磁干扰，不影响同一环境中的其他电子设备。
- 热分析：在高速、小型化的设计趋势下，由于热导致的问题也越来越多。采用分析模拟工具可以对 PCB 执行分析，以确定组件的良好位置。外壳的机械设计师可以将印刷电路板插入完整的产品中，并对其进行分析，以确定热量是否会适当散发。结果是具有更高可靠性的设计，可以在不需要多个原型的情况下实现量产。

6.3.3 火星车电气分配盒的 PCB 设计

架构设计中的输出物包含部件内部连接关系，可以导出成 Excel 文件或者 XML 文件。我们以中央电气盒为例，在功能系统设计中，一般会采用框图的方式表达需要电路保护或者电流放大等功能，但有可能没有更详细的描述。因此，我们依据电路的逻辑连接关系添加物理部件，形成图 6-40 所示的系统逻辑图。

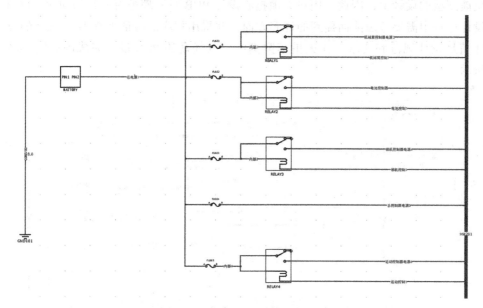

图 6-40 电气盒的系统逻辑连接

上文提到，在系统设计与硬件设计之间经常会由于采用非 MBSE 的工具而导致数据的不断录入，产生数据的不一致性问题。在西门子的电子电气创成式开发软件组合中，很容易采用直接导入数据的方式导入系统逻辑连接，再加入物理元器件，形成 PCB 部件的原理图。例如，加入与电池相连的正极桩头，加入 PCB 与外部系统的接口连接器，形成如图 6-41 所示的原理设计。

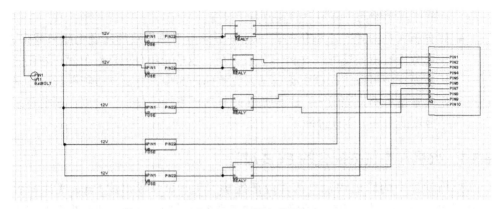

图 6-41　电气盒的原理

在设计 PCB 时，设计工具自动关联其原理设计，电气原理的任何变化会自动反馈到板的设计上，因此，用户无须担心设计 PCB 时原理是否一致的问题。PCB 设计过程中需要考虑前面提到的许多方面，并采用相应的验证手段确保 PCB 的设计满足设计规范和要求。在火星车案例中，电气盒的 PCB 设计完成图如图 6-42 所示。

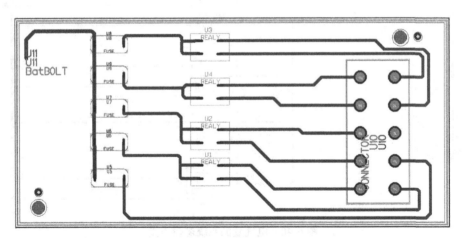

图 6-42　电气盒 PCB 图

6.4　复杂电气系统的创成式设计

电子电气架构设计完成后，一个输出物为以 Net 来连接各个设备的逻辑连接（logic connection），如果从接口控制文件（Interface Control Document，ICD）的视角来看，即为连接各个 ICD 的 Net 视图。6.3 节讨论了如何把逻辑系统连接在部件中以完成物理实施（以 PCB 的方式），那么各个部件之间逻辑系统连接的实施就是物理的电气系统和线束。

如果架构设计无法输出逻辑连接，那么电气系统设计人员就不得不按照 ICD 的描述来把各个部件连接起来，形成互连的表达相关功能的系统。在设计时，除了 Net 本身所需要的各种电气特性外，还必须要表达设备上管脚所传递的信号功能信息；然后，还必须把系统的逻辑连接图与具体的物理实现结合起来形成物理的接线设计；最后，接线设计上还需要表达与该设备对接的连接器信息、为设备提供动力的电源以及可靠的接地设计，考虑到功能可以跨越多个线束，还必须要指出每个电气对象应该归属的线束类型。电气系统设计人员还必须考虑到终端产品的复杂度，确定最终的线束配置。这就是在汽车设计中常见的交互式设计方法。

交互式流程相对于图形设计方法迈进了一大步。首先，它采用电气模型方法来描述电气系统的各个对象，每个对象在被定义时就自动继承了该类型对象所应该具有的电气特性。例如，一根导线在被定义完成后，就自动继承了所有导线的所有特性，尽管有些还没有值，但是软件系统永远不会把这根导线看成其他任何电气对象。其次，具备电气模型的对象可以进行检查，例如，导体是否没有被正确地端接，设备是否有些管脚没有连上导体，等等。最后，可以对电气模型进行仿真和分析，针对不同的参数输入获得其行为反馈，验证其是否能够实现相应的功能。由此可见，具备电气模型的物理对象可以更真实、更丰富地描述其物理特性和行为。

交互式的设计方法在面对当今高度复杂的系统时仍然面临一些挑战。我们以汽车行业的电气系统设计为例。在采用正向设计的车型开发中，需要经历车型定义、详细设计、生产以及售后等产品生命周期中的各个环节。作为连接整车所有电源、设备、传感器、执行器等的 EDS（Electrical Distributed System）非常复杂，它把完成一定功能的多个不同的子系统互连在一起。要考虑为了满足终端用户不同的需求而导致的车型配置数量增加，以及因而产生的系统复杂度。在具体的布置空间上，必须考虑电气系统在空间、走向等方面的约束。作为设计状态最后冻结却最先安装的部件，其设计和生产时间最为仓促，此外，工程变更更是家常便饭。如何迅速、准确、高质量地完成电气和线束系统的设计和制造是个艰巨的挑战。能不能在设计的时候就把这些前提条件都注入系统中进行充分考虑呢？

答案就是采用基于模型的创成式设计方法，其核心理念就是合成（synthesis）。为了应对多系统、多约束、平台化以及法规的要求，电气系统物理连接的设计正在采用合成的方法。合成是一种逻辑过程，是将输入的电路设计的抽象转换为物理实施。具体说来，首先为不同的电气对象建立反映其物理量和行为的数学模型，这是构成单个电气单元的基础；接着对各个电气单元之间的信息传递构建逻辑连接（或者利用前端架构评估完成后自动生成的逻辑连接设计，再进行必要的加工）；接下来，依据企业标准、物理约束、产品复杂度等输入条件，在各类约束下进行自动计算（合成），同时在合成过程中进行验证和确认，确保结果的正确性。在整个流程中，电气数据不断地被加工、优化、重用、同步，从而被不同的设计目的所使用。同时，结果以报告、图表的形式输出，供用户进行分析。电气系统的设计主要关注系统的连接性和复杂性。

电气系统设计的创成式设计流程如图 6-43 所示。在整个流程中遵循基于模型的系统工程方法，在构建完成的确定性模型输入条件下，考虑物理约束条件，按照指定的规则和规范，利用算法对模型进行合成，同时进行衡量和验证，创造性地得到正确的输出，体现了设计即正确的理念。创成式的设计流程和我们通常理解的计算机辅助设计工具的不同之处就是输出是"计算"出来的，是按照预先设定的算法和条件，对输入进行加工计算。通俗说来，就是用软件计算出硬件（物理接线设计）。

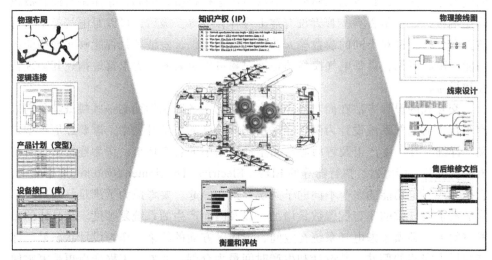

图 6-43　创成式设计流程

我们以火星车为例来说明创成式设计方法的理念。在上游的架构设计中可以直接生成并导出的逻辑连接，如图 6-44 所示。

在物理拓扑上，如果相对架构设计本身变化不大，可以直接利用架构设计的拓扑，再以具体的物理布局进行修正即可。火星车的线束拓扑布局如图 6-45 所示。

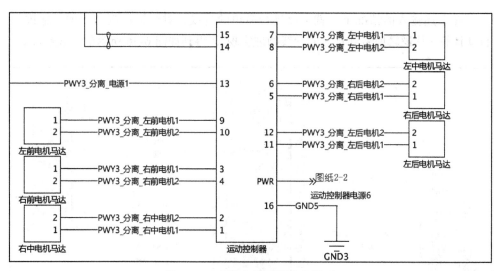

图 6-44　火星车的逻辑连接模型

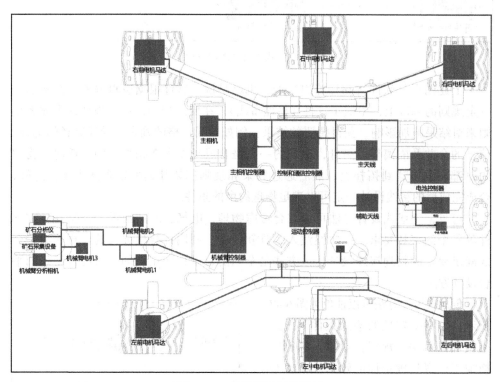

图 6-45　火星车的拓扑设计

在上述输入的情况下，就可以进行简单的合成，对逻辑连接的物理实施进行自动计算（从逻辑信号到具体的导线物理实现），得到如图 6-46 所示的布线状况。

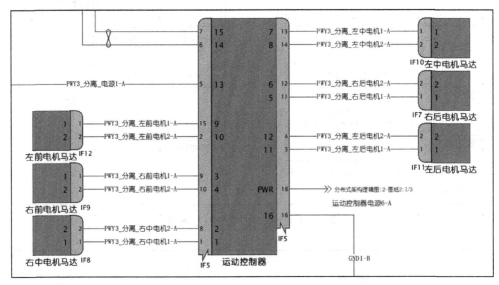

图 6-46　火星车的物理布线

上述图形是软件自动计算出来的，也就是说，软件根据逻辑输入，在施加了一定规则的基础上，生成了硬件（物理布线）。在此过程中，可以施加约束或者规则来对结果施加影响，获得想要的结果，例如导线规格的确定、导线路径的选择、信号的合并及隔离等。另外，重要的一点是合成是发生在拓扑上的，任何的物理约束都可以传递到拓扑上，然后通过约束和规则把拓扑的要求表达出来，这样，合成完成后的接线设计一定可以满足物理约束的条件。

可见，创成式设计方法可以综合考虑物理、电气、产品配置、企业 IP、零部件等各个约束和要求，一次性注入工具软件中，利用计算机强大的计算能力，合成满足要求的物理接线设计。该方法是全面的、设计即正确的、高度自动化的平台设计方法。

创成式设计方法可以抽象为图 6-47 所示，即在确定性的输入条件下，采用施加的算法、规则，对输入进行转换加工，得到确定性的输出。在整个电气系统的设计流程中，在不同的设计阶段均采用这种方法。

图 6-47　转换规则

6.5 互联设备的高效通信——车载网络设计

在电子电气架构完成后，网络的顶层需求可以以数据文件的方式导出给随后的专业网络设计工具进行详细设计，如图 6-48 所示。

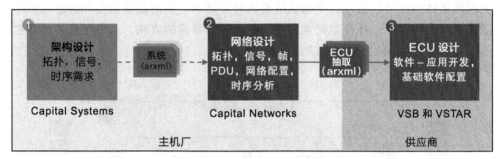

图 6-48　网络设计数据流

6.5.1 车载网络设计

当前汽车的发展趋势是车联网、自动驾驶以及电动化，由于新增的大量车辆功能以及大量的电子控制单元（ECU）和传感器，增加了超过 40% 的硬件，对功能安全也提出了更高的要求。各个 ECU 和子系统之间的信息交互呈现指数级增长，所传输的数据从兆 / 秒增加到千兆 / 秒，软件代码在 2020 年已经超过了 1 亿 5 千万行，车载网络上所定义的信号已经超过 20 000 个。如果在单个系统或者 ECU 上进行设计和验证对网络工程师以及供应商来说还算不上有挑战的工作，那么在整车系统级的验证上，传统的方法会花费大量的时间在集成和测试上，有些问题要等到有物理原型甚至量产后才能发现，这对车载网络的开发时间和效率带来了严重影响（图 6-49）。

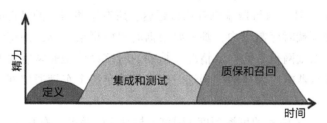

图 6-49　传统设计方法在集成和测试上耗费的精力巨大

如果我们能够在集成和测试上节约更多的时间，在网络的分析和设计上花费更多的精力，那么在质保和召回方面就能够花费更少的时间和成本。

网络设计中的时序分析非常重要，所有的网络信号以报文的方式在 CAN 总线上实时传输，以 CSMA/CA（载波侦听/冲突避免）的机制对网络上报文的帧优先级进行实时仲裁，高优先级的帧优先发送，低优先级的帧需要等高优先级的报文发送完毕后才能尝试获得总线的发送权。考虑到有 20 000 个信号需要管理，为了实现确定性的网络行为，必须捕获所有的时序需求，从而能够完全理解总线级功能之间的所有交互，并自动配置整个网络。利用常规的方法，这绝不是一个轻松的工作，也绝对不能得到最好的设计。

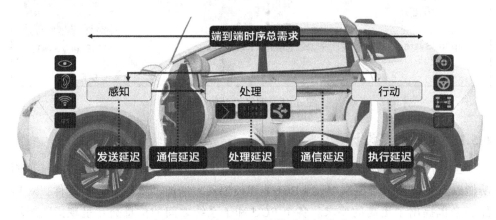

图 6-50 时间延迟和总体要求的关系

例如，车辆的时序模型如图 6-50 所示，该车辆包含传感器、执行器和处理器单元。处理器可以同时是一个网关，传感器和执行器都各自有一个 ECU。系统的架构设计会发布一个端到端的时序需求，考虑到每个元器件具体的执行情况，传感器 ECU 发布信号到总线时会有发送延迟，信号从总线传输到处理器时会有通信延迟，处理器在处理信号时有处理延迟（可以是网关延迟，也可以是应用程序处理延迟），最后信号在执行器端也有执行延迟。所有这些信号的延迟时间都必须被考虑到总的端到端时序需求中，都需要根据时序模型来计算，并将计算结果与需求进行比较。以太网也有同样的情况。精确的时序设计是非常重要的，从传感器传感信号到执行器响应信号的端到端时序必须满足整个车辆通信网络延迟的设计约束。

图 6-51 展示了信号的可探测度（强度）与时序的关系，有几个关键的时间点。允许最大延迟是指信号能够被允许的最大的延迟，信号延迟不能超过这个值，否则，系统将不能成功地激活功能或可能是失效的。如果没有数字化的时序模型来进行计算，一般的设计方法没有办法确保所设计的信号延迟不会超过这个值，因

为没有办法进行计算,所以设计者需要等到有物理样机后进行实际测试。这是大多数原始设备制造商今天仍然采用的方法。在做物理样机测试时,测试中观察到的最长延迟在允许最大延迟的左侧。使用 CAN 分析工具在物理级测试中是可以得到这种观测的,在这种情况下,观察到的物理级最大延迟确实也不错,它没有超过允许的延迟;但并不是健壮的设计,因为测试并不能发现最坏情况延迟,而该延迟在实际的网络中是有可能完全发生的。在测试中无法观察到的最坏情况和在测试时看到的情况之间存在数据丢失,而这点是无法保证网络上数据的可靠传输的。

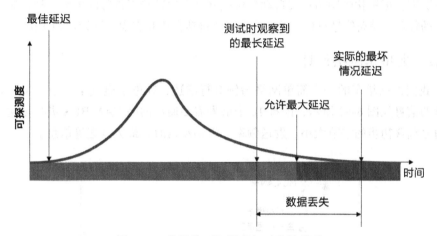

图 6-51　信号的可探测度与时序的关系

以数字化模型进行的计算可以获得详细的描述,让我们比较实际的最坏情况延迟与允许最大延迟,这就是网络设计工具的能力;同时,对网络报文时序的计算、分析和验证能够充分利用总线负载,这也是网络设计工具总线计算能力的体现。目前大部分用户将网络负载上限设定为30%,如果能够设计出更高的网络负载,就可以实现更高的带宽利用,有可能原来需要使用两路 CAN 来实现的网络,现在只需要一路 CAN 就可以实现,如此健壮、自信的设计结果对于成本、效率都是非常大的提高。

良好的时序分析和验证有助于更好地使用总线带宽,因为可以在不丢失数据的情况下使用 90% 或更多的总线负载,同时减少了通信开销。例如,如果一个帧没有在截止时间内到达,那是由于错误导致的,而不是正常运行时可能发生的事情。因此,应用程序不需要帧确认,并且不会发生由于超时而需要重新传输,从而显著降低总线负载。另一个优点是,在这种确定性网络行为下,验证工作将线性增加,而不是指数增加。网络设计工具保证了当各个功能的时序在其指定的限制范围内时整个网络的正确功能，因此验证仅限于每个单独信号的时序。这种精力只随着信号的数量线性增加。

数字化的网络模型使得工程师能够计算车载网络，为用户提供时序分析、延迟分析、带宽利用率等强大的功能，在设计阶段就能够对设计进行验证和分析。

数字化的网络模型支持用户可视化网络的拓扑结构设计，表达不同速率、带宽的网络是如何在拓扑上进行布置的，并且确保跨多网关连接不同速率的网络信号能够在要求的时间进行传输。最后，在捕获用户所配置的约束以及网络信号时序要求的情况下，可视化的网络报文自动打包能够极大地减轻工程师的负荷，把耗时、易出错的任务（手动信号打包）通过软件算法自动合成和实现，即设计即正确。

6.5.2 火星车网络设计

我们以火星车的一个简单网络为例进行阐述，在电子电气架构中，某条总线载体的信息如图 6-52 所示，即有 10 个信号需要通过网络 CAN BUS 进行传输。每个信号包含初步的字节大小、发送频率、端到端延时、最大延迟等信息。

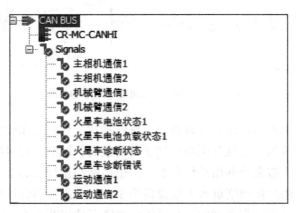

图 6-52　电子电气架构中的网络

在本例中我们只截取了部分信号来说明。在架构设计中的网络拓扑是个简单的 CAN 网络，各个控制器的连接拓扑同图 5-19。

每个信号的属性值从架构设计中继承下来作为详细设计所需要满足的规范，如图 6-53 所示，电池状态检测信号在 CAN 网络上传递状态。它包含了信号的长度、发送周期、实际允许的时间延迟，以及通过计算得到的时间延迟、宽裕度等。

当约束和网络信号的时序要求确认下来后，针对众多的网络信号，可以采用可视化的自动打包工具来实现自动报文打包。如包含 5 个字节的电池状态信号，自动打包后的状态如图 6-54 所示。

Name	ID[hex]	FD	L[bit]	Publisher	TxMode	Period[...	ACD[...	Arb.[ms]	WCL[ms]	CCD[ms]	Margin[ms]
∨ BatteryECU_BatteryECU	02C49249		40	BatteryECU	Periodic	10.000	60.000	0.000	0.560	15.560	44.440
∨ BatteryECU_BatteryECU_Pdu			40		Periodic	10.000				15.560	44.440
diagnosticerror1			16		Published	20.000	60.000			15.560	44.440
hxcstatus1			16		Published	20.000	60.000			15.560	44.440

图 6-53　信号状态

Frame/PDU/Signal	ID[hex]	FD	L[bit]	S[bit]	UB[bit]	BO/CS	ACD[ms]	CCD[n
∨ BatteryECU_BatteryECU	02C49249		40	6	6		60.000	15.5
∨ BatteryECU_BatteryECU			40	0			60.000	15.5
diagnosticerror1			16	7	32	MSBFirst	60.000	15.5
hxcstatus1			16	23	33	MSBFirst	60.000	15.5

BatteryECU_BatteryECU_Pdu

	7	6	5	4	3	2	1	0
0	7 15	6 14	5 13	4 12	3 11	2 10	1 9	0 8
1	15 7	14 6	13 5	12 4	11 3	10 2	9 1	8 0
2	23 15	22 14	21 13	20 12	19 11	18 10	17 9	16 8
3	31 7	30 6	29 5	28 4	27 3	26 2	25 1	24 0
4	39	38	37	36	35	34	33	32

图 6-54　信号打包

可以查看每个信号的带宽占用率和整个 CAN 网络的负载状况（图 6-55）。本样例中总的带宽不超过 20%，处于比较低的带宽利用率状态。

ComSystem — CAN_HIGH (BusLoad: 19.60%)

Connector	Tx	Rx	BL[%]	Diff[%]
BatteryECU	1	1	2.60	
CommunicationandControlE	2	4	10.40	
MainCameraECU	1	1	2.20	
MobilityECU	1	1	2.20	
RobotArmECU	1	1	2.20	

图 6-55　网络负载

检视一个网络信号似乎并不算有挑战性的工作，但是当把这些信号的数量增加到成百上千并且涉及不同类型和速率时,在整个平台级健壮的时序分析和自动打包工具,可以帮助设计人员高效地完成设计即正确的网络设计。

6.5.3 ECU 的软件开发

网络设计完成后,关于网络实施的信息就可以按照每个 ECU 进行导出,该文件中描述了该 ECU 所包含和需要实现的所有功能信息,其开发内容包含功能层级的软件应用开发、基础软件配置和仿真等。目前普遍采用基于 AUTOSAR 的控制器开发方法,控制器的开发一般由供应商按照主机厂的要求来完成。

AUTOSAR 是目前电子控制单元设计和开发的基础,它简化和标准化了新的 ECU 开发过程,建立了独立于硬件的分层软件架构,实现软件和硬件的分离。它还建立了实施的方法论,为应用软件的开发提供方法论,同时制订了各种应用接口规范。

以汽车电子软件为例,AUTOSAR 为了实现程序和硬件之间的分离,将软件架构分为四层,分别为应用层(application layer)、运行时环境(Run Time Environment, RTE)、基础软件层(Basic Software, BSW)以及微控制器(microcontroller),如图 6-56 所示。

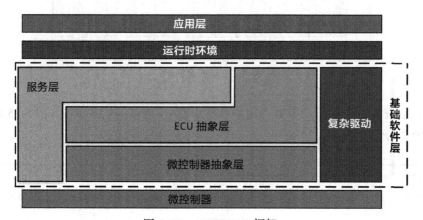

图 6-56 AUTOSAR 框架

在上游网络设计的输出物中,每个 ECU 中的信息包括:基于 AUTOSAR 标准对每个功能的软件组件的描述,定义了每个软件组件的接口内容,如数据类型、端口、接口等;每个功能模块之间的交互关系,这些功能模块之间是否有通信,通信的要求是什么;消息是如何进行收发的,是通过高速网络还是低速网络;等等。经过仔细分析之后,就可以形成最终的系统配置,例如 CPU 的最终选择、所需要的内存大小、各个功能项需要分配多少内存、相关支持程序的优先级和时序、各功能之间如果有相关的交互关系该如何建立，以及平台级的功能确定，例如诊断、系统的运行状况、数据的加载等。同时，该 ECU 的设计还必须放置在整个大的系统中进行考虑，例如总线信号、软件功能组件间的拓扑关系和映射关系，也就是系统级别的物理拓扑结构和逻辑网络结构。

在 ECU 软件的设计中，上述的所有工作内容都可以落在"运行时环境"到"基础软件层"。运行时环境除了为各个软件功能之间的通信提供支持外，也是功能和基础软件之间的桥梁。因此，ECU 的设计通常由供应商来完成，一个典型的基于 AUTOSAR 的 ECU 开发流程如图 6-57 所示。

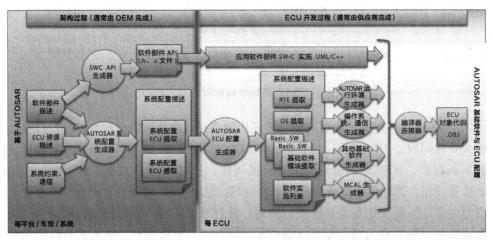

图 6-57　OEM 与 ECU 开发供应商的关系

ECU 设计软件不但要支持 AUTOSAR 规范，还必须支持通信总线 CAN、CAN-FD、以太网、LIN 和 FlexRay、诊断、广泛的多 OEM 以及已有的微控制器单元（MCU）。在生成 ECU 可执行软件时，软件必须能够通过内置的一致性检查器不断验证配置的正确性，例如为 CAN 网络所分配的操作系统内存，以及 ECU 对 CAN 网络数据处理的时序设置等。使用支持 SWC 的 VSB 工具实现持续集成以及发布设计和配置非常重要，这是由于设计过程中会产生非常多的工程变更，任何时候实现一致性和流程闭环来无缝地更新 ECU 配置都非常重要，如图 6-58 所示。

西门子公司的 Capital VSB 提供了集成的配置环境，为用户提供通信、操作系统、运行环境、ECU 调度、文件交换、诊断以及微控制器抽象层（MCAL）等的编辑环境，然后自动生成 .c 和 .h 代码。所有这些代码再结合 VSTAR 和应用程序的代码进行编译，生成可执行的二进制文件和 .fmu 文件（仿真模型文件）。

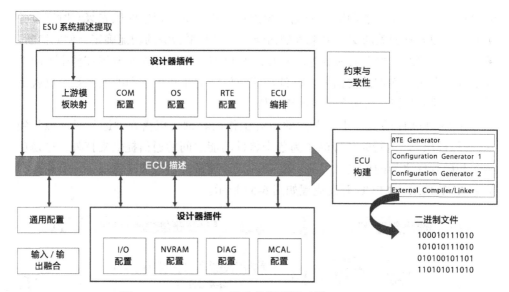

图 6-58　AUTOSAR 基础软件配置工具 Capital VSB

在 ECU 软件开发完成后，如果需要用物理样品和测试台来对 ECU 进行测试，就太费时间和过于昂贵了。由于现在的 ECU 在实现的功能范围以及技术复杂度方面不断增长，对 ECU 的验证非常具有挑战性，开发 ECU 的成本很有可能无法达到目标设定。因此，通过增加虚拟 ECU 的测试量来预先加载开发过程是一种非常有效的方法。由于仿真是高度可访问的，并且减少了对昂贵的测试台的需求，因此可以更早地发现问题并显著降低成本。因此，需要搭建汽车嵌入式软件的仿真和执行环境，其在整个开发生命周期中都是有用的——从建模、编码、集成、校准、诊断、测试一直到部署和服务。

在 Capital VSI 中提供了多个虚拟的 ECU，同时把上游 VSB 生成的 BIN 执行文件以及仿真模型文件导入 VSI 中，依据构建完成的车型模型和测试场景，对各种场景下 ECU 的输出结果以及系统的行为进行评判，系统实时显示实际的行为曲线（图 6-59）。作为真实 ECU 硬件的替代，VSI 环境包括只需一台 PC 进行软件开发的虚拟 ECU。虚拟 ECU 是对 ECU 的模拟，其使用方式与真实 ECU 完全相同。它们公开了虚拟 I/O 管脚和汽车网络接口，这些接口可以连接到正常的验证工具和其他虚拟 ECU。

VSI 允许把 C/C++ 软件开发工具与虚拟 ECU 相连，以便进行软件调试，并且将工具连接到虚拟汽车网络或直接连接到被测试软件进行验证。除了开发人员所熟悉的交互式测试外，VSI 还提供批处理的方式来自动进行测试，使用高级脚本可以人为地在测试期间有条件地注入软件和硬件故障来验证安全性（图 6-60）。

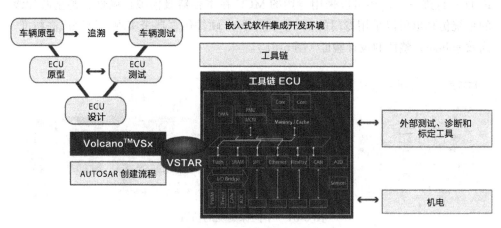

图 6-59　VSI 仿真测试平台

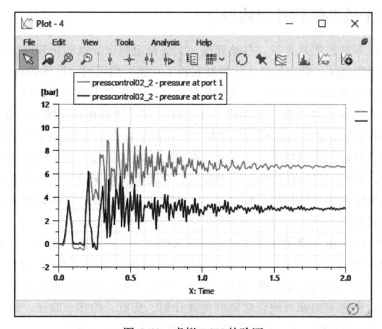

图 6-60　虚拟 ECU 的验证

ECU 控制器系统的数字孪生可以以不同的颗粒度或者说保真度来创建，通常随着开发的推进，虚拟的数字孪生将越来越清晰并且将展现更多的细节。例如在初期的模型在环验证阶段，主要验证功能的正确性，那么可以采用软件来模拟虚拟的 ECU；进一步，可以在 Vista 虚拟平台上采用通用的微控制器单元模拟虚拟的 ECU；再进一步，还可以采用专用的 MCU 在寄存器级模拟正确性；甚至芯片级的系统仿真也可以采用专门的 MCU 和 Veloce 硬件仿真器来实现，以完成高精度、高效率和高完整性的设计验证（图 6-61）。

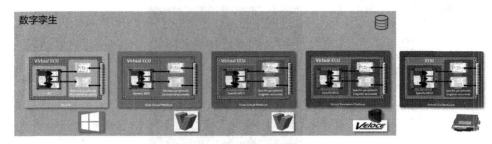

图 6-61　不同保真度的仿真

6.6　基于模型的软件架构设计

现代汽车的趋势是互联、自动驾驶、大规模定制以及电动化和网络化，汽车软件从实现附属的、低级的嵌入式控制和娱乐功能，到采用软件感知并分类环境，在高级驾驶员辅助功能中协调驾驶过程，再到向制造商提供遥测数据，接收空中更新，并获得对线路规划、发动机、变速箱控制、刹车和转向助力的高度授权，等等。换句话说，软件在驾驶过程中将会承担越来越多的责任。同时，OEM 面临着快速把产品推向市场的压力，需要有高效的方法来确保开发出高质量的软件代码。因此，对嵌入式软件设计采用独特的、全面的、基于模型的架构驱动开发方法，可以消除由于软件代码行数增加、上市时间加快、算法多样和需求复杂带来的潜在负面影响。

在整车电子电气架构设计完成并获得认可后，功能设计中会包含相关的功能需求清单和软件需求信息，例如软件架构、网络报文时序、内存要求等。当然，在要求供应商交付满足要求的功能实现时，还需要附加诸如实施的规范和验收标准等。供应商需要选择和配置基础软件并计划、集成、构建、验证、确认和认可大规模交付的源代码，主机厂和供应商之间的互动变得非常紧密。

基于模型的嵌入式软件架构开发一般分为 3 个阶段，每个阶段的特点如下：

1）设计阶段
- 编写软件之前必须首先进行系统架构设计和确认
- 所有的功能架构都必须有与之相对应的测试计划

- 架构设计中的功能模块必须与需求点一一对应

2）开发阶段
- 图形化的编程方式
- 复用已有的代码设计
- 支持算法模型的导入与集成
- 开发算法的同时实现模块测试用例的开发

3）测试和验证阶段
- 程序代码的形式化验证
- 针对不同功能模块管理测试用例
- 单元测试／集成测试
- 自动执行测试用例
- 测试结果与需求点一一对应进行验证

基于模型架构驱动的软件设计集成开发环境具有以下功能：
- 与软件生命周期管理工具集成，实现需求、架构模型、应用代码、测试用例的多向关联；
- 多种代码编写方式，如 C 代码、真值表、状态机、图形编程、代数公式等；
- 复用以前的代码设计；
- Simulink 算法模型导入；
- 测试用例与模块开发并行进行；
- 自动化测试；
- 对开发程序进行形式化校验和验证；
- 与物理对象模型进行闭环验证。

6.6.1 开发流程

架构设计

系统工程师或项目经理在系统设计阶段对需求文档进行分析，分解细化功能点，建立需求模型。通过软件生命周期管理工具（如 Polarion），项目团队可以快速实现需求的树状模型，为下一步需求模型的细化奠定基础。需要注意的是，需求有可能在系统建模阶段就已经与功能模型进行关联并被传递到下一阶段的电子电气架构设计，接着在电子电气架构中提炼出软件架构设计；被分解细化的需求可以在软件架构中关联和展现。

软件架构设计可以以图形或文本两种方式体现，如图 6-62 所示。基于模型的图形化架构设计易于反映系统内部各原子功能块间的信号关联关系以及功能系的组成，对于从整体上把握系统架构原理有着得天独厚的优势；文本化架构设计可以直观反映架构设计中各模块的端口信息以及端口约束条件。软件架构师在系统设计阶段可以通过一键切换的方式，自由切换图形或文本方式。

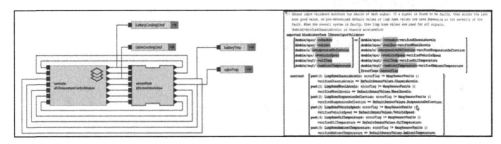

图 6-62　架构设计的两种方式

除了以上两种方式的软件架构设计之外，软件还必须支持 AADL 和 SysML 专用系统设计语言。如果系统的架构设计是通过其他工具用以上两种语言实现的，工程师可以通过导入的方式将系统架构导入，进而完成后续的需求关联、架构优化、代码开发、测试和仿真验证等工作。

架构设计中的每一个原子功能模块原则上都应有与之相对应的功能需求条目，即软件架构设计不能凭空想象，而是应结合实际需要进行设计。在软件架构设计的过程中，架构工程师需要将功能需求中的所有条目都映射到对应的架构功能模块，关联关系一旦创建，工程师可以在设计、测试、验证等的任何阶段，查看需求指标的满足情况。

分系统详细设计

架构设计一旦确定，接下来需要完成的就是子系统的详细设计。子系统详细设计阶段的工作主要包含两部分：软件开发的细化工作和软件测试的细化工作。

软件开发的细化工作指从软件设计的角度，在已有框架下完善系统的模块分解，添加必要的设计属性与设计约束等，具体如下：

- 针对子系统继续分解现有架构，将功能模块全部分解为不可再分的最小原子功能块。
- 为每个最小功能模块的接口添加设计约束，接口设计约束是软件测试的前提条件。
- 建立与系统相对应的软件模型架构，以及每个模块所包含的不同的软件配置文件和参数文件。通过配置文件分析工具，自动生成配置文件关联关系的树状结构。工程师可以通过树状结构轻松索引到需要进行配置修改的文件。
- 建立软件模型的数据字典：变量名、类型、物理单位、取值上下限、物理意义描述。数据字典赋予软件中的变量以多种属性，被赋予的属性作为变量的约束条件，比如变量在测试过程中如果有超出取值范围的情况出现，将提示报错信息，帮助开发人员快速纠正。
- 建立关键变量的物理单位，通过转换公式明确不同物理单位之间的关系，便于代码实现并预防出错。嵌入式软件的算法程序采集值与真实世界中的物理量有直接的对应关系，通过引入"物理单位"属性可以最大程度地减少在数值换算过程中由于概念不清而造成的计算错误。变量缺乏量纲约束是造成嵌入式软件 bug 的主要问题之一。在软件的测试阶段，软件需要自动检查所有变量单位的对应关系是否一致。

功能实现阶段

在软件功能的设计实现阶段，工程师可以通过三种不同的方式对架构设计中的功能模块进行填充：手工编码、复用代码、Simulink 模型导入。

在软件架构工具中手工编写代码的实现过程与在传统 IDE 中的实现过程基本相似，工程师无须在众多的 .c 文件和 .h 文件中切换编写，而只需找到相应的软件模块来填充代码即可。

针对控制器设计中常用的有限状态机原理，软件架构工具中也提供了状态机编程的方式。工程师根据切换原理设计出状态机之后进行编译，状态机所对应的 C 代码可自动生成。

针对代码编写过程中常用的决策分支结构，软件架构工具提供了"决策表"编程方式。工程师只需根据判断条件创建决策表，即可通过编译直接生成 C 代码。应用决策表进行编程的另一个优势在于，进行代码测试时，软件架构工具可以直接对所有决策条件的一致性、覆盖度以及可实现性进行检查。如果决策分支设计不合理，检查工具可自动提示进行修改。

对于一些需要用到较多数学运算的程序模块，工程师可以通过数学公式直接进行编程。软件架构工具中提供了公式编程所需的各种模板，用户只需按照模板把参数填写到相应的位置，通过编译，公式可自动生成 C 代码。该功能对于控制算法编写尤为重要，如离散积分等计算环节可轻松实现，避免出错。

对于复杂的控制算法设计，Simulink 在图形化设计工具中有其独到的优势，而且已经成为行业公认的算法建模语言。然而对于控制器设计来讲，控制算法的设计仅仅是第一步，后续还会涉及算法的代码集成与测试等重要环节。软件架构工具通过支持 Simulink 模型的一键导入，更好地衔接了算法设计与程序代码的检查、测试、需求验证等过程。

测试与验证阶段

代码的测试与验证包括以下几个步骤：数据流分析、代码检查、单元测试、集成测试。

数据流分析包括：
- 变量类型是否匹配，操作是否有效。
- 对未进行初始化的变量，是否存在引用。
- 冗余变量及参数的检查。
- 参数有效性的验证。

代码检查指通过形式化验证工具，对程序代码进行分析，包括：
- 软件白盒测试。
- 代码覆盖率分析。
- 鲁棒性分析。
- 内存占用率，以及内存溢出等检查。

单元测试又称开环测试，测试工程师通过为每个软件模块定义测试向量，创建测试用例。不同模块的测试用例按照一定顺序组成测试序列。具体包括：
- 在软件架构工具中通过表格的形式编辑测试用例，包括定义激励取值与输出结果的判断标准。
- 对不同的测试用例进行组合，形成测试序列。并对针对不同产品的不同测试序列进行统一管理。
- 对测试序列的执行结果和通过率进行统计分析。

6.6.2 火星车软件架构设计

我们以火星车上的运动系统以及西门子工业软件的 Capital Software Designer 工具为例来说明软件架构的设计过程。

顶层软件架构

在架构设计中，火星车包含运动控制系统、控制和通信系统、机械臂系统等，所有软件类型的输出物都可以在上游的电子电气架构设计完成后生成，然后导入架构设计软件进行设计。所有类型为软件的原子功能块都需要创建"接口"，并继承或者再指明其数据类型。以顶层视角获得的软件功能接口的定义如图 6-63 所示，其中"=>"符号左侧的数据表示输入，右侧的数据表示输出。

```
exported blockinterface interface_Curisity_Mars_Rover
    [uint8       ->Arm_Camera_Message      ]    [double ->PWM_DutyCycle_FL
     uint8       ->Mineral_Analyser_Message ] => [double ->PWM_DutyCycle_FR
     [640][480]uint8 ->Image_Raw            ]    [double ->PWM_DutyCycle_ML
                                                  double ->PWM_DutyCycle_MR
                                                  double ->PWM_DutyCycle_RL
                                                  double ->PWM_DutyCycle_RR
                                                  double ->PWM_DutyCycle_Arm1
                                                  double ->PWM_DutyCycle_Arm2
                                                  double ->PWM_DutyCycle_Arm3
                                                  uint8  ->Arm_Camera_command
                                                  uint8  ->Mineral_Analyser_Command
                                                  uint8  ->Main_Camera_Command
                                                  uint8  ->Vehicle_Status_2
                                                  uint8  ->Vehicle_Status_3       ]
contract [];
```

图 6-63　软件功能块的接口定义

定义顶层的接口只是完成了总体软件架构的一小部分，最重要的还是表达系统内部各个部件之间的信号逻辑关系及其组成。图 6-64 所示为总体架构设计，模块之间的连接逻辑关系通过图形化的架构模型方式来展现。

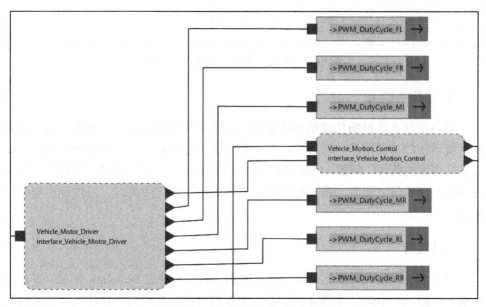

图 6-64　以图形方式展现软件架构

如果以文本的方式来查看总体架构设计，则容易获得各个模块的端口信息和端口约束，如图 6-65 所示。文本和图形是同一数据的不同展示方法。

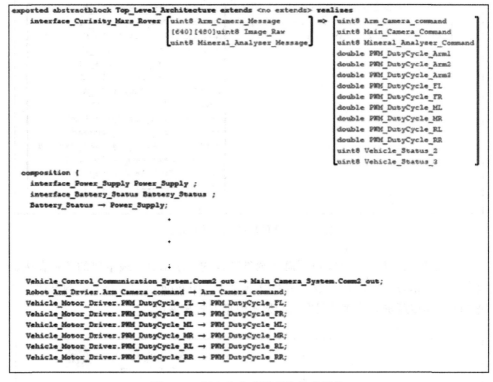

图 6-65　以文本方式展现的软件架构

子系统详细设计

将各个分系统再细化成最小功能块，对每个功能块添加设计约束，如运动控制系统驱动的功能模块。在这个环节，约束的确定非常重要，这是进行功能验证和软件测试的条件。例如，在图 6-66 中，约束规定了当马达扭矩值在设定的最大和最小扭矩阈值之间时，系统能够输出正确的值到相应的接口，以供所连接的功能使用。

功能实现

可以手工应用代码编写、导入已有应用代码或者通过 Simulink 导入。图 6-67 所示为采用 Simulink 实现的详细细节。基于契约的方式确定了软件代码所必须完成的约束，即软件代码的最终结果必须满足约束的要求，从另一个角度讲，约束驱动了软件代码的生成。

```
exported blockinterface interface_Vehicle_Motor_Driver [[6]double ->Motor_Driver_Command ] => [uint8 ->Motor_Driver_Status
                                                                                               double ->PWM_DutyCycle_FL
                                                                                               double ->PWM_DutyCycle_FR
                                                                                               double ->PWM_DutyCycle_ML
                                                                                               double ->PWM_DutyCycle_MR
                                                                                               double ->PWM_DutyCycle_RL
                                                                                               double ->PWM_DutyCycle_RR ]
  parameters [double ->Motor_Torque_Max ;
              double ->Motor_Torque_Min ;]
  contract   [pre(0) Motor_Driver_FL_Actual_output: (Motor_Driver_Command[0] <= Motor_Torque_Max) && (Motor_Driver_Command[0] >= Motor_Torque_Min);];
              pre(1) Motor_Driver_FR_Actual_output: Motor_Driver_Command[1] <= Motor_Torque_Max && Motor_Driver_Command[1] >= Motor_Torque_Min;
              pre(2) Motor_Driver_ML_Actual_output: Motor_Driver_Command[2] <= Motor_Torque_Max && Motor_Driver_Command[2] >= Motor_Torque_Min;
              pre(3) Motor_Driver_MR_Actual_output: Motor_Driver_Command[3] <= Motor_Torque_Max && Motor_Driver_Command[3] >= Motor_Torque_Min;
              pre(4) Motor_Driver_RL_Actual_output: Motor_Driver_Command[4] <= Motor_Torque_Max && Motor_Driver_Command[4] >= Motor_Torque_Min;
              pre(5) Motor_Driver_RR_Actual_output: Motor_Driver_Command[5] <= Motor_Torque_Max && Motor_Driver_Command[5] >= Motor_Torque_Min; ]
```

图 6-66　约束的确定

```
exported atomicblock atomic_Vehicle_Motor_Driver realizes interface_Vehicle_Motor_Driver [[6]double Motor_Driver_Command] => [uint8 Motor_Driver_Status
                                                                                                                              double PWM_DutyCycle_FL
                                                                                                                              double PWM_DutyCycle_FR
                                                                                                                              double PWM_DutyCycle_ML
                                                                                                                              double PWM_DutyCycle_MR
                                                                                                                              double PWM_DutyCycle_RL
                                                                                                                              double PWM_DutyCycle_RR]
  parameters [________________________
              double Motor_Torque_Max;
              double Motor_Torque_Min;]
  contract   [__________________________________________________________________________________________________________
              pre(0) Motor_Driver_FL_Actual_output: (Motor_Driver_Command[0] <= Motor_Torque_Max) && (Motor_Driver_Command[0] >= Motor_Torque_Min);
              pre(1) Motor_Driver_FR_Actual_output: Motor_Driver_Command[1] <= Motor_Torque_Max && Motor_Driver_Command[1] >= Motor_Torque_Min;
              pre(2) Motor_Driver_ML_Actual_output: Motor_Driver_Command[2] <= Motor_Torque_Max && Motor_Driver_Command[2] >= Motor_Torque_Min;
              pre(3) Motor_Driver_MR_Actual_output: Motor_Driver_Command[3] <= Motor_Torque_Max && Motor_Driver_Command[3] >= Motor_Torque_Min;
              pre(4) Motor_Driver_RL_Actual_output: Motor_Driver_Command[4] <= Motor_Torque_Max && Motor_Driver_Command[4] >= Motor_Torque_Min;
              pre(5) Motor_Driver_RR_Actual_output: Motor_Driver_Command[5] <= Motor_Torque_Max && Motor_Driver_Command[5] >= Motor_Torque_Min;]
  Simulink : C:\Users\s4ytcv\CSDProjects\CurisityMarsRover\solutions\Curisity_Mars_Rover\templates\SIEMENS\Simulink\_42_Sub_Level_Implementation\atomic_Vehicle_Motor_Driver.slx;
  external body
```

图 6-67　采用 Simulink 的功能实现

架构分析

在架构设计以及各个子系统的详细设计完成后，可以对整个架构进行分析和优化，以确保架构的逻辑连接和约束满足功能需求。例如左后轮在满足马达扭矩在最小和最大值之间时，系统能够输出正确的值，该接口得到实际的输出值，状态为架构分析成功，如图 6-68 所示。

	Idx	Property	Status	Size	Time
⌄		Block Contracts (6)	SUCCESS		1.19s
⌄		Top_Level_Architecture (6)	SUCCESS		1.19s
⌄		Vehicle_Motor_Driver (6)	SUCCESS		1.19s
	001	precond: Motor_Driver_RL_Actu...	SUCCESS	1	1.19s
	002	precond: Motor_Driver_FL_Actu...	SUCCESS	1	0,00s
	003	precond: Motor_Driver_RR_Actu...	SUCCESS	1	0,00s
	004	precond: Motor_Driver_MR_Act...	SUCCESS	1	0,00s
	005	precond: Motor_Driver_FR_Actu...	SUCCESS	1	0,00s
	006	precond: Motor_Driver_ML_Act...	SUCCESS	1	0,00s

图 6-68　约束和功能的验证

测试和验证

针对单元的测试，可以构建测试用例。例如针对拍照系统，测试该单元系统的测试输入和期望的输出是否匹配，如图 6-69 所示。

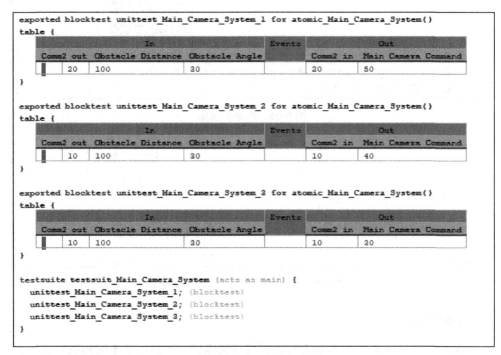

图 6-69　单元测试用例

针对功能块，既可以构建测试用例，也可以采用测试序列，通过程序运行来获得连续的测试结果并打印出图形，如图 6-70 所示。集成块测试确保各单元组合在一起后能够按既定意图协作运行，并确保增量的行为正确。它所测试的内容包括单元间的接口以及集成后的功能。

6.7　多学科仿真和设计空间探索

6.7.1　多学科仿真和设计空间探索综述

从 18 世纪 60 年代到 21 世纪的今天，人类经历了从机械化、电气化、信息化到数字化的四次工业革命，工程产品也由单纯的机械产品扩展到机械、控制、电子、电气、液压、气动和软件等多学科耦合的复杂系统。以航空航天飞行器设计为例，涉及的学科包括：结构设计、复合材料设计与分析、固体力学、结构强度、气动外形设计、流体力学、飞行力学、飞行器性能计算与分析、自动控制理论、软件开发、机电一体化、液压伺服技术、电气控制、通信导航、综合显示、试验技术等。这些学科互相耦合，才能实现飞行器的总体功能、行为和性能。随着产品复杂性的不断增加，产品中的各子系统集成更紧密，各学科耦合更强，人们发现传统的各学科独立设计与仿真验证模式难以体现各学科之间的耦合关系，需要多学科、系统级和整体视角的仿真验证，以更接近真实世界的产品性能，并通过多学科间不断权衡迭代，实现系统性能的最优化设计。

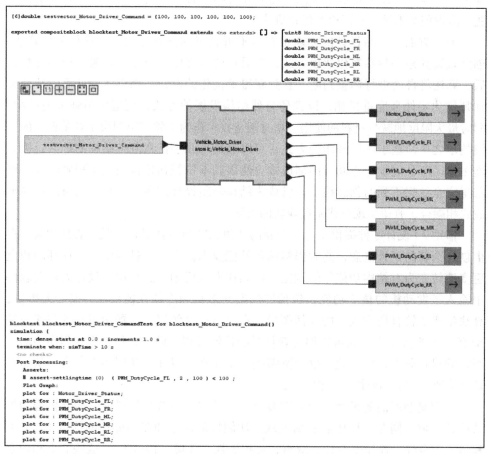

图 6-70 块测试用例

另外，对于新产品的性能和成本日趋严格的要求，使得企业开始追求从源头上进行创新。有研究表明，近 70% 的产品创新与新材料研发或将现有材料混合有关。对于一种新材料来讲，其微观结构就是它的 DNA。为了使仿真尽可能准确，需要在软件中尽可能逼真地考虑所有这些微观结构。同时这些微观结构行为要链接到产品整体宏观行为上，也就是说，产品设计和材料微观结构行为必须紧密耦合，即进行多尺度建模和仿真。

建模和仿真的终极目标是数字孪生。NASA 在对数字孪生的定义中提到，"数字孪生是飞行器或系统集成的多物理、多尺度的概率性仿真，它使用最好的可用物理模型、更新的传感器数据和历史飞行数据等来反映与该模型对应的飞行实体全生命周期的真实特性。"通过多物理、多尺度的建模和仿真技术构建真实产品的虚拟孪生体，可以更精确地预测产品开发过程中各阶段的产品性能，发现潜在问题、激发创新思维、不断追求优化进步。

另一方面，产品设计的创新也在以不可思议的方式进化，而进化来自算法。创成式设计是一种参数化建模方式，在设计的过程中，当设计师输入产品参数之后，算法将自动进行调整判断，直到获得最优化的设计。创成式设计可以帮助设计师优化零件强度重量比，以模仿自然结构发展的方式，创造出最强大的结构，同时最大限度地减少材料的使用。增材制造技术作为引领"第四次工业革命"的关键技术之一，基于逐层打印的方式，可以制造出几乎任意复杂结构的产品，极大地拓宽了产品的设计空间。而创成式方法因其不依赖初始构型及工程师经验，可获得完全意想不到的创新构型，已成为结构创新设计的重要工具。增材制造与创成式相融合，有望实现现代制造业质的飞跃。

借助 AI 设计零件提供了另一个新的视角，AI 可以让设计师跳出心理约束，自由创建全新的设计概念，同时仍然满足性能要求。在这个过程中，设计师的角色更多地转变为对结构功能等的设定。比如在发动机创建过程中，设计人员在软件中输入了发动机的核心功能，包括燃烧室的形状和冷却性能要求。基于此数据，算法生成了符合所有规格的几何图形。在材料设计领域，机器学习和预测建模是 AI 的一个强大子集，它可以加速新材料的设计过程。设计人员只需在程序中输入所需的材料属性，算法就可以预测哪些化学元素可以在微观层面上组合，从而创建具有所需功能和属性的结构。

大型复杂产品的设计空间非常复杂：产品本身包含多学科的、相互耦合的大量设计参数，同时设计还需要满足众多功能性的需求和非功能性的约束（人机工程学、安全性、操作安全性、减重、可扩展性、环境、接口等），这些需求和约束可能相互冲突，给设计研发过程带来了更多挑战。此外，设计还需要具备可变性和敏捷性以满足客户不断变化的目标。设计空间探索（Design Space Exploration，DSE）可以帮助实现设计创新，增进用户对产品和系统的理解，并帮助用户做出决策。此概念产生于嵌入式系统设计，被广泛应用于软件开发，所有可能的设计方案的集合称为设计空间，系统地探索和研究设计空间中的元素即称为设计空间探索。创成式设计、AI、设计空间探索等多种方式的结合，正在深刻地改变产品设计方式，驱动工程产品设计创新。

6.7.2 神经网络在系统仿真中的应用

一维系统仿真模型是表达多领域多学科复杂物理系统动态行为的一种模型，反映系统状态/动态特性随时间的变化情况。系统仿真模型也是一种用于系统分析的数学模型，通常由微分代数方程来表达。可以采用多种方式对系统进行建模，常见的建模方式有直接编写代码（如 C、Fortran 和 Modelica 语言）、框图法（block diagram）、键合图（bond graph）、基于物理元件的建模。

人工智能是第四次工业革命的标志性成果，人工智能不仅改变了我们的生活，而且对工业软件的发展带来了很大的影响。接下来我们介绍神经网络（neural network）在系统仿真领域的一些应用。目前有不少系统仿真软件推出了神经网络工具箱，如 Simcenter Amesim 推出了 Neural Network Builder（神经网络生成工具），它可以帮助用户快速完成神经网络的定义、训练、验证、导出等工作。该神经网络生成工具的主要功能有以下两方面：

- 模型降阶简化。神经网络生成工具可以直接通过系统仿真软件中创建的物理模型得到仿真数据，进而训练得到该物理模型所对应的神经网络，从而用神经网络来替换物理模型，模拟真实世界的物理现象。采用这种方法可大大提高复杂模型的计算速度，是实现模型简化与实时化的一种有效途径。
- 生成控制策略。神经网络生成工具结合系统仿真软件中搭建的物理模型，可以在仿真环境中有效地帮助控制算法工程师得到丰富的训练样本数据，从而大大提高应用神经网络的复杂控制算法进行开发的效率，加快产品面市速度。同时采用虚拟手段获得丰富的测试工况，对于提高网络训练精度、减少测试准备时间、降低测试成本有着重要意义。

采用神经网络生成工具创建得到的神经网络可以直接生成系统仿真软件中的子模型，参与仿真计算。也可以生成 ONNX（Open Neural Network Exchange）格式的文件，用于 ONNX 兼容的第三方软件，如图 6-71 所示。

采用神经网络生成工具创建神经网络的主要步骤如下：

- 数据集导入——用于神经网络的训练和验证；
- 神经网络参数定义——输入变量、输出变量、超参数等；

图 6-71　神经网络生成的工作流程

● 神经网络训练和验证——通过样本数据训练网络并综合比较结果精度。

接下来，我们结合几个具体案例进一步说明神经网络生成工具在系统仿真软件中的应用场景。

车辆动力学模型降阶简化

本案例介绍采用神经网络生成工具对详细的车辆动力学模型进行简化并得到较高精度输出的过程（图 6-72）。

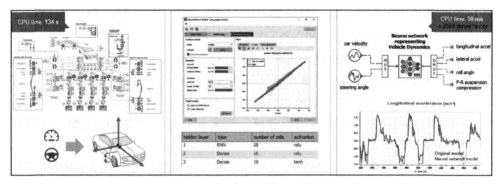

图 6-72　车辆动力学模型简化

第一步：针对不同的行驶循环工况和方向盘角度，建立详细的车辆动力学模型，其总的仿真时间为 134s。该模型包括详细的转向系统、制动系统、悬架系统、轮胎及 15 自由度的车辆模型等，可以用于纵向及侧向车辆动力学仿真分析。

第二步：训练一个三层动态神经网络来仿真车辆加速和悬架压缩。即考察四个输出量：纵向加速度、侧向加速度、翻滚角度及前后悬架压缩位移。

第三步：用训练好的子模型替换之前的详细车辆动力学模型，并对比仿真结果。可见，训练后模型的车辆纵向加速度可以很好地与详细的车辆动力学模型吻合。但是仿真时间缩减为 50ms，加速了将近 2500 倍。

空调系统模型简化

本案例介绍神经网络用于空调系统模型的简化过程,可加速分析客舱舒适性和能量。为此,空调回路将被一个神经网络所取代,这个网络将接收冷却空气的特性以及压缩机的功率。客舱及其温度控制将保持不变,并将连接到空调回路(图 6-73)。

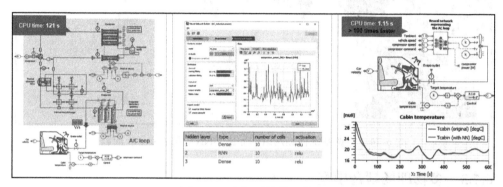

图 6-73　空调系统模型简化

第一步:在压缩机轴上增加一个功率传感器进行能量分析,其总仿真时间为 121s。边界条件如下:

- 不同车速下的循环工况:NEDC、FTP75、US06、EPA-HWFET 和 SC03。车速主要是改变冷凝器内的空气速度。NEDC 循环作为基准参考,其他循环设置为批运行。
- 引入档位表文件来计算压缩机转速。
- 环境温度在 25～35℃之间时,每 30 秒随机采样一次,以改变冷凝器和蒸发器内的热量交换。随机生成的种子对于每个循环都是不同的,因此它们都有一个不同的随机序列。

第二步:训练一个三层的动态网络来仿真空调循环。

- 输入:车速、压缩机转速、环境温度及压缩机控制指令。
- 输出:蒸发器输出的空气温度、蒸发器输出的空气湿度及压缩机轴机械功率。

第三步:用训练好的等效神经网络子模型替换空调系统,并连接驾驶舱。可见,两个模型的驾驶舱温度曲线基本吻合。但是神经网络模型的仿真时间为 1.15s,这比详细模型的仿真速度快了至少 100 倍。

第四步:通过对真实车辆的物理测试,可得到多变量时间序列形式下的物理量。这些时间序列可用于训练一个递归神经网络（RNN），该网络通过兼容的工具或库可导出为 ONNX 文件。通过神经网络导入工具可将这个 ONNX 文件导入 Simcenter Amesim，以创建一个数据驱动的动态模型（图 6-74）。

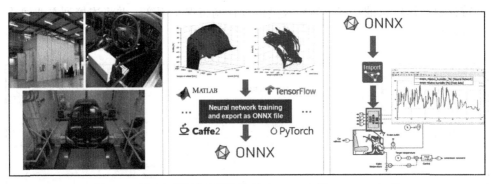

图 6-74　空调系统神经网络的导出 ONNX 及 Amesim 加载

6.7.3　多物理场耦合模型

多物理场耦合（multi-physics coupling）问题是指两个或两个以上的物理场通过相互作用而彼此影响的物理现象。正如现实世界不存在单一的物理问题一样，工程上所遇到的问题往往也是多物理场耦合问题。常见的耦合问题有流－固耦合、热－固耦合、气－固－液耦合、结构－电磁－热耦合、结构－声耦合等。

多物理场耦合方法

研究多物理场耦合的基础是建立多物理场耦合的数学模型，这就需要充分了解各物理场的理论及其分析方法，分析造成各物理场之间不同影响的物理本质，并通过数学和物理方法将这种本质体现在数学模型中。

各物理场之间的响应关系如图 6-75 所示，方框内部表示一个物理场，有向线段表示物理场之间的相互作用关系，线段上的文字表示作用的物理量。

针对具体工程问题，需要对各物理场的耦合关系和数据传递方式进行具体分析，有些耦合因素可以忽略，有些耦合因素可以只采用单项传递。

多物理场耦合问题的数学模型

具有耦合关系的各物理场之间存在耦合信息的传递，即相互耦合的物理场之间存在场变量的相互作用。一般意义下多物理场耦合的数学模型可表示为：

场 A 的数学描述为 $f_A(x_A, x_{A \to B}, x_{B \to A}) = 0$（定义域为 Ω_A）

场 B 的数学描述为 $f_B(y_B, y_{B \to A}, y_{A \to B}) = 0$（定义域为 Ω_B）

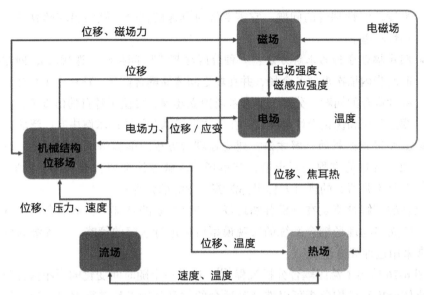

图 6-75 各物理场之间的响应关系

场 A 对场 B 的作用为 $C_{A \to B}(x_{A \to B}, y_{A \to B})=0$（定义域为 $\Omega_{A \to B}$）

场 B 对场 A 的作用为 $C_{B \to A}(x_{B \to A}, y_{B \to A})=0$（定义域为 $\Omega_{B \to A}$）

联立上述方程即得到多物理场耦合问题的耦合方程组，其中 f_A、f_B 为微分算子，x_A、y_B 为场 A、B 的独立变量，$x_{A \to B}$、$x_{B \to A}$ 分别为场 A 中影响场 B 的变量和受场 B 影响的变量，$y_{B \to A}$、$y_{A \to B}$ 分别为场 B 中影响场 A 的变量和受场 A 影响的变量，$C_{A \to B}$、$C_{B \to A}$ 分别为微分算子或代数算子，Ω_A、Ω_B、$\Omega_{A \to B}$、$\Omega_{B \to A}$ 为各自的定义域。这便是一般意义下多物理场耦合问题的数学模型，针对具体的实际问题，需要确定耦合模型中的各种变量以及耦合的作用方式和形式，从而给出具体的多物理场耦合问题数学模型。

多物理场问题的求解策略和方法

多物理场耦合问题有两种主要的求解策略[65]：分析的求解策略和综合的求解策略。

分析的求解策略是指各物理场分别建立数学模型，各场模型分析之间通过边界条件或其他耦合关系联系起来，然后给出求解策略。在工程实践中，可以基于各种物理场的分析工具灵活使用这种处理多物理场耦合问题的方法。其主要方法有：直接耦合、顺序耦合以及数学解耦方法。

- 直接耦合分析的求解方法：一种集成的解法[66, 67]（直接法、全耦合法），即在一个时间步内同时求解各物理场的方程。在理论上，集成求解法适用于高度非线性耦合的问题。它需要针对具体的耦合问题给出求解算法，故通用性较差。
- 顺序耦合分析的求解方法：一种分区法[68, 69]（间接法、迭代法），即在一个时间步内依次求解各个场，并在场之间传递耦合信息。适用于不存在高度非线性耦合的问题。分区法具有各场独立建模、可使用各自的仿真工具、利于模型重用和优化设计等优点，在多物理场耦合问题的求解中有广泛的应用。
- 数学解耦分析的求解方法：建立在耦合方程组能够解耦的基础上，对具有独立变量的方程进行求解，与单场的求解方法类似。难点在于数学解耦，并且不是所有的耦合方程组都能够进行解耦分析[70]。

综合的求解策略是在分析各物理场及耦合关系的基础上，对耦合场进行适当简化，建立多物理场耦合系统的宏观模型后再进行求解的策略。系统级的分析研究通常采用这种策略。

图 6-76 给出了流固耦合分析流程[71]，这是一个随时间变化的顺序耦合分析流程。流体分析和结构分析可以选择其适合的仿真分析工具进行求解，耦合信息通过耦合面的平衡条件传递。在每个时间步内，通过流体分析获得耦合面的压力分布，通过差值算法将流体网格上的压力信息传递到结构分析网格之上；通过结构分析工具计算该时间步内的结构位移状态，再通过差值算法将结构的位移信息传回流体网格，使流体仿真的区域发生改变；随后流体仿真推进到下一个时间步的计算，获得新的耦合面压力分布。如此循环，直至仿真结束的时刻。

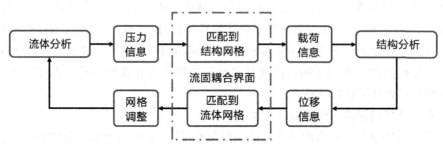

图 6-76　流固耦合问题的分析流程

多物理场耦合的未来发展趋势

多物理场耦合分析跨越了多个物理学科和领域，其重要性不言而喻。随着研究领域的不断细化和深入，以及计算机计算能力的不断提高，未来多物理场耦合的发展趋势可以归结为以下几点：
- 用一个产品模型解决不一样的多物理特性。对于产品建模，最重要的就是如何将产品模型放入多学科多物理环境中进行模拟。用长远的眼光来看，用一个求解器解决全部的物理特性模拟固然好，但是以目前的技术条件来看，实现难度很大，因为每一个物理特性都有自己独特的方程式和解决方法。所以，更实际的做法是，考虑如何将不同物理特性的模型连接起来，让不同的求解器实现最高效的求解。

- 多尺度耦合分析。现代科学问题通常是一个完整的系统工程，研究的尺度范围常常涉及从米到微米甚至纳米级别。例如，对于飞机机翼的研究，机翼结构强度分析属于米量级的分析，而构成机翼的复合材料分子动力学模型则延伸到纳米量级。
- 更加贴近实际的高复杂度耦合仿真。目前，产品仿真距离真实情况还有很大差距，很多物理现象不能实现十分精确的模拟，如燃烧、相变、断裂、散裂、尺度悬殊和随机行为。

6.7.4 设计空间探索

设计空间探索的必要性

工业产品都是基于各种物理、化学等自然科学理论构建而成的，一旦原理性设计完成后，产品的内在作用原理及运行机制就已确定。工程师在完成原理性设计之后，更重要的工作便是探究产品的内在规律，以便通过更快的设计过程实现更优的设计结果，这就是设计空间探索。

现代复杂工业产品设计是一个包含众多专业学科的复杂过程，每个学科都拥有各自的软件工具，基于本学科的专业理论，采用解析或者数值方法完成相应的设计仿真工作。同时还需要各专业彼此配合、密切协同，以共同实现产品系统级的设计。各专业的设计仿真工作本身就极具复杂性，主要表现为可解析性差和高度非线性，而专业间的协同耦合又进一步加深了这种非线性及非可解析性。现有的科技发展水平，尤其是数学方面的技术能力，尚难以实现对复杂工业产品设计模型的解析表达，因此在工程实践中通常都作为"黑盒"问题来处理，如图6-77所示。

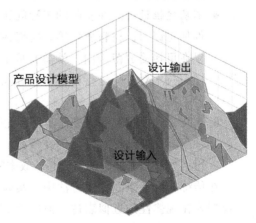

图6-77 产品设计"黑盒"模型

产品设计"黑盒"模型有两个主要特征：
- 产品设计内在规律复杂，难以采用解析模型进行表述；
- 设计输入与设计输出间具有确定性的对应关系。

这就决定了产品设计主要是通过数值方法来进行设计空间探索，以研究产品设计模型的内在规律性。设计空间探索的主要内容及目的包括：
- what-if 分析：根据一组设计输入得到相应的设计输出；
- 连续特性研究：研究在给定的连续设计空间区域内产品设计模型的数学形态及内在规律性，并进行不确定性设计及最优化设计等多种设计应用；
- 规律泛化：通过局部了解总体，将在给定设计空间内得到的规律加以外延，从而探索更为广阔的未知空间。

设计空间探索方法

在工程实践中，传统的设计空间探索方法主要包括实验设计、不确定性设计、优化设计等。其中实验设计重点应用于对产品设计模型内在规律性的揭示，不确定性设计和优化设计则更多偏重于规律应用。

- 实验设计。实验设计是一种典型的基于数值方法的设计空间探索工具，不依赖于任何先验性规律，通过对设计空间中采样点的计算，采用回归分析、多项式拟合等数理统计方法，得到以解析形式描述的产品设计模型内在规律性的近似表达。实验设计旨在对产品设计模型的内在规律性进行揭示与描述，其精度与采样点的数量和质量直接相关：样本越多，规律性揭示得越真实；采样点分布得越均匀，规律性揭示得越全面。全因子正交实验设计方法是保证对产品设计模型内在规律性实现高精度揭示的常用方法。
- 不确定性设计。在实际的工程问题中，设计输入普遍具有不确定性，如零件加工误差、材料属性等。要想在输入具有不确定性的情况下保证设计结果在可接受的范围内，就需要基于产品设计模型的内在规律性，采用随机模拟技术对产品进行稳健性设计及可靠性设计，以实现更为真实的产品设计结果。
- 优化设计。以最快的过程实现最优的设计结果是产品设计永恒的追求目标。根据具体产品设计模型内在规律的数学特质，有针对性地确定最优的优化设计方法，才能保证以更高的效率实现更优的产品设计结果。

在传统的设计空间探索方法中，实验设计的目的是以解析形式实现对产品设计模型内在规律性的近似表达，但由于实际工程问题具有很强的复杂性，这种近似表达往往会带来巨大的误差，且误差随产品复杂度递增。在产品复杂度不断提高的同时，对产品设计质量的要求也越来越高，采用传统的实验设计方法对产品设计模型内在规律性的揭示已远远不能满足精度要求，因此，基于机器学习的设计空间探索方法应运而生。

通过机器学习技术，可以从大量数据中挖掘隐含的内在规律，但对规律性的表达采用了"黑盒"模型，目前以多层神经网络技术为代表。机器学习技术可被看作实验设计方法的升级，二者既有共性也有区别。共性在于：
- 都是为了揭示产品设计模型的内在规律性；
- 精度与数据样本的数量和质量直接相关。

二者的区别在于：
- 机器学习技术对产品设计模型内在规律性的表达具有更高的精度；
- 机器学习技术的泛化能力更强，其对产品设计模型内在规律性的表达不仅仅在训练样本空间中表现良好，同时在未知的设计空间也具有很好的适应性。
- 机器学习技术对样本空间的要求远远高于实验设计方法。样本数据可以来自产品设计过程中的仿真分析，也可以来自产品运行过程中的实际反馈。在产品的仿真分析过程中包含了大量的假设和简化，而产品的实际运行数据是对产品性能最真实、最完整的反映，因此产品运行数据的质量要远高于仿真数据。同时 IoT+5G 技术的发展，为海量产品运行数据的采集、存储及分析提供了坚实的技术基础。在数据密集型科学发现的新范式的理论指导下，依托 IoT+5G 技术的机器学习技术必将在设计空间探索领域大放异彩。

设计空间探索在火星车转向架设计中的应用

火星车的行走机构采用了 6 轮摇臂 – 转向架式的悬架系统，如图 6-78 所示。

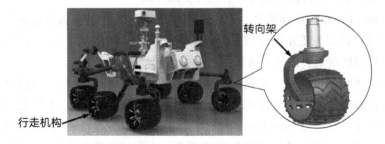

图 6-78　火星车行走机构

当火星车行驶在崎岖不平的火星表面时，由于高度差的原因，车轮下落过程中与火星表面接触时的震动会产生落震冲击载荷，除了一部分被车轮的弹性结构吸收外，剩余的部分则全部作用于转向架。为了保证转向架具有足够的强度以承受落震冲击载荷，需要将其结构尺寸设计得尽量大，但尺寸过大又会影响转向架的运动空间，同时增大重量。因此需要在保证转向架运动空间的前提下，实现结构强度及重量的折中设计，这是一个典型的多目标优化问题，如图 6-79 所示。

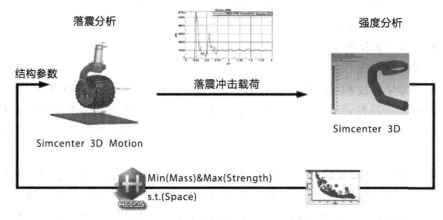

图 6-79 转向架强度与重量优化设计

通过对转向架的设计空间探索，可以深入分析和探究其强度及重量与结构参数间内在的关联关系：

- 通过实验设计找到对转向架强度及重量具有重要影响的关键结构参数，在制造过程中重点保证关键尺寸的加工精度，以提高行走机构的工作性能及可靠性；
- 通过设计优化实现强度与重量性能的最优化。

工程设计中的多目标优化通常有三种实现方法：

- Pareto Front 多目标优化。Pareto Front 是一种常用的多目标优化实现方法，通过对强度与重量同时进行寻优搜索，得到一组最优解集，需要根据第三方判据确定最终的优化结果。
- 加权优化。根据转向架强度与重量性能在行走机构整体工作性能中各自的重要程度，分别为其确定权重，通过加权求和转化为单目标优化问题。
- 带约束优化。通过对工程问题的具体分析可以发现，转向架的重量越轻越好，即重量性能具有最优化设计要求；而强度性能只需满足一定的指标门限即可，而非追求最优。因此，该问题可转化为带约束的优化问题，其中重量性能是优化目标，同时将强度性能作为约束条件。

第 7 章 基于数字线程的系统全生命周期管理

> 能正确地提出问题就是迈出了创新的第一步。
>
> ——李政道

> 管理是一个过程，通过它，大量互无关系的资源得以结合成一个实现预定目标的总体。
>
> ——弗里蒙特·卡斯特

本章导读

数字线程作为一个综合通信框架，在横向上实现需求、创意、设计、制造、试验测试、运维、报废的跨业务领域全过程和应用系统的虚、实数据整合，在纵向上实现架构、机械、电子、电气、软件、网络、通信、安全等相关专业领域的虚、实数据整合，形成完整的复杂装备系统数字孪生数据全集视图。通过横向、纵向和跨越虚实数据的有效融合，形成复杂装备系统的全局唯一真相源、数据综合视图和整个价值链的数字织锦，跨越传统的竖井功能视角来管理和追溯整个复杂装备系统的生命周期过程。这一框架可以充分利用最新的 AI 等技术实现自动化流程、跨域的协同创新、数据驱动的决策，在高仿真物理模型和实物资产运行数据之间建立数字孪生的有效闭环迭代，从而释放大型装备制造企业的潜能。结合科技部研发设计资源集成共享平台项目，基于数字线程理念实现研发设计资源空间构建与集成共享模式，突破研发设计资源主体与客体模型的协同应用技术、集团企业多级并行研发设计流程建模技术、任务驱动的研发设计流程与资源融合技术,深度分析资源可共享的基本环境、组成要素及其相互关系,构建基于平台的研发设计资源共享模型。

7.1 数字线程释放价值链潜能

航空航天、轨道交通、海洋工程、兵器装备等大型装备日益发展成为跨学科的复杂智能系统。在过去的十年中,传统产品中嵌入式软件的使用量呈指数增长,并由价格更低、功能更强大的处理器以及几乎无处不在的网络连接所驱动。同时,智能化系统研发中80%的产品创新和差异化也来自电气、电子和软件。面对装备系统日益增加的复杂性,在系统全生命周期早期阶段的系统层级与专业领域的协同、价值链上企业之间的协同越发重要。

随着云、大数据、AI、边缘计算和物联网等各类IT新技术的出现和不断应用,先进的数字手段为优化设计流程、缩短研制周期、生产能更好地满足市场需求的产品及服务提供了新的途径。系统研发中需要融合所涉及的所有系统、流程、虚拟数据和实物数据,并有效地管理系统生命周期中每个环节的反馈回路,通过在复杂的"数据团"中编织"数字线程"来逐步消除制造企业内外部的数据孤岛,建立整个价值链上企业的数字链。

为了建立基于复杂系统的敏捷战斗支持结构,在2013年6月美国发布的分析报告《全球科技愿景报告》中,首次提出了数字线程(digital thread)和数字孪生(digital twins)的概念。"数字线程"是一个通信框架,允许在整个生命周期中连接数据流和实物资产数据,建立系统整合数据视图(所有数字链接的数据的总和),以形成对复杂系统所有增值决策的单一连续定义[72]。跨越传统的孤立功能视角来管理和追溯整个系统价值链的这种"可追溯性",对于智能系统研发至关重要。数字线程的目标是表示产品整个系统生命周期数据(包括虚拟定义和实物定义)的数字化和可跟踪性,它们将产品孪生、制造孪生、绩效孪生等所有数字孪生功能连接起来,提供双向可追溯的数据链,以改善跨域(水平/宽度或垂直/深度)的上下文和影响分析,从而通过跨域整合释放整个价值链的潜能。例如,机车车辆发生事故时,利用数字线程通过跟踪车辆的整个生命周期,将能够识别问题。通过访问基于模型的系统和工程能力,可以研究机车车辆的原始概念,快速找到问题的根本原因,在解决问题的同时,优化迭代数字模型,持续优化装备设计/制造的质量。

当前,国内外的大型装备制造企业都在研究数字线程,在洛克希德·马丁的航天部门和臭鼬工厂(LM的预研部门),基于数字线程的主要概念和框架思路构成了当前和未来数字化转型的重点内容。洛克希德·马丁公司已经将其发展为一个

"数字织锦(digital tapestry)(图 7-1),超越了原来的数字线程。它将整个系统生命周期和所有学科中的物理域和数字域联系起来,形成了以数据驱动的自动化研发过程和协同创新的能力和创新点。

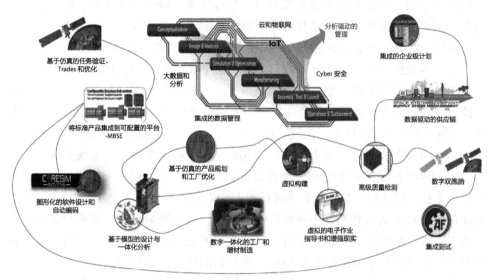

图 7-1　数字织锦 [73]

数字线程不是一个具体的产品或软件,而是一个可操作的概念或者思想,各个领域都可以采用这种概念和框架,从不同角度实现不同程度的数字线程。在研发领域,对于智力资产的全生命周期管理是通过 PLM 来收集、存储和保持最新的产品信息。在航空航天、轨道交通、海洋工程、兵器装备等大型装备、复杂智能系统的发展过程中,由于机器学习、人工智能等新技术的应用,传统的 PLM 已经不能满足新形势下数字线程管理的要求,需要进行范式转换,演变为"系统数据主干"——SysLM(System Lifecycle Management,系统生命周期管理)。需要考虑影响产品开发的所有系统要素,对系统各领域中涉及的局部变量、全局变量以及有效性进行动态追溯和可视化管理,促进它们的相互作用和共同演化。提高数据的连续性和完整性可以建立更好的决策数据环境,通过考虑系统的可能演变(未来情况)来评估其决策的影响。

SysLM 是数字线程研发中最新的、集成的信息驱动概念或者核心系统,通过连接不同应用系统,实现各个层面数据的关联、管理和追溯,并反映在整个供应链的所有系统中。它能在整个生命周期内提供单一真实的数据源,帮助工程师有效地管理从最初的需求分析/定义到报废活动的产品系统生命周期中的复杂性。本书重点关注的是 SysLM 在 MBSE 研发过程中的作用和内容。

在技术管理范畴，SysLM 是对 PLM 的进一步发展，不仅仅侧重结构数字样机的生命周期管理，同时在深度上整合了机械、电子、电气、软件、网络通信、验证确认等不同专业领域的生命周期数据、依存关系、流程以及人员，在广度上向前扩展到需求、架构，向后延伸到测试试验、制造、维护保障、虚拟数字孪生等业务领域，实现了复杂装备系统的虚拟样机和实物样机的一致性管理。

在技术数据范畴，SysLM 不仅仅是对传统 PLM 涉及的 XBOM、文档、模型、元数据、属性等的管理，更是对各领域数据进行结构化、语义化、模型化等更细化的、可持续的管理，以利于全局的正反追溯、数据驱动、自动化流程以及 AI 和 ML 等新技术的引入和应用，让数据自由流动，为工业创新提供"水源"。

SysLM 通过对需求、参数、系统架构的集成来推动复杂装备系统的开发，也就是将 MBSE 形成的系统架构扩展到制造企业内部的专业领域和供应链中，从而形成一个基于模型的、复杂装备系统扩展/集成的协同设计链。在此基础上，可深入评估将新技术集成到系统中的可行性和成本，基于跨域整合、高阶物理建模和仿真工具大大缩短开发周期。同时，早期关于系统之系统概念的研究将为可互操作的环境提供优化、分解的系统架构，更早期的数字设计和制造将在制造之前实现敏捷开发。通过基于 SysLM 的"数字线程"（使用数字工具进行设计、评估和生命周期管理的整体表示），实现从需求开始即保持系统层面、专业领域层面、验证确认领域、质量工程领域以及多领域的融合集成，使关注需求、功能和架构的总体设计人员与关注物理实现的专业工程人员之间实现基于模型的快速迭代，在提升两个领域之间的协同过程和效率的同时，真正将产品创意快速转换为产品实现，这是在研发上通过基于模型的系统工程思想进行专业领域之间协同创新的一种很好的支撑手段。

复杂装备系统的研发迫切需要不同工程领域的参与及跨领域的协作，以开发更好的"面向系统"的解决方案，并在产品开发过程的早期进行大量的"虚拟"实验，以深入了解关键产品属性和性能参数。以 SysLM 作为主线，进行建模数据、仿真数据和协作数据的端到端结合，实现高价值的信息连续性，很好地融合创新手段和创新过程，这将大大释放创新潜能，同时为提升业务领域之间的数字协作方式、促进创新提供更大的想象空间。

7.2 研发设计资源及模型定义

模型是对利益攸关者有意义且相关的事物的抽象，系统模型用于表示不同类型的系统和系统的不同方面，复杂系统的整个生命周期要使用各种模型来进行表达。在航空航天、轨道交通、海洋工程、兵器装备等复杂装备系统的研制过程中，积累了大量的软件、结构、信息等研发设计资源，该资源构成了复杂装备系统模型的核心组成部分。通过统一模型定义、基于统一平台管理，可有效提升模型的共享和重用率，在复杂装备系统研制全过程中发挥核心价值。通过建立面向集团企业的研发设计资源集成管理和共享平台，实现研发设计资源系统建模、集成共享、有效利用，对于建立覆盖集团企业内及合作伙伴间的协同创新研发设计环境具有重要意义。依据课题研究计划，我们结合复杂装备系统模型定义，完成了研发设计资源模型的定义和建模。

7.2.1 研发设计资源建模及共享面临的困境

构建统一研发设计资源模型对分散异构的研发设计资源统一建模、统一管理，是实现在产品协同创新中有效使用研发设计资源的基础；实现研发设计资源在集团企业内部及合作伙伴间的有效共享，是实现设计资源有效利用的前提；实现研发设计资源与研发流程的深度融合，是实现集团企业产品协同创新的关键。以资源空间模型构建和共享模式为理论基础，以资源集成管理和共享融合为技术突破，以设计资源集成共享平台研发为重点，以工程示范应用和推广为落脚点，是促进研发设计资源在复杂产品创新中发挥核心价值的重要途径。

集团企业研发设计资源的统一组织和管理

我国航空航天、轨道交通、海洋工程、兵器装备等集团企业经过多年的发展，积累了大量的硬件资源（如高性能计算、试验测试设备）、软件资源（如设计分析软件、专业计算软件）、信息资源（如设计文档、产品模型、知识库）等研发设计资源，已成为产品研发设计与创新的重要基础和宝贵财富。这些研发设计资源存在地理上分散（分散在集团下属各单位）、形式上异构（既有结构化的数据库，又有非结构化的文档模型等）、存储上分布（存储在 PLM、知识管理、专利文献等系统）等特点。目前，集团企业中的研发设计资源仍处在由不同系统分类管理的阶段：设计文档和产品模型在 PLM 中管理，研发设计信息和知识由知识库、参数库、专利文献库等系统管理，专业设计工具、研发设计所需的硬件资源在资源管理系统中管理。尚未建立统一的研发设计资源模型，缺乏对研发设计资源的集成化管理。"如何构建统一的研发设计资源组织体系，对分散异构的研发设计资源统一集成管理"，是实现在产品协同创新中有效使用研发设计资源的基础。

围绕研发设计资源组织和管理的问题，需重点攻克基于大数据的研发设计资源统一建模、多维可扩展的研发设计资源全景空间构建、分布式异构研发设计资源聚集接入、基于语义与机器学习的分布式索引构建、面向研发设计任务的资源服务化封装等关键技术，形成集团企业研发设计资源的统一组织体系和管理机制。

研发设计资源在集团内部及合作伙伴间的有效共享

通过共享和重用集团企业在多年的产品研发中积累的硬件、软件、信息等研发设计资源，能够大幅缩短新产品研制周期、提升研制效率，在节约企业成本的同时获得增值效益。目前，我国集团企业通过专业设计工具封装及设计知识重用等手段开展了部分研发设计资源的共享和重用。但是，一方面由于尚未形成适合企业研发实际情况的资源共享模式，未能解决资源共享中核心商业机密和知识产权保护的问题，极大限制了集团企业研发设计资源的共享范围和共享程度；另一方面目前仅能通过单独的业务系统（PLM 系统、知识管理系统等）实现部分信息资源的共享和重用，缺乏统一的研发设计资源管理软件平台，支撑各类研发设计资源在集团内部及合作伙伴间的共享，研发设计资源在产品研发中的核心作用没有得到有效的发挥。因此，在研发设计资源得到有效组织和管理以后，"如何实现研发设计资源在集团企业内部及合作伙伴间进行有效共享"是需要解决的另一个关键问题。

针对该问题，需要重点攻克任务驱动的核心资源有效共享授权方法、基于窗口期的研发设计资源共享与回收方法、面向任务优先级的资源冲突消解和优化调度、基于用户行为的资源共享评价反馈、基于共享链路和数字痕迹的研发设计资源追溯等关键技术，形成基于共享度的集团企业研发设计资源共享模式。

支持产品协同创新的研发设计资源与研发流程深度融合

在对集团企业的硬件、软件、信息等各类研发设计资源统一建模和集成管理的基础上，实现与企业产品研发设计流程的深度融合，是发挥研发设计资源最大价值的关键。目前，集团企业在信息资源应用中主要以信息检索和知识服务等方式为主，随着企业各类资源存量的快速增长和研发创新任务量的增加，以信息检索为主要手段的"拉"式应用方法耗时耗力，增加了设计人员的工作量，急需以研发设计流程为主线，以研发任务与活动为核心，实现与研发设计资源的无缝集成与融合。另一方面，随着产品创新程度的提高、进度和成本约束的增强，以及云计算、大数据、人工智能技术的发展，集团企业已经开始将模型驱动的系统工程（MBSE）、并行工程、智能制造等技术（模式）引入大型复杂产品研发中，逐步开始形成平台化、模块化、并行化、柔性化的大型复杂产品研发流程体系。通过建立资源与研发流程深度融合的机制，形成支持该机制的集团企业研发设计资源管理软件平台和协同研制环境，对于实现集团企业研发设计资源集成管理与有效共享具有重要意义。因此，建立"实现研发设计资源与研发流程的深度融合"机制是实现多单位产品协同创新的关键，也是研发设计资源发挥其价值的核心。

针对该问题，需要重点攻克集团企业多级并行研发设计流程建模、面向任务的并行化和柔性化流程重组、任务驱动的研发设计资源智能匹配、研发设计流程与资源智能关联、高弹性可扩展开放式平台体系架构等关键技术，实现研发设计资源与研发流程的深度融合。

7.2.2 研发设计资源集成与共享平台的建设

针对研发设计资源的统一组织和管理、有效共享和利用、流程融合和驱动等方面的核心问题，考虑到研发设计资源分布式、大数据、高并发的特点，研究基于云架构的高弹性可扩展开放式平台框架，并开发集团企业研发设计资源集成管理与共享平台。结合航天航空、轨道交通、海洋工程等集团企业需求展开平台的全面应用，促进集团企业研发设计资源集成管理与共享效率的提升。

平台研究将基于微服务和容器技术，构建高弹性、可扩展开放式平台框架，突破自动化 DevOps 实践、基于内存计算的模型处理技术、基于云服务总线（CSB）的服务集成技术、基于发布 / 订阅的海量消息处理技术等各项关键技术并形成一套集成开发规范；在现有平台基础上开发基于微服务的基础模块（中间件、权限、安全、开发工具、集成接口等）、资源集成管理与共享服务模块；集成资源共享引擎、流程建模工具和研发设计流程与资源适配器，构建集团企业研发设计资源集成管理与共享平台。

平台基于云计算基础架构的网络应用托管引擎，向应用开发者提供可以实现弹性扩展的运行环境，应用托管引擎能够根据应用访问量和数据增长进行扩展，提供应用的高弹性可扩展的动态扩容及多种相关服务。平台的总体架构如图 7-2 所示。

平台面向上层业务提供安全管理框架、大数据框架、微服务框架、集成框架，为业务过程集成与重构、数据整合与利用、企业信息安全提供支持，实现对各类资源的统一管理。

平台通过一系列内核服务为智能制造业务应用提供基础服务支撑，通过服务注册发现、负载均衡、服务熔断管理、反向代理、API 网关、应用监控管理等提供基础运行服务，通过安全审计管理、统一账号、即时消息、消息队列、分布式云存储、混合云数据库等提供配套的共性、通用技术服务。

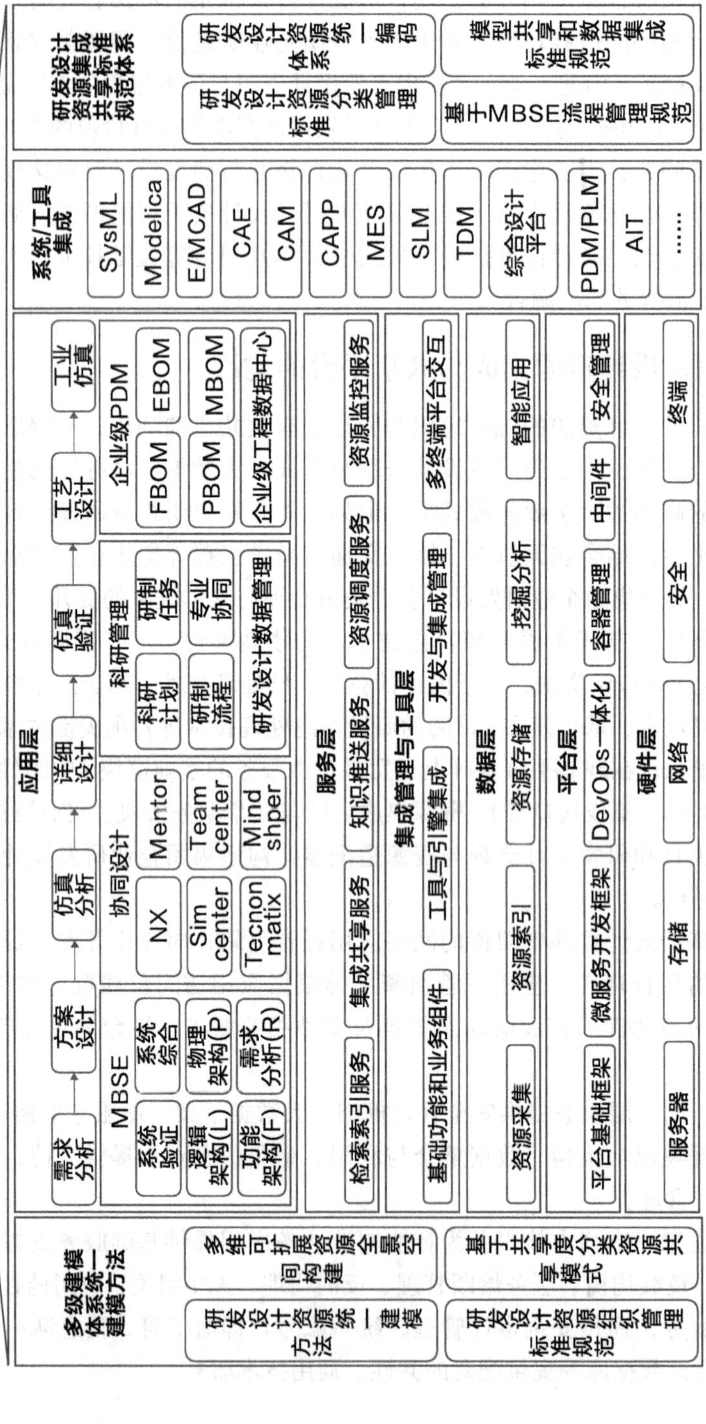
集团企业
研发设计资源集成与共享平台研发与应用
多级建模体系统一建模方法
研发设计资源统一建模方法
多维可扩展资源全景空间构建
研发设计资源组织管理标准规范
基于共享度分类资源共享模式
应用层
需求分析
方案设计
仿真分析
详细设计
仿真验证
工艺设计
工业仿真
MBSE
系统验证
系统综合
逻辑架构(L)
物理架构(P)
功能架构(F)
需求分析(R)
协同设计
NX
Mentor
Sim center
Team center
Tecnon matix
Mind shper
科研管理
科研计划
研制任务
研制流程
专业协同
研发设计数据管理
企业级PDM
FBOM
EBOM
PBOM
MBOM
企业级工程数据中心
服务层
检索索引服务
集成共享服务
知识推送服务
资源调度服务
资源监控服务
集成管理与工具层
基础功能和业务组件
工具与引擎集成
开发与集成管理
多终端平台交互
数据层
资源采集
资源索引
资源存储
挖掘分析
智能应用
平台层
平台基础框架
微服务开发框架
DevOps一体化
容器管理
中间件
安全管理
硬件层
服务器
存储
网络
安全
终端
系统/工具集成
SysML
Modelica
E/MCAD
CAE
CAM
CAPP
MES
SLM
TDM
综合设计平台
PDM/PLM
AIT
……
研发设计资源集成共享标准规范体系
研发设计资源分类管理标准
研发设计资源统一编码体系
基于MBSE流程管理规范
模型共享和数据集成标准规范

图 7-2 平台总体架构

模型空间是平台面向上层业务 APP 提供的业务建模、模型实例、模型映射与转换、模型关联、模型可视化以及模型分析。同时，还面向技术与管理领域提供基于 BOM 的模型管理。

平台内置服务提供 3D 浏览器、工程中间件、工程模板等工程工具箱，提供即时通信、音视频会议等多人协同 APP，提供任务、消息、共享、订阅、讨论、收藏等平台级业务共性服务，提供包括文本与 3D 搜索的企业级搜索 APP，提供智能推介服务、大数据应用工具等数据智能应用，提供开发者中心、开发工具、开发者社区等开发者空间。

平台面向工程用户和开发者提供相应的用户视窗、个人工作空间等门户入口应用。平台在提供各类工程与开发 APP 和相应技术组件/服务支持的同时，也面向平台运营管理人员提供运营支撑。平台的运营管理托管平台的容器托管环境能提供云运营管理、基于租户的资源分配、多维度计费策略、服务流程设计、一站式云运维等主要功能。同时，还面向用户提供 APP/API 商店管理功能，允许开发者将自己的应用发布到 APP/API 商店，用户可通过便捷的流程来购买自己喜欢的应用。APP/API 商店负责应用服务与 APP 的审核、营销和收费工作，并定期给开发者结算应用收入。同时应用管理中心还会公开关于用户购买的分析资料，帮助开发者了解用户最近的需求点，为开发者的应用程序定价提供指导。

平台面向产品全生命周期研制过程，以现有和未来的业务系统为基础，围绕产品需求、产品设计、工艺设计、生产制造、交付运维等大型复杂产品全周期的应用需求，基于工业大数据、数据挖掘、人工智能等技术，建立适合工程数据应用特点的智能推介方法及其在协同研制、产品设计、仿真分析、工艺设计、生产制造、企业管理等场景的实际业务应用，并研发相关软件系统和工具集。

7.2.3 复杂装备系统相关模型空间的表达

在基于模型的系统工程模式下，系统及其环境的模型表示对系统的分析、设计和验证工作都很重要。各种系统模型用于表示不同类型的系统和系统的不同方面，例如几何形状、功能和性能等。

复杂装备系统研发设计资源是构成产品设计活动基本的要素，一般指所有能够为产品设计活动提供支撑的资源总和。资源的表达对于如何基于模型实现集成与共享，特别是对于后期的资源可共享度评价很重要。模型包含系统在其生命周期中任何阶段的特定信息，在复杂装备系统研发阶段，设计资源的多维度建模和定义会影响后期的共享复用和协同创新机制的推进。在研发设计资源集成共享项目中，初步实现对分散异构研发设计资源的统一建模，在已有各类模型和数据标准的基础上，采用基于规则和统计分析的机器学习方法，建立起基于语义的本体模型，包括研发设计资源分类、属性及关系等基本概念。通过建立本体库，形成对资源分类、属性及关系等在集团企业全域范围内可统一理解的概念。然后，基于所建立的研发设计资源本体元模型和分类基因，实现资源编码。

研发设计资源模型中的实体数据通过 SysML、XML、UML、JSON 等不同的格式表达，每个实体可以具有不同的维度，每个维度的值类型也不是固定的。基于语义与本体，面向设计资源类型、设计资源本体、资源使用环境条件与数据条件（输入/输出关联、接口通信和文件交互）、位置、使用权限、设计资源能力和实时资源状态等方面进行基于语义和本体的模型构建。

集团企业研发设计资源空间模型是一个设计资源管控模型，包括资源的规范定义、存储或定位、实时状态等，使资源可依据知识和流程组织共享调用的基于语义的资源数据空间模型。资源空间的形成过程是对研发设计资源进行概念抽象的过程，形成资源元模型；然后通过编码、表达，建立空间的结构模型；最后通过结构有序存储，形成资源空间索引。资源模型的描述采用基于语义的本体模型，其中有五个重要的属性类：本体元、属性、规则、知识、与其他资源的关系。

为了提高资源搜索复用的速度以及准确度，需要索引描述实体的每个单词，同时为了减少索引文件的大小，需要尽量少地存储实体数据的值。通过分析资源节点、资源关联、共享主客体关联，建立资源主客体及资源与资源之间的关联映射，形成研发设计资源模型空间。资源模型空间的核心是运用索引对资源库中的模型数据进行检索，实现针对海量资源检索的效率优化，通过采用开源索引器 Lucene 及其增量机制实现高效索引。

7.3 模型生命周期管理的要素

集成的基于模型的系统工程（iMBSE）以模型为核心，包括基于模型的系统工程、物理行为建模与仿真、基于模型的 RAMS 分析、基于模型的机械工程、基于模型的电气工程和基于模型的软件工程等，覆盖产品生命周期中的需求、分析、设计、实现和验证等各个阶段。

iMBSE 的目标是通过模型在整个产品生命周期中为利益攸关者提供产品关键信息，每个模型可以代表产品的不同方面（例如系统架构、几何设计），体现各种分析视角（例如性能或可靠性）。不同类型的模型代表了正在开发的产品的不同方面，这些方面应该共同体现出在给定时间点对产品的最佳理解。iMBSE 专注于确保产品的这些不同方面都能满足利益攸关者的需求。

7.3.1 模型生命周期管理及模型定义

模型生命周期管理（MLM）涉及建模信息随时间的同步，以确保与被建模系统的一致表示。MLM 带来的挑战是多维的，必须考虑由不同用户开发的不同类型的模型，这些模型通常是地理上分布的，并且使用不同的工具创建，不同用户在不同时间不断更新模型，且创建模型的工具也可能随时间而变化。此外，由模型产生的其他信息（如分析结果和模型查询）必须与生成它们的源模型保持同步。除了及时保持所有信息的一致性之外，还必须保留修订历史（包括模型更改的内容和原因），以便完全理解和验证设计信息。最后，模型管理必须考虑产品系列和系统变量的模型，其中将实质性的共性与独特的功能相结合，以满足不同的客户和不同的要求。

典型的模型生命周期管理示例如图 7-3 所示，"复杂系统"由几种不同类型的模型表示，包括系统的架构、CAD 和仿真模型。架构模型通常包括产品结构和行为的高级表示，CAD 模型涵盖系统的机械和几何方面，仿真模型包括仿真和其他工程分析模型以及来自其执行或计算的结果数据。如图所示，模型随着时间的推移通过不同的修订进行演化，相互引用以定义依赖性、可追溯性约束和目标。此外，用于创建模型的特定工具版本也可能在更改，必须将其链接到关联的模型组件。

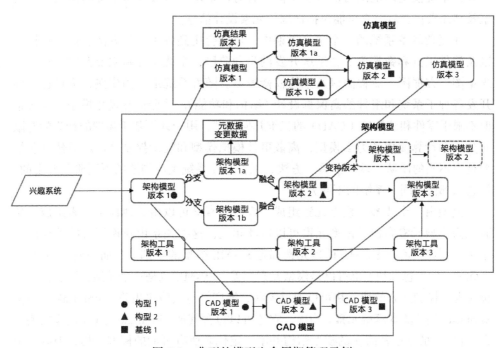

图 7-3 典型的模型生命周期管理示例

模型是对利益攸关者有意义且相关的事物的抽象。在集成的基于模型的系统工程环境中，表示系统及其环境的模型对于必须分析、指定、设计和验证系统以及与其他利益攸关者共享信息的系统工程师尤为重要。

各种系统模型用于表示不同类型的系统和系统的不同方面，例如其几何形状、功能和性能。任何特定模型都在建模语言中描述，该语言具有清晰且定义明确的表示规则，或抽象的语法和语义。在整个系统生命周期中，用于表示系统的所有模型都可以被认为是在 MLM 范围内的。MLM 的范围包括具有明确定义的语法和语义的正式模型（如分析和仿真模型），涵盖产品的系统、机械、电气或软件方面，或产品的不同阶段（如需求、设计、分析、测试、制造或维护阶段，或电气设计中的电气原理图、软件架构模型（如 UML、AADL 模型）、基于 SysML 和 AADL 的架构模型、控制模型、数据模型、系统模型以及 CAD/CAE 模型等）。

系统模型包含系统在其生命周期中任何给定阶段的信息。它包括系统架构模型和系统架构模型与各种特定专业领域模型之间基于模型的连接，例如基本可追溯性的参考连接、用于交换参数值的数据映射连接、用于在系统模型元素中包装可执行代码的函数换行连接，以及用于双向生成和同步模型结构的模型转换连接。此外，系统模型的范围可能有所不同。有时，系统模型被视为系统的抽象规范模型及其元素；有时，它可能包括详细的元素设计信息。

在复杂装备系统的整个生命周期中，可能会用到各种工程方法、计算机模型以及软件工具和数据库。在系统开发的早期阶段，系统工程师主要开发需求、概念草图、方框图、流程图以及架构权衡模型。随着系统定义的成熟，重点转移到开发各种子系统和组件的高保真设计（结构和功能），并分析和优化模型。这包括但不限于零件和装配体（CAD）的三维几何模型，用于计算基于物理的行为的有限元分析和计算流体动力学模型，离散事件模拟模型和复杂控制算法。虽然这些模型是由不同的团队、软件工具、方法、工作流在系统生命周期的不同阶段开发的，但它们都代表同一系统的不同方面。

模型由一个或多个模型元素组成，模型元素又可以由其他模型元素组成，从而成为模型元素容器。模型元素可以彼此相关，这些关系由建模语言的抽象语法指定。例如，所有 SysML 模型元素都是 SysML 模型的一部分，而一些 SysML 模型元素（例如包和块）也可以是模型元素容器。SysML 包是一个模型元素容器，它包含也是模型元素的块，块可以通过关联、推广等与其他块相关。Simulink 模型由 Simulink 块（基本模型元素）构成，它还可以包含其他 Simulink 块（并用作模型元素容器）。虽然这种简化的模型结构并不一定代表所有可能的模型结构，但有助于理解问题并明确 MLM 要求。

以行为建模为例。行为建模是创建抽象描述的过程，其描述了所提出的系统将如何与系统的其他部分交互，从而提供可视化系统设计的标准方式。它描述了类、对象、关联、职责、活动、接口、用例、包、序列等。开源的 Capella/ 西门子的 SMW 支持这种类型的建模。常见的建模语言是 SysML（系统建模语言）和 UML（统一建模语言）。

7.3.2 模型生命周期管理要素

模型元素可以相互引用。引用是两个模型元素之间的链接，允许用户在它们之间导航。引用分为内部引用和外部引用。内部引用是属于同一模型的两个模型元素之间的引用，外部引用是属于不同模型的两个模型元素之间的引用。在模型生命周期中，模型、模型元素和引用随着时间的推移而被创建、读取、更新和删除。模型、任何模型元素及其引用可以是模型配置项的一部分。

模型配置项（Model Configuration Item，MCI）是模型的逻辑部分，以受控方式加以维护，即具有可跟踪的修订历史。模型配置项满足最终使用功能，并由产品开发人员和客户指定用于独立配置管理。模型配置项可以用不同的粒度定义，从单个细粒度模型元素、一组模型元素到整个模型。整个模型的 MCI 的增量更新通常称为模型基线。

要管理模型配置项以维护模型的完整性。MCI 的粒度以及 MCI 的组织是 MLM 的重要决策。组织通常受创建模型的团队组织的影响。良好的模型组织可以最大限度地减少资源冲突，并且需要复杂的合并。

以下的配置管理术语也适用于模型生命周期管理：

- 版本。版本是与给定时间点模型配置项的生存期相关联的状态。版本可以通过逻辑时间索引（最常见的用途）或其他唯一标识符来管理，这些标识符可以明显区分两个版本。
- 变量模型。变量模型表示正在建模的系统变量的模型。与表示状态更改的版本相反，变量通常用于反映给定上下文的模型配置项的更改。变量反映了模型配置项的参数变化，例如具有自动或手动变速器的汽车或用于北美或欧洲的智能手机。
- 配置。配置是一组模型配置项及其关联的版本和变量。在特定的配置中，每个模型配置项都有唯一的版本和变量。值得一提的是，配置并不能保证模型的一致性——配置是一种机制，允许用户捕获一组模型配置项及其各自的版本和变量，但不保证该集合在语义上是一致的（即配置可以包括不一致的模型，例如更新后未同步的模型）。

- 基线。基线是不可变的配置。基线唯一地定义了"模型配置项"的"未更改的时间"集及其关联的版本和变量。模型基线通常用于在模型开发生命周期的关键点冻结模型配置项。
- 建模工具。这是一个用于生成模型的软件应用程序,是系统开发环境的一部分,允许用户使用其模型语言创建、更新、读取和删除模型,并强制执行模型抽象语法和语义。
- 模型存储库。这是模型及其模型元素的逻辑位置和/或物理存储空间。不同专业学科通常将它们使用不同建模语言和建模工具创建的模型存储在不同的模型库。
- 元数据。这是有关模型的信息,可能包括有关创建或修改模型或模型元素的人员、更改内容、更改时间和更改原因的信息,以及有关如何在特定上下文中使用模型的信息。

模型生命周期管理是一个治理流程,可以在建模工具和模型存储库的支持下,在整个系统生命周期同步对异构模型进行创建、读取、更新和删除等操作。这是通过模型配置项的管理来完成的,包括:模型的版本、变量、配置和基线,模拟和分析结果,以及多个地理位置分散的用户所使用的工具。此外,MLM 还包括管理与模型、工具和分析结果相关的所有元数据,包括进行更改的人员、进行了哪些更改、何时及为何更改,以及有关模型应用的信息。模型生命周期管理系统(MLMS)是一组实现模型生命周期管理过程的元素,可能包括人员、硬件、软件、数据和过程(图 7-4)。

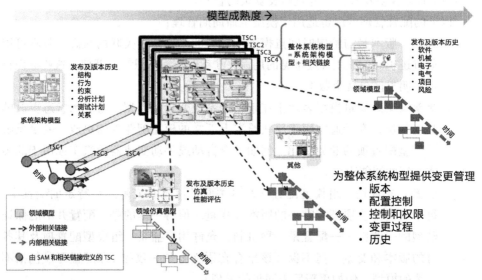

图 7-4 模型生命周期管理系统

模型生命周期管理系统提供集成的模型和仿真生命周期管理解决方案，使工程师能够在企业范围内智能地管理、查找、配置和重用多域、多物理和控制行为的模型及仿真结果，并可以快速准确地查找、关联、使用和重用在所有产品要求和性能指标基础上研究和验证更广泛设计方案所需的模型和产品配置。此模型管理环境需要使各合作伙伴、系统集成商和企业自身能够通过内部和外部建模和仿真应用程序与 MLMS 集成，使用通用服务来管理模型、模拟仿真数据和各类库。这样 iMBSE 的产品开发才可以将需求管理、系统工程、物理设计和闭环建模与集成的产品定义相结合，使各制造商能够理解和管理与其产品相关的所有复杂数据、依赖关系和其他各类关系。此方法的核心组件是用于体系结构建模和属性、目标和流程管理的功能。

7.3.3 模型存储、通信和安全技术

MLM 模型存储包含物理存储和逻辑存储两个方面：
- 物理存储：模型存储的具体物理介质和存放位置。
- 逻辑存储：模型可被访问的虚拟位置，是 MLM 用户视角下模型的存放位置。用来存储模型的多个逻辑存储可以映射到单一的物理存储。

目前 MLM 包含如下三种主要的模型存储方法。
- 多本地模型存储方法。这是企业中最常见的模型管理方法，企业内部不同团队成员采用各自电脑中的文件系统和硬盘来存储模型，物理存储和逻辑存储都在本地。除了识别模型变更，通常没有模型版本控制和可追踪的模型历史；即使进行模型版本控制，也是高度手动的过程。团队之间的模型共享通过邮件发送模型或共享硬盘的方式实现，模型更新提醒也是点对点的或临时的，设计模型、仿真模型与仿真结果之间缺乏关联性。
- 单版本控制模型存储方法。团队或企业选择包含正式版本控制和模型历史追踪能力的单一存储位置来管理不同类型的模型，包括需求、架构、CAD、CAE、软件和模型库等。这意味着单一的物理模型存储被映射到多个逻辑模型存储，以满足多个团队、项目和领域的工程需求。
- 多版本控制模型存储方法。这种方法提供了比单版本控制模型存储更好的机制，允许不同的工程团队针对需要管理的不同类型的模型，采用最好的管理工具和存储方式。如 PLM 系统用来管理 CAD、CAE 和 BOM，SCM 系统用来管理软件代码，数据库用来存储大量实时数据等，每种存储提供正式的版本控制。大多数企业拥有多版本控制的存储方法。

  这种方法管理单一系统会很容易，但挑战在于模型同步、通知和可追

溯性。由于不同类型的模型被分开管理，因此需要专门的技术来连接、追踪、管控和报告分布的不同类型模型。

MLM 不同类型的模型通信技术包括以下几种。

- **语言和数据表征**。此类技术提供跨工具和存储的不同类型的数据通信基础，包括：
  ◇ 数据表示语言，如 XML、JSON、RDF、EXPRESS 等。
  ◇ 数据操作/编程语言，如 Java、C++、Python 等。
  ◇ 数据通信语言和协议，如 SOAP、WSDL、REST 等。

    现代建模和仿真工具以及模型存储通常都支持以上的一种或几种语言，以便不同类型模型数据之间的接口和通信。

- **信息本体**。此类技术包含信息数据库和本体，实现基于标准的或工具的模型管理。本体模型包括以下内容：
  ◇ 针对一系列广泛的系统和产品，如用于表征系统架构或系统之系统架构的 SysML 或 UPDM 标准。
  ◇ 针对一系列具体产品，如分别用来表征机械或机电产品的 ISO 10303（STEP）AP203 和 AP210 标准。
  ◇ 针对产品信息的某些方面，如表征系统行为模型的 Modelica、表征标准产品几何或拓扑的 STEP Part 42、表征需求的 STEP AP233 和 RIF、表征动态仿真模型的 FMI 以及表征生命周期信息的 PLCS 和 OSLC。

- **工具和特定存储接口**。此类技术包含特定建模和仿真工具及存储的 API，API 提供不同建模仿真工具、存储库模型和模型元素之间的连接、查询和传输服务。API 基于特定语言和协议并支持开放标准以达到不同程度的合规性。如针对 Teamcenter 的 SOA API，针对 Windchill 的 Info*Engine API，以及基于 Java 和 C++ SDAI 实现不同 STEP 模型之间的通信等。

模型生命周期管理中最困难的挑战之一是缺乏与商业建模和仿真工具及存储库之间交互的成熟 API。

许多现代产品开发环境要求严格的安全性，这既体现在国防和军事领域，也适用于现代消费电子产品、汽车、医疗器械等。IP 保护是模型管理要考虑的主要因素。MLM 通常位于企业内部网中，受适当的授权和身份验证机制（如 LDAP）保护，但这对于 MLM 模型安全是不够的，还需要专门的技术来保障 MLM 模型安全。

当前 MLM 主要的模型安全技术有以下几种。

- 单一用户拥有所有权限和内容：这对于短期的小项目可以接受，否则这个单一用户就会成为更新和管理模型或模型配置项的瓶颈。
- 采用操作系统身份验证：多个用户可登录系统但对内容不指定特定归属。如果建立了一定的模型安全管理程序和机制，对于小团队和静态团队可以接受，但对于变更的不完全追踪使得变更的合理性受到质疑，或者很难找到变更者。指定的个人权限控制缺席会对团队组成改变情况下的模型安全带来挑战。
- LDAP：外部服务器管理用户和访问，但对内容不指定特定归属。这种方法比先前的方法稍好一点，因为它提供了一种更好的限制授权用户访问的机制。然而，这种方法仍然需要程序模型治理机制。
- 变更管理内容：变更管理系统追踪谁提交了内容，细微的更改不指定特定归属。由于模型配置项的更改记录的粒度更大，这对于组成不断变化的大型多学科团队是必不可少的。

基于角色的身份验证和访问，允许以不同级别的模型元素颗粒度进行访问控制、更改控制和属性管理。这被认为是最先进的模型安全管理措施，但模型和现有的系统在实践中很少能支持它。

7.4 需求管理

7.4.1 复杂系统的需求管理

在系统研制过程中，需求的满足和实现是复杂系统研制的根本目的，因为无论进行什么样的活动，包括设计、仿真、试验等，其最终的目的都是为了设计制造出满足客户需求的产品。因此，复杂系统的需求管理是设计、制造和客户之间沟通的主要途径。同时，需求管理也是基于模型的系统工程（MBSE）的要求。需求管理是系统工程的重要组成部分，同时，需求管理是系统工程的管理主线。MBSE的思想要求通过应用模型来支持系统的需求定义、设计、分析、校核和验证，从概念设计阶段开始一直贯穿整个开发流程。这种方法采用对整个系统虚拟化的手段来进行开发，最显著的优势是使得复杂系统在早期阶段得以集成，提前把系统中出现的问题展示出来，以免后期的变更带来高昂的代价。

目前，国内很多企业也做了相关的需求管理工作，并创建了一些需求管理文件，例如客户要求、总体设计要求、分系统设计要求等。但是，还存在很多问题，例如客户需求的满足过程无法监控，需求没有模型化，缺乏一些内容和属性。需求分析、需求分解的结果隐含在设计过程中，因此造成需求无法追踪，需求管理过程不实时透明，需求的更改无法引起最终设计的变更（图7-5）。

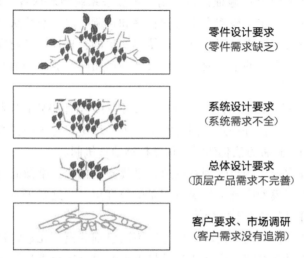

图7-5 国内需求管理现状

需求模型和需求结构树的建立，改变了传统文件管理的方式，大家传递和使用的还是同一种模型，不会产生歧义。只要发生变化，就去修改模型，不管在哪个点上修改，都能实现全程传递。所以，需求模型和需求结构树的建立，可以解决需求的来源和跟踪问题，也就是解决不同层级的需求之间的关系问题；同时，可以解决设计的根本问题和原因问题，也就是需求与设计、制造、试验等过程之间的关系问题。

7.4.2 需求管理的业务流程和方法

需求管理是一个不断反复的需求定义和需求演进过程，并最终在验证的基础上冻结需求。从业务和技术实现的角度，需求管理包括以下几部分内容。

需求管理框架

根据复杂装备系统产品研制的特点，需求模型一般可以分为四层，我们以火星车为例（图7-6）来进行说明。

- 第一层：外部客户对产品的技术要求、法规等（客户需求层）；
- 第二层：火星车的总体技术要求（火星车产品需求层）；
- 第三层：火星车子系统的技术要求（火星车子系统需求层）；
- 第四层：设备零件的设计要求（设备零件需求层）。

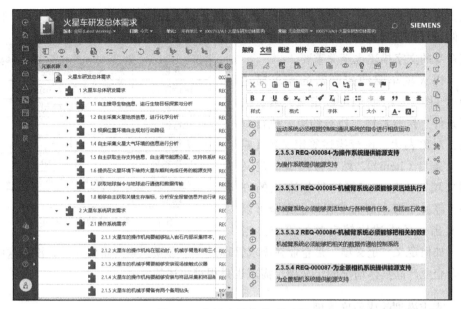

图 7-6 火星车需求模型示例

在产品的每个层级,都要经过需求捕获、需求分析、需求确认、需求分配、需求验证这几个主要阶段(图 7-7)。

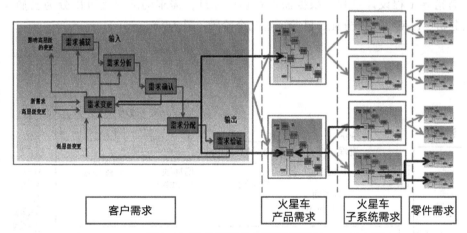

图 7-7 需求模型各个层级的演变

需求模型的定义

定义好需求模型框架之后,需求模型内容的定义是要关注的另外一个重要问题。需求模型的目的是清晰表达相关方的需求，因此，在需求模型的定义中，除了假设、原理等重要属性之外，需求模型自身的文字描述也至关重要。

以火星车驱动控制器的需求描述为例（图7-8），我们可以定义元素、执行条件、执行特性、执行约束、执行对象、对象表达、执行描述等定义项（或定义条目（item）），然后按照这些定义项来填写内容。遵循这种标准化的方法，经验不够丰富的工程师也完全可以定义出一条描述比较完整的需求。当然，如何定义"定义项"是企业在需求管理过程中必须积累的重要知识，没有这些符合企业产品具体情况的定义项，需求也是很难描述的。

定义项	内容
元素	火星车驱动控制器
执行条件	在火星车运动过程中
执行特性	可以控制
执行约束	6个
执行对象	轮子
对象表达	完成移动
执行描述	在10分钟内完成
其他	

图 7-8　需求模型内容的定义

需求模型的成熟度管理

需求模型的成熟度是在需求管理过程中，需求模型生命周期成熟度状态不断演变的重要的标志。经过不同阶段的管理过程，需求的内容会不断完善和优化，从而指导工程设计过程。根据需求管理的原理，需求的成熟度可以分为已捕获、已分析、已确认、已分配、已验证这几个阶段（图7-9）。

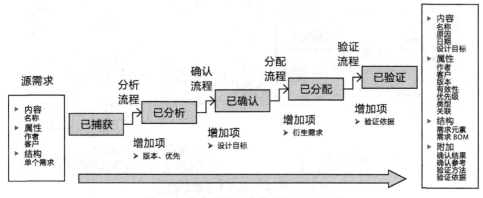

图 7-9　需求模型的成熟度和属性演变

需求分析和功能定义分析

需求分析和功能定义分析是并行的工作，而需求分析是需求管理过程中最重要的阶段和方法。从业务角度来说，功能定义和分析是需求分析中最主要的内容。有了功能，才能将功能转化为功能需求，才会有性能需求、约束需求、安全需求、可靠性需求等。以火星车为例，其功能定义和功能链如图 7-10 所示。

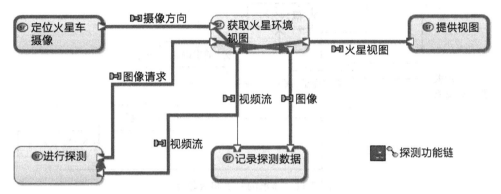

图 7-10　火星车的功能定义和功能链示例

ARCADIA 方法是功能定义分析中最有效的方法之一，它将语言、方法、工具融为一体。这样，图形化的建模语言和方法服务的不仅是功能建模专家，也为普通用户完成建模工作打下了基础。ARCADIA 方法主要关注功能分析、综合架构定义以及早期验证，已经应用到航天、航空、轨道交通等多个领域，详细内容可参考前文对 ARCADIA 方法的论述。

需求变更

需求模型发布后，通过权限定义来控制需求模型的修改，从而保护需求的完整性。将需求、设计、仿真、试验等关键阶段的模型连接起来，可以从需求一直跟踪到最终的实物，在复杂装备系统研制的全过程生成完整的需求跟踪和追溯报告，也可以对需求的更改影响进行分析和控制，支持通过需求关联下游数据和工作流来跟踪和确认需求的实现程度和方式（图 7-11）。

需求文件的管理

需求文件的管理包括下面三个部分的内容：
- 需求文件的组成：从文档的角度来说，一些需求模型组成需求文件的章节，需求文件的章节又组成整个需求文件，也就是需求规范（或规格）。
- 需求文件的导入：大量需求文件存在于 WORD、PDF 以及其他异构工具中，通过需求集成模块，可以将外部需求文件按照预先定义的格式导入产品的需求管理系统中。

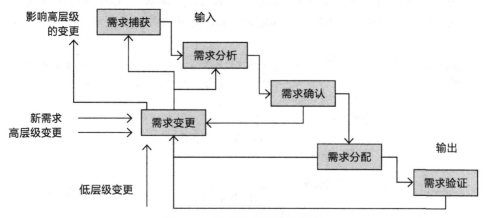

图 7-11　需求的变更和成熟度

- 需求文件的导出：需求模型按照模块化的方式进行管理，为了审查和浏览的方便，我们要将需求管理系统中建立的模型按照文件的格式组织起来，也就是使用报告的功能，形成一份完整的需求规格书或者需求文件。例如，图 7-12 为火星车案例中需求规格书的结构目录。

```
                    火星车产品需求规格书
    第 1 章    概述 ................................................................ 4
       1.1    目的 ............................................................... 4
       1.2    项目背景 ........................................................ 4
    第 2 章    产品概述 ........................................................ 5
       2.1    产品目标 ........................................................ 5
       2.2    产品任务 ........................................................ 6
    第 3 章    产品总体需求 ................................................. 7
       3.1    产品功能需求（功能）.................................... 7
       3.2    产品性能需求（指标）.................................... 8
    第 4 章    产品分系统需求 .............................................. 9
       4.1    操作系统需求 ................................................. 9
       4.2    电源系统需求 ................................................. 9
       4.3    计算机系统需求 ............................................. 10
       4.4    通信系统需求 ................................................ 10
       4.5    指向和控制系统需求 ..................................... 10
       4.6    成像和仪器系统需求 ..................................... 11
```

图 7-12　火星车需求规格书示例

7.4.3 参数管理

参数和需求之间的关系

在需求管理过程中，功能定义和分析至关重要，因为功能定义和分析的最后一个步骤，就是将功能转换为功能需求。

功能是产品（或服务）的效用，并和性能指标（等级和灵活性）相关。而性能是功能的标准或参数，包括描述、指标的值、灵活性。其中，灵活性是性能的等级，包括灵活性范围（例如容限，即容许极限）、灵活性等级（例如 F3、F2、F1，从可协商到不可协商）、交换率，也就是指标的单位（例如每公斤）。可见，参数属于性能需求的范畴，或者说属于性能需求的子集。

在整个产品开发生命周期中，多个利益攸关者需要提供、利用和分析不同背景和领域中的参数。为了支持产品开发过程，需要控制和管理这些参数，以便跟踪其演变过程。这也是参数管理的意义之所在，各种参数（系统、子系统、组件或任何级别）都需要统一管理，以便它们可以在需要与之交互的所有团队中进行平衡（图 7-13）。为了找到优化产品操作的正确参数值，这种可见性和交互性至关重要，有些人称此过程为多属性平衡。除了参数管理之外，分析过程必须经过适当的编排，以计算适当的参数并确保建议的解决方案能够达到预期目标。

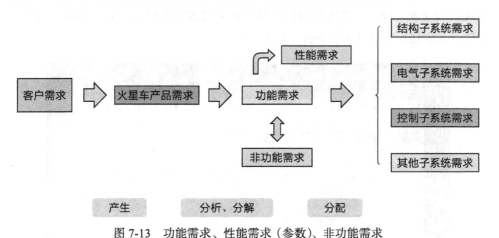

图 7-13　功能需求、性能需求（参数）、非功能需求

参数模型的组成

参数模型由两部分组成，包括参数定义和参数。参数是参数定义的实例，可以从参数定义中创建参数，并且可以从同一参数定义中创建多个参数实例。参数是由设计组织创建的一个对象，用于对关键参数设置组织目标和允许范围，参数

定义由不同学科和产品的许多不同工程师使用。参数定义包括类型，例如整数、实数等。如果复杂的话，参数定义还包括表格、图形等，同时，参数定义还包括默认值（起始值）和目标值（目标）加上可接受的范围（最小、最大）。

参数是根据其允许的可变性来操纵模型（可以是 CAD、功能模型、行为模型等）。模型的参数可以被修改以实现产品所需的外形、匹配、功能及行为，参数通常用属性和目标来表示。根据参数定义来创建参数值，参数的结果应在参数定义中指定的默认最小、最大范围内。还可以将参数分配给产品结构中的条目或元素，可以是需求、CAE、ECAD、MCAD 等。

参数模型的管理

参数定义的主要功能是特征的归纳、提取和定义属性值的过程，定义正确与否将会直接影响需求和设计管理以及设计和验证工作的进展。参数化设计和验证工具提供多种需求的参数取值类型，包括直接输入型、给定选择项型、参数计算型、查工程数据表型、查数据库表型。例如，对于设计模型来说，可以定义直径、高度、角度等大量设计参数。

在参数管理中，可以在编辑或查看需求文本时添加、链接并查看参数。参数切换可以显示需求规范里的相关参数。当滚动和浏览需求规范时，显示的参数会呈现实时更新。同时，参数管理用户界面还可以将需求规范中的文本映射到现有参数，或创建新参数以完成映射（图 7-14）。

图 7-14　参数管理界面

在图 7-14 中可以看到显示需求的文档选项卡，而右侧是与所选择的需求相关的上下文内容。选择"显示参数按钮"时，用户会看到与规范中的需求相关的参数。当突出显示需求中的文本时，可以右键单击以映射到现有参数或创建新参数。

7.5 模型生命周期管理

7.5.1 模型生命周期管理需求

对于模型生命周期管理，"细粒度"这个词语非常有助于解释模型交付时的情况。在模型生命周期中，模型会一直发展，并可能出现单独开发或不同模型并发工作、比较和合并等情况，因此保持对所有模型相关行为的追踪是非常重要的。模型的生命周期实际上会扩展到组成模型的所有其他文件，因此理解模型及相关文件的连接和依赖关系非常重要，如果没有一个合适的方式来理解关系，就很难找到你所需要的精确模型版本。

对于基于模型的系统工程而言，其模型管理需要满足以下需求：

- 多产品构型管理。产品多样化和定制化需求日益增长，需要开发适合不同需求的产品，处理更多不同的产品构型，而每个产品构型都是复杂的机电系统，需要创建和管理。
- 并行工作流程。需要打造一个机械、电子、软件、控制并行的工程流程，支持跨领域系统仿真和优化的实现，以便在做出工程决策时尽早了解系统的关键性能。
- 跨领域协作。复杂机电系统的性能只有在系统层面才能得到充分评估和验证。子系统设计人员需要共享和重用来自不同子系统设计团队的模型，并创建集成的系统模型以验证其各自的子系统。这意味着，不同子系统设计团队之间的跨领域高效协作是基于模型的系统工程开发成功的关键。
- 可追溯性。由于大多数新产品与以往型号产品不同，在产品开发过程中捕获和管理产品历史和知识对于实现模型重用非常重要。需要及时回溯项目，才能明白为什么我们今天要做出更好的决策。当谈到可追溯性时，"4W"包括：
  ◇ 为什么要进行更改？
  ◇ 什么时候做的更改？
  ◇ 谁做了这个更改？
  ◇ 做了哪些更改？

7.5.2 模型生命周期管理系统

使用 MLMS 进行模型管理，可以管理所有模型、模拟结果以及这些对象之间的关系，建模和仿真团队可以将所有不同的信息整合并组织到一个位置，使其可用于多个组、项目和产品。同时，模型和验证数据可以参与结构化工作流程和正式变更流程。MLMS 提供版本和变更管理以及访问控制，确保在适当的时间向合适的人员提供准确一致的模型信息，帮助实现基于模型的系统工程（图 7-15）。

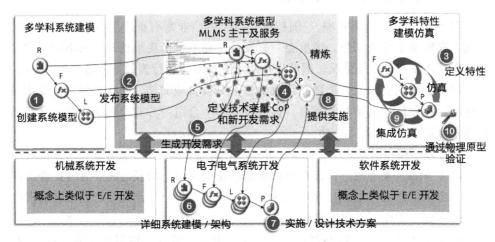

图 7-15　MLMS 模型管理下的 MBSE 工作流程

MLMS 模型管理解决方案需要管理系统模型和相关数据，为基于模型的系统工程数据提供协作环境：

- 管理模型，创建可重用的控制模型库。
- 捕获并利用模型相关性。
- 通过确保模型易于检索，简化系统和控制工程师、部门和组织之间的协作和通信。
- 通过版本和分支管理实现并行和分布式开发。
- 支持工作产品发布管理。

此外，MLMS 模型管理解决方案能够组织和管理从机械到控制工程的仿真数据。它为系统工程师和架构师提供了在概念设计与系统架构、集成和验证方面无缝协作的能力。通过综合复杂的系统配置和创建产品架构来评估性能需求，实现基于模型的系统工程高效工作流程。

MLMS 模型管理解决方案进行 MBSE 模型生命周期管理的关键能力包括：

- 面向特定业务逻辑的模型管理。MLMS 用于管理系统模型，它了解特定于业务的挑战，并提供一套工具来处理确保所有模型依赖项都被理解和"控制"的复杂任务。
- 模型检索和重用。MLMS 包含内置的搜索功能，查找和检索模型都简单流畅。MLMS 模型管理支持企业范围的模型管理，确保模型和库以正确的方式在整个企业和不同的产品开发项目中使用，而且不会重复不必要的数据处理，也不会失去对模型的控制。
- 基于角色的模型访问控制和发布。MLMS 的访问控制和角色管理可以控制哪些人可以访问哪些模型或数据，以及控制哪些人可以访问哪些项目。另外还提供了对验证和审核模型的角色控制，从而确保企业中模型的质量控制。其他功能包括通知、变更管理、流程、差异管理和历史等。
- 模型版本控制和工程属性。跟踪模型的所有更改并不是一项简单的任务，特别是当许多人同时在同一个项目上工作时。MLMS 需要提供一种简单而有效的方法来了解模型及其相关数据经历了什么样的演变。除此之外，还需要设置工程属性或元信息，以便使存储的对象更有意义且可区分，从而实现模型分类。

MLMS 通过提供"低开销"控制来保持对开发过程中发生的事情的控制，为协作模型开发提供了一个健壮、可扩展、经验证的环境。它支持模型开发工作流，决定谁应该执行某些任务，以及应该阻止谁访问敏感数据。MLMS 模型管理接管了易出错的操作和组织职责，允许建模人员在增值任务上花费更多时间。

MLMS 模型管理需提供：

- 经过验证的跨域模型数据的单一来源。系统工程师可以根据一系列搜索条件快速搜索模型存储库，包括分类名称、分类属性、关系、验证版本、最新版本、作者姓名、元素名称、集合名称、发布日期等。他们还可以基于物理对象、接口、方法、均值使用、验证和确认等属性创建专业领域库，这些属性可以在大量工具和专业领域中使用。
- 异构建模和模型可追溯性。系统工程师可以链接和跟踪模型对象之间的关系，例如用于产品特定配置的性能验证模型，或者确定在进行工程更改时将影响哪些模型。准确导航和调查这些关系的能力对于确保产品质量至关重要，特别是在模型开发、产品更改或多个产品及配置中引用模型时。
- 管理和访问产品配置。通过结合系统生命周期管理整个模型生命周期，系统工程师可以快速找到正确的产品配置并导航到相关的产品信息，以便更好地了解环境和边界约束，创建并使用（或重复使用）正确的模型来验证系统能否满足性能目标。

7.5.3 仿真模型生命周期管理

MLMS 仿真模型管理实现了结构化仿真模型，建立仿真模型业务对象，对相关的模型数据（包括所有输入数据、输出数据、中间过程数据以及分析报告等）进行保存和管理，并且可以管理仿真信息的创建过程，建立仿真模型数据与设计数据的关联关系。其以项目、人员、组织、角色等分类，建立数据的安全管理机制；以管理仿真业务为目标，定制仿真工作流程。流程中规范仿真工具的使用，不但可以对仿真数据进行管理、查询、分析、对比，以及分享仿真性能结果，通过不同人员的参与及时分享仿真数据，加速仿真对设计的决策支撑，而且可以不断积累、重用这些数据中可以总结为知识的数据，对产品设计起到很好的指导作用。

MLMS 仿真模型管理实现的功能包括：
- 用户角色和权限管理、系统访问和安全；
- 仿真数据管理，包括版本、分类、状态和更改控制；
- 自动或手动创建元数据，以便模型对象易于识别和分类；
- 模型数据之间的关联关系；
- 基于上下文信息、元数据和关系的模型数据检索等；
- 集成仿真流程及业务流程；
- 描述任务的流程模板及自动元数据生成；
- 多数据格式模型轻量化及可视化；
- 在 PLM 环境中集成，包括 PDM、TDM、CAT、需求、材料等；
- 能够创建和管理构型及 BOM；
- 集成多种仿真工具并连接 HPC 系统等。

MLMS 仿真模型生命周期管理的关键技术包括以下几项。

仿真模型的封装和管理

复杂产品的仿真过程中会产生不同类型、不同精度的模型。如何对这些模型进行统一定义、分类、组织和管理，建立相关模型的关联关系，实现仿真模型的分析和重用，是 MLMS 仿真数据管理的关键技术之一。

模型封装一般采用面向对象的技术，通过模型封装技术可以将大量结构化仿真模型的输入和输出定义为对象的属性，将对模型的操作定义为方法，还可以将仿真的规范和标准融入封装的模型中，并通过相关模型的关联关系来构建关联模型。

仿真模型全生命周期管理

应对仿真模型数据（创建、修正、更新、删除、发布、归档等）进行全生命周期管理。管理仿真生命周期独立于产品生命周期，但同时保持关联性。仿真模型的大部分文件都存储在平台内，直接存储在服务器上。通过版本控制，实现对同一产品模型的多工况仿真分析管理，包括过程和数据的管理。通过不同层次对象实现仿真模型的组织。仿真模型的查询可以通过名称、属性及关系进行。

MLMS 需要具有柔性化的开发架构，支持绝大多数仿真软件的集成与封装。依据实际的需求，定制仿真工具在平台内启动，加载数据并开展相关工作，完成后可以保存并回传到平台。

仿真模型结构化管理

复杂产品的研制过程中涉及大量不同学科的仿真业务活动，MLMS 需要灵活管理不同阶段的模型数据，并确保整个分析过程中的数据关联性，BOM 管理是一种非常好的方式。

CAD BOM 如同中枢神经一般，将整个产品的结构和数据串联起来，MLMS 领域仿真模型管理同样采用 BOM 管理。不同于 CAD BOM，CAE BOM 依据不同学科分析而呈现多样化，因此 MLMS 的 CAE BOM 是分学科独立的，但是每个 CAE BOM 和 CAD BOM 又有关联性。各种仿真模型数据集之间可以通过"目标"或"源"的关系定义，表明过程数据之间的关联，这样有利于帮助用户了解数据之间的关系，呈现完整的谱系。

仿真模型流程化管理

仿真流程相对于设计流程而言，有诸多业务模型关联性。除了与上游设计数据要保证关联关系，仿真数据还需要与仿真业务中不同阶段的数据保持相关的关系。比如，简化几何、网格、作业文件、结果文件之间都应该保持相关的关系，以及与后续一些数据的关联关系，并且关联的维护方式必须灵活且易管理。由此可见，对于仿真平台内的流程构建，一方面需要构建业务数据的流动流程，串联起若干仿真环节的数据流动；另一方面，需要考虑建立和设计文档管理一样的审批发布流程，对仿真数据进行全生命周期管理。通过工作流结合工具调用的方式，任意仿真流程均可在系统内实现，以此提供协同工作的方式，让流程和数据在多个用户间流动，提高工作效率，保证数据安全。

因此，应该建立针对仿真分析的流程管理系统。针对产品研发流程进行梳理和提炼，在系统中定制和开发与CAE分析紧密相关的分析流程步骤，实现分析流程的标准化、规范化和自动化，提高数据流的管理效率。在协同仿真分析系统中执行分析流程时，可按照流程步骤的指示完成分析，并且清楚显示各步骤的成功完成、失败、等待执行等信息。

仿真知识集成和管理

在产品研制的过程中，不同阶段会形成不同的知识经验积累，这些知识经验是企业的宝贵财产，如何积累并重复应用这些知识资源是企业研发的管理重点。应针对产品研发过程中积累的各种仿真规范，以及提炼和总结的仿真知识与经验，进行归类，形成仿真模型库、模板以及标准等仿真知识库。在产品研发过程中，成功和失败的经验是企业最宝贵的财富，对这些经验进行提炼总结并加以有效利用，可以极大地提高研发效率，提高产品质量，降低产品失败的概率。MLMS系统管理研发和仿真分析知识库，不仅支持知识库的上传、查询和引用，而且支持知识库的更新、积累和重用，能够更好地指导产品的仿真分析工作（图7-16）。

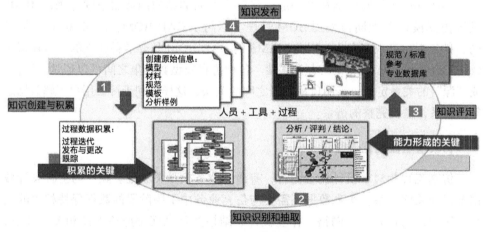

图7-16 仿真知识集成和管理

仿真模型可视化

CAD文件的JT可视化给数据管理带来了非常多的益处。例如，利用CAD结构浏览的可视化，无须打开工具软件即可进行轻量化模型外形的比较，同时非设计人员审批也采用轻量化可视化模型，提高了决策的效率和质量。CAE可视化可以采用JT格式实现对网格、分析结果的可视化浏览，起到与设计管理相同的作用。此外，考虑到 CAE 数据格式多样性的特点，系统需要有足够的柔性支持，因此还提供了对其他轻量化格式的集成方式。

MLMS 仿真可视化提供 FEA、CFD 以及运动仿真的可视化能力，可以动态查看、查询、标注与协同所有仿真信息以及来自产品生命周期其他环节的详细信息，支持面向过程的服务级部署，支持从免费的查看程序到完整的虚拟现实、增强现实等新技术的使用，以确保 CAE 可以在早期对开发方向产生影响（图 7-17）。

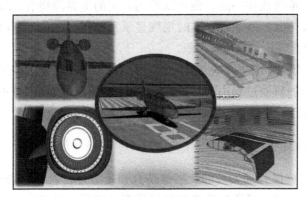

图 7-17　仿真结果数据的可视化查看

另一方面，虚拟现实和增强现实技术也得到了越来越广泛的应用。虚拟现实技术是一种可以创建和体验虚拟世界的计算机仿真系统，它利用计算机生成一种模拟环境，使用户沉浸到该环境中。虚拟现实技术就是利用现实生活中的数据，通过计算机技术产生电子信号并将其与各种输出设备结合，使其转化为能够让人们感受到的现象，这些现象可以是现实中真真切切的物体，也可以是我们肉眼所看不到的物质，通过三维模型表现出来。因为这些现象不是我们直接能看到的，而是通过计算机技术模拟出来的现实中的世界，故称为虚拟现实。

虚拟现实技术受到了越来越多人的认可，用户可以在虚拟现实世界体验到最真实的感受，其模拟环境的真实性与现实世界难辨真假，让人有种身临其境的感觉。同时，虚拟现实具有一切人类所拥有的感知功能，比如听觉、视觉、触觉、味觉、嗅觉等。它还具有超强的仿真系统，真正实现了人机交互，使人在操作过程中可以随意操作并且得到环境最真实的反馈。正是虚拟现实技术的存在性、多感知性、交互性等特征使它受到了许多人的喜爱。

增强现实（Augmented Reality，AR）是一种实时计算摄像机影像的位置及角度并加上相应图像的技术，这种技术的目标是在屏幕上把虚拟世界叠加在现实世界上并进行互动。在原理上，增强现实技术是一种将真实世界信息和虚拟世界信息"无缝"集成的新技术，把原本在现实世界的一定时间空间范围内很难体验到的实体信息（视觉、声音、味道、触觉等），通过计算机等技术模拟仿真后再叠加，将虚拟的信息应用到真实世界，被人类感官所感知，从而达到超越现实的感官体验。真实的环境和虚拟的物体实时地叠加到同一个画面或空间中，并且同时存在。增强现实技术不仅展现了真实世界的信息，而且将虚拟的信息同时显示出来，两种信息相互补充、叠加。在视觉化的增强现实中，用户利用头盔显示器把真实世界与电脑图形多重合成在一起，便可以看到真实的世界围绕着虚拟物体。增强现实技术包含多媒体、三维建模、实时视频显示及控制、多传感器融合、实时跟踪及注册、场景融合等新技术与新手段。

虚拟现实和增强现实技术在工程产品设计中的一个典型应用案例是 NASA JPL 在好奇号火星车的研制过程中，通过虚拟现实和增强现实技术对火星车在火星表面的工作状态进行了设计和验证。

系统仿真模型管理与闭环性能工程

传统的仿真数据管理大多涉及三维仿真数据管理，对于复杂装备系统而言，多学科的系统仿真对于早期的系统性能评估至关重要。系统仿真模型包含由系统建模工具创建的模型文件以及一系列其他文件，包括规范或参数文件、用户界面（UI）、结果文件和报告、元信息或元数据以及模型库等（图7-18）。

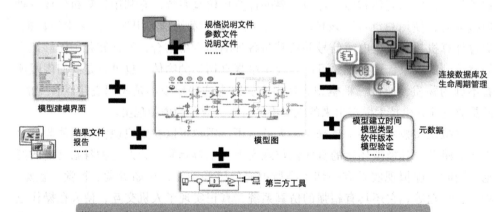

图 7-18 系统仿真模型示例

采用中央存储库来存储模型，并遵循特定的规则进行模型创建，添加足够的元数据信息，可以解决模型搜索和重用问题。作为模型信息的请求者，一旦被授予访问权限,就很容易进入存储库并搜索所需的模型信息。对模型执行更改和审核验证的角色权限设定,可以进一步保证模型信息的质量。以协作的方式工作,用户可以非常方便地搜索到所需的模型,进行编辑、组合并运行计算,同时保持整个过程的可追溯性。对这些模型所做的更改可以在配置中看到,这允许系统地获取知识,并以一致的方式应用到项目中,支持持续改进和系统性学习。

对于系统仿真人员,实现了良好的模型控制及快速检索,但还有一些问题需要解决。比如对于特定主题,到底应该用哪些模型、哪些参数?目标是什么?如何做择优分析?在哪里存储优化参数?如何追踪结果?对于系统设计人员,也有很多问题。比如分析了哪些产品?性能如何?分析条件是什么?验证了哪些需求?如何重用?只有在系统仿真级别所做的工作连接到系统工程级别时,这些问题才能得到解答。这可以帮助我们了解是否从仿真的角度验证了需求,或者某个模型需要在哪些条件下进行仿真等。

把系统仿真与系统工程联系起来后,我们讨论闭环性能工程和系统设计或系统驱动的产品设计,并基于系统仿真的结果来验证需求(图 7-19)。在一个集中的存储库中,存储在特定条件下要使用和重用的模型,并根据需求定义分析目标和输入参数。从系统工程的角度出发,定义需求并获取系统仿真及优化结果。系统仿真部门使用经验证和维护的模型,这些模型集中可用,并将成为决策和信息共享的一部分。整个过程都在控制之下,这样就更容易理解为什么要做出某些决定,然后可以根据可靠的来源和可信的信息做出决定。MBSE 是做出决策的基础,对 MBSE 模型的有效管理有助于更好地做出决策。

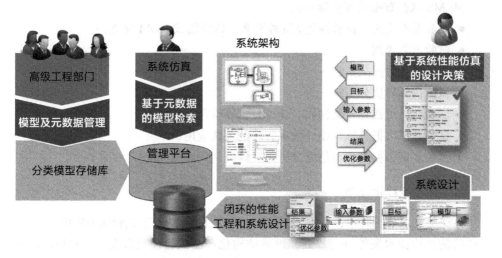

图 7-19 闭环的性能工程与系统设计工作流程

通过组装系统建模工具提供的来自不同域库（如机械、电气/电子、软件、液压等）的预定义和验证组件，工程师可以创建基于各种属性平衡所需的产品性能的多域仿真模型。这些模型可以与来自各类应用程序的物理和控制模型一起组合到整个系统的功能逻辑视图中，以实现和验证性能要求所需的仿真和协同仿真过程。早期的模型生成和仿真允许工程团队在进行昂贵且耗时的原型设计和测试之前智能地平衡和验证产品性能。

7.5.4 试验模型生命周期管理

产品研发过程中需要对系统的各方面性能进行试验，这些试验通常具有系统结构复杂、测量参数多、测试设备种类繁杂、试验资源分散、试验流程复杂、时间跨度大、试验成本高、试验数据共享困难等特点。

试验模型数据通常包含三类信息：

- 测试和结果处理数据（时域和频域）。
- 测试和结果处理设定参数（包含用于测量和处理数据时设定的参数，如带宽、窗函数、频响函数识别方法等）。
- 背景信息（如测试对象、测试场所、测试方法、测试人员等）。

通过 MLMS 试验数据管理平台，试验数据可以共享给所有对试验数据有需求的设计人员和其他非设计人员。另外，试验数据管理还可以将需要对比的结构化的仿真数据包含在试验数据管理平台上，以便有效支撑协同设计、仿真、试验一体化的企业战略目标。

MLMS 试验数据管理功能包括：

- 试验需求定义、试验规划/资源平衡、试验测试 BOM 建立；
- 试验工艺规划；
- 试验设备数据采集；
- 试验仿真对比分析；
- 试验测试可视化、结构化、统计分析等管理；
- 试验测试数据管理与设计数据管理的关联应用；
- 试验测试数据管理与仿真分析数据管理的关联应用等。

试验模型流程化管理

在产品需求分析阶段，根据"产品研制任务书"，并基于试验知识库中的信息，对产品的试验技术条件进行规划，形成结构化产品试验需求数据。在拿到产品实物以后，根据产品试验技术条件中的信息，编写"试验大纲"并完整试验工装的设计。通过产品模型检核试验对前期研制阶段的产品仿真模型进行检核，然后根据试验申请中的信息对试验环境条件进行确认与验证。试验申请中的需求信息通过虚拟验证后，下发到 MLMS 试验管理系统，进行试验执行过程管理，在试验执行完成后，模型数据将会归档到 MLMS 系统中，并进行历史数据的管理/追踪与分析。通过试验数据的分析可以不断优化产品的设计，从而形成产品不断优化的良性循环（图 7-20）。

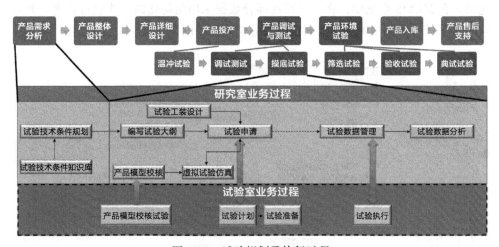

图 7-20　试验规划及执行过程

试验模型知识集成和管理

试验模型管理要形成的是试验模型数据及经验知识的管理平台，通过平台形成试验中心的试验数据知识库。通过对试验数据平台的综合管理，使试验知识在产品研发过程中得到最高效的利用，充分体现试验数据的价值，从而充分挖掘试验的有效性；实现对现有试验测试数据进行预测性分析，供产品设计者在设计之初有效参考利用，以便开发人员在最短的时间内、以最低的成本设计并生产出高可靠性的产品。

试验知识库管理包括"试验工装库"和"试验技术条件模板库"等。通过工装管理方案的实施，可以在企业内部建立规范的工装设计与使用流程，提升工装的重用率，减少重复设计与重复制造。完整的控制试验工装的生命周期状态，为下游的试验过程提供更加准确的试验数据依据，从而提升试验工装设计数据管理的整体业务水平。

通过试验技术条件模板库管理的实施，可以形成企业产品试验技术条件的知识体系，不断积累企业产品试验知识资产。新员工可以方便地学习参考之前完整的经过实际验证的试验规划知识，使企业整体技术能力快速提升。快速引用模板生成产品试验技术条件，也可提升技术条件的编制效率。

试验技术条件管理

现阶段产品试验的技术条件主要是在"产品技术条件"文档中用文字进行描述的。在 MLMS 系统中，将会针对这部分数据采用结构化的方式进行管理，并与 MLMS 系统中的其他数据建立对应的关联关系，如图 7-21 所示。

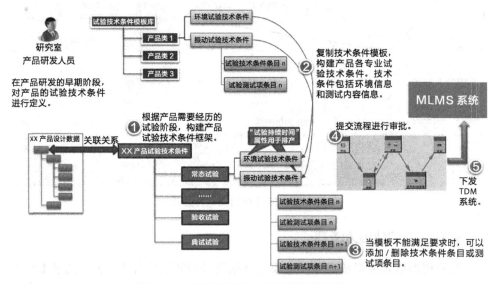

图 7-21 产品试验技术条件的结构化管理

通过结构化地管理产品试验技术条件对象，可以实现试验专业、试验条件、试验测试项，全周期追溯试验技术数据。结构化的试验技术条件数据能够衔接产品研发的各阶段数据与试验结果数据，实现产品试验数据对产品优化的支持。

结构化的产品试验技术条件可以作为 MBSE 正向研发模式的基础工作，通过对产品试验技术条件的结构化管理，企业可以不断细化产品需求以及性能指标，从而不断加深对产品的理解和认识，最终实现产品 MBSE 的正向研发模式。

7.6 模型连续的 IVVQ 流程和管理

系统模型连续的集成、确认、验证和资审（或资格认证）（Integration，Validation，Verification，Qualification，IVVQ）管理是产品和系统进行确认和验证的核心，是沟通产品定义、产品确认、质量工程和联接工程的桥梁（图7-22）。产品和系统的集成、验证、确认和资审既是各自独立的流程，同时更应该在一起使用，以检查产品和系统是否满足需求和规格，以及是否满足预期的目标。

从产品周期的开始一直到结束，都会进行连续的验证。连续验证的概念利用仿真模型和产品的上下文来检测系统单元/元素、子系统和系统闭环测试。进行连续验证的关键技术是能够在产品生命周期的早期阶段就使用数字信息和仿真来表示集成产品。随着生命周期的发展，集成的关注点会从完全基于模型的验证，过渡到在循环中包括软件、硬件以及人员的验证。

图 7-22　连续的 IVVQ 流程和管理

7.6.1　基于连续 IVVQ 的业务流程

V&V 是验证和确认（Verification and Validation）的简称。在整个系统和产品的开发生命周期，验证和确认每时每刻都存在着，两者缺一不可，形成统一体，以全面保证产品的质量（图 7-23）。

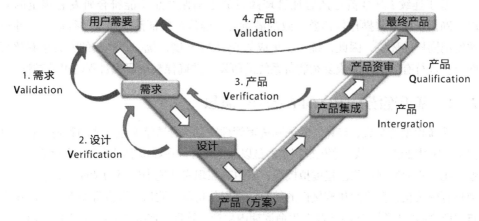

图 7-23　V&V 流程和 IVVQ 流程

验证（Verification）是对产品、服务或系统是否符合法规、需求、规格或施加条件的评估，是内部判断的过程。验证过程提供证据表明，相关产品与所有生命周期活动（需求分析、设计、测试等）的要求（如正确性、完整性、一致性、准确性等）相一致。验证是否满足生命周期过程中的标准、实践和约定，为判断每一个生命周期活动是否已经完成，以及是否可以启动其他生命周期活动建立了一个新的基准。总而言之，验证可以表示为"是否构建了正确的产品"。

确认（Validation）是对产品或系统满足客户和其他已确定利益攸关者需要的保证，通常涉及外部客户的接受度和适用性。这种确认要求更高，要能保证所生产的产品可追溯到用户需求的一系列活动。确认过程提供证据，表明产品是否满足客户需求（指分配给产品的系统需求），并解决了相应问题。总而言之，确认可以表示为"是否正确地构建了产品"。

集成（Integration）一般是指将系统的硬件、软件等组合起来，原来的部件原本就是一个个独立的系统（或子部件），集成后系统的各部分之间能彼此有机且协调地进行工作，以发挥整体效益，从而达到整体优化的目的。集成的目的是实现各种软件和硬件产品与资源的最佳配置，形成完整的集成方案，使系统的整体性能达到最优，在技术上达到最先进，在实现上达到最可行。

资审（Qualification，也称为鉴定、资格鉴定、资格认证）的目的是验证产品或系统是否达到或超过其预期的可靠性和质量需求，在产品开发过程中起着重要作用。可以根据特定目的在产品开发过程的不同阶段对其进行分类。资审一般涉及对制造商原型进行的物理测试，以确定产品的强度极限，并进行加速测试以进行可靠性评估。

基于连续 IVVQ 流程的验证管理的目的是确保产品功能符合研发者规定的需求，确认证明了与操作性需要一致的满意度。确认和验证活动通常并行运行，并经常使用同样的环境，因此，统一、集成的 SysLM 环境，统一、集成的方案会有效帮助企业进行有效的产品或复杂装备系统的研发，并确保整个研发过程的可追踪性。

7.6.2 基于连续 IVVQ 的数字孪生思想

系统模型的集成、确认、验证和资审管理完全符合数字孪生模型的管理思想，也就是数字性能孪生。数字孪生模型指的是以数字化方式在虚拟空间呈现物理对象，即以数字化方式为物理对象创建虚拟模型，模拟其在现实环境中的行为特征。数字孪生模型具有模块化、自治性和连接性的特点，可以从仿真、测试、开发等角度，打破现实与虚拟之间的界限，实现产品全生命周期内生产、管理、连接的高度数字化及模块化。

产品全生命周期内的数字孪生能够完整、真实地展示企业的产品或系统的数字化信息，从而帮助企业在实际投入生产之前即在虚拟环境中优化、仿真和测试。也就是说，数字孪生不是让虚拟世界做现在我们已经做到的事情，而是要发现潜在问题、激发创新思维、不断追求优化进步，这才是数字孪生的目标所在。

数字化仿真分析、试验平台主要包括系统工程（需求管理和架构平台）、基于知识的详细设计、多学科优化仿真分析、试验和试验管理几大部分内容，工程设计数据中心用以连接其他应用平台。系统模型、领域仿真模型和试验模型的闭环集成管理所管理的数据包括需求数据、架构数据、设计数据、仿真分析数据、计算数据、试验数据等，通过建立和管理各种数据之间的关联关系，实现需求和技术指标在研制过程中的关联、跟踪和验证。

7.6.3 基于连续 IVVQ 的验证管理方案

对于航空航天、轨道交通、海洋工程、兵器装备行业来说，其产品由大量硬件、软件和电子产品构成，组成所谓的系统之系统，并且产品的复杂度仍然在不断增加。为了满足客户的需要，其管理的需求的数量也在持续提高。也就是说，这些公司生产的复杂产品必须满足同样复杂的要求。因此，复杂产品涉及长期、多学科的开发项目以及相互关联的验证活动，以便通过客户及监管机构的审批。

结合复杂产品系统工程业务流程，依托于数字孪生和数字线程的管理思想，基于 IVVQ 的验证管理方案可将需求与验证流程中涉及的所有任务和数据进行关联，并在规划、设计、分析、测试、符合性最终报告等各个环节提供完整的可视性和可追溯性，从而协助企业实现目标（图 7-24）。

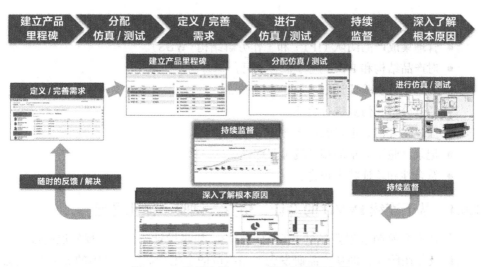

图 7-24 基于连续 IVVQ 的验证管理方案

具体来说，验证管理方案通过对复杂系统或组件进行分析和仿真以及物理测试来评估这些复杂系统或组件的过程。验证管理方案为复杂装备系统的研发企业提供了管理需求、管理需求的验证方法、计划并管理验证活动、配置和管理测试物品、管理并分析仿真模型，以及确认需求合规性所需的功能。验证管理方案是一个过程方案，拥有一套软件和硬件工具，它们不仅解决验证管理的各个部分，而且涉及所有相关过程。方案使用一些核心模块（如变更管理、需求管理、内容管理、计划管理、配置管理、报告和分析），充分利用信息链接来解决验证管理的整个过程（图 7-25）。

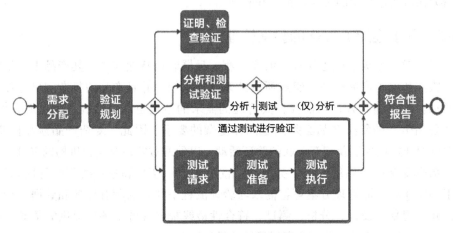

图 7-25　验证管理方案主流程图

验证管理方案管理的内容包括：
- 管理集成产品团队（IPT）和工作分解结构（WBS）。
- 对产品结构和 BOM 进行需求分配。
- 通过创建主验证计划来规划验证项目。
- 通过分析和仿真进行验证。
- 通过物理试验进行验证。
- 记录已验证需求的端到端可跟踪性。
- 符合性和验证状态报告。

7.6.4　基于连续 IVVQ 的设计、仿真、试验一体化管理

复杂产品研制过程要经过方案设计阶段、初步设计阶段、工程发展阶段、生产阶段及使用阶段，即从产品研发到产品报废的全生命周期。完整的 SysLM 涵盖

从产品概念设计、详细设计、分析优化、试验验证、制造、市场直至使用、维护、报废等全过程，融合了并行工程、工作流管理、知识管理等先进设计制造理念，由一系列软件工具和软件子系统组成软件套件和方案的集成综合平台，在数据、过程、应用三个层面实现集成与协同，从而大大提升产品开发的过程管理。因此，必须用连续的 IVVQ 思想来管理和维护整个复杂装备系统的生命周期，而不是各自独立的 PDM、SDM、TDM 系统，这样数据集成、系统维护和运营升级都将实现低成本、低风险（图 7-26）。进行仿真模型管理和试验模型管理时需要考虑与设计模型管理之间的无缝集成，考虑到与设计数据、流程交互的流程效率问题。

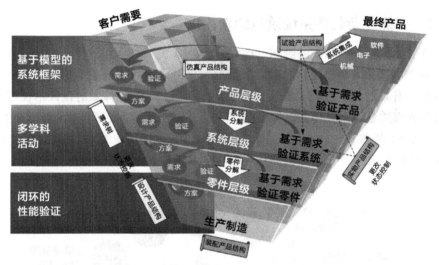

图 7-26　基于连续 IVVQ 的设计、仿真、试验一体化管理

整个系统的生命周期闭环设计中一直贯穿设计、仿真、分析、试验一体化的理念，仿真与试验之间是密不可分的，"没有试验的仿真是仿假，没有仿真的试验是盲目的"。因此管理整个系统生命周期中方案、设计、分析、仿真、试验各个阶段的数据和过程，是实现整个复杂装备系统研发业务流程的完整支撑。

基于连续 IVVQ 的设计、仿真、试验一体化可以实现完整、统一、规范的仿真分析和试验协同的管理，支持以实物产品结构为核心来组织和管理测试模型；支持设计产品结构、仿真产品结构、试验产品结构的关联、比较和一致性检查，支持多试验产品结构的管理，实现试验模型与设计模型、仿真模型的闭环反馈，提高试验模型利用率；提供试验规划、试验请求、试验计划和规划等功能，提供一套完整的试验模型结果分析及评估工具，帮助科学、统一、有效地管理试验业务、试验模型及知识和经验。

基于连续 IVVQ 的设计、仿真、试验一体化把试验业务和设计、仿真业务联系起来，打通试验业务存在的数据孤岛。通过试验数据分析能有效提高试验数据质量，用户可以得到更多有价值的经验，提高研发和试验管理水平。试验数据分析的结果可以指导试验、设计和仿真人员的工作，提高试验、设计和仿真的工作效率及准确性，最终提升整个产品设计的效率及质量，达到降低研发成本、缩短研发周期的效果。

7.7 基于模型的质量工程

7.7.1 智能复杂装备系统质量的新需求

在智能复杂装备系统的研制过程中，"质量"是一个永恒的主题，涉及各个阶段、各个层级的人员以及产品的方方面面，保持卓越的装备质量始终是一个持续的挑战。有效的质量管理需要强大的质量体系标准，质量体系的设计不仅要确保良好的内部质量，而且还要确保供应商质量。国际上针对大型装备的特点和要求，在 ISO 9001 基础上制定了不同的标准，如 AS9100（美国）、EN9100（欧洲）、JISQ 9100（亚洲），以及中国制定的 GJB9001（图 7-27）。

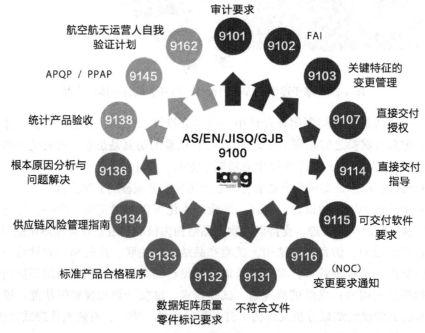

图 7-27　大型装备国际质量体系标准的主要内容

我国航空航天、轨道交通、海洋工程、兵器装备等大型装备制造企业，在装备生命周期研制过程的控制中，注重以科学为依据，将先进的质量管理工具和方法与本行业行之有效的质量管理方法有机整合，收集大量的数据信息进行分析和控制，从而改进产品质量，并在体系运行过程中本着持续改进的思想不断进行优化，整个质量体系的构建基本涵盖了质量相关的所有工具和方法（表7-1）。

表7-1 质量体系构建的基本工具和方法

• 5个为什么与5个如何做	• 几何尺寸和公差（GD & T）
• 6S（工作场所组织）	• 人为因素工程
• 高级产品质量计划（APQP）	• 精益管理
• 控制计划	• 测量系统分析（MSA）
• 纠正措施和预防措施（CAPA）	• 生产零件批准程序（PPAP）
• 质量成本（COQ）	• 质量核心工具
• 制造与装配设计（DFM/A）	• 质量工程
• 六西格码（DFSS）设计	• 质量功能部署（QFD）
• 实验设计（DOE）	• 质量管理体系（QMS）
• 基于故障模式的设计评审（DRBFM）	• 可靠性计算
• 设计验证计划和报告（DVP & R）	• 可靠性工程
• 解决问题的八个纪律（8D）	• 根本原因分析（RCA）
• 故障模式与影响分析（FMEA）	• 六西格玛
• 设计FMEA（DFMEA）	• 统计过程控制（SPC）
• 制程FMEA（PFMEA）	• 供应商发展/供应商质量
• 故障模式、影响及危害性分析（FMECA）	• 全面质量管理（TQM）
• 故障树分析（FTA）	• 价值流图（VSM）
• 功能安全（ISO 26262）	• 客户之声（VOC）
• 量具的可重复性和可重复性（GR & R）	

质量是装备制造企业中优先考虑的目标，在应用的方法和工具中涉及质量管理和可靠性工程两个重要部分，它们从不同视角，在产品、过程和人员等不同方面进行管理和保障。本书会重点介绍系统研发阶段的安全可靠性工程如何基于模型实现质量工程与各领域的协同，推进质量与可靠性技术方法的集成应用，促进健壮性设计以及过程薄弱环节和质量问题的有效识别、分析、改进和控制，实现产品和过程设计优化以及持续改进。

航空航天、轨道交通、海洋工程、兵器装备等大型装备制造企业研制的系统所覆盖的学科越来越多，涉及电子电气、液压、机械、软件等诸多方面，同时包含数百上千个部件。无人机、高铁、无人战车、船舶和火箭等系统的复杂性越来越大，难以依靠人工逐一建立故障的不同层次维度和学科领域之间的映射依赖关系，识别并定量分析潜在的风险更是难上加难。想象一下使用电子表格或独立的FMEA工具管理300万个零件的飞机，并且每种飞机又具有多种故障模式。传统的方式是基于数据库的方式来进行可靠性预测和分析，不断优化产品，随着系统复杂程度越来越高，很多装备制造企业发现采用基于模型的安全可靠性技术是唯一的技术路线，以保障研发人员能够应对快速增长的系统复杂性（图 7-28）。

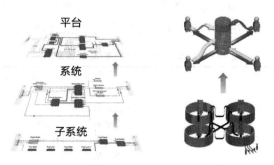

图 7-28　复杂装备系统安全可靠性的系统集成和组织协作

基于复杂装备系统在系统设计阶段产生的功能模型和结构模型生成可靠性模型，该模型可以对预期的产品行为进行建模。模型中的每个分系统和部件都与关键属性及参数相关联，包括功能描述、故障信息、每个分系统及部件的故障物理信息（原因、机制、故障、条件、症状）等。基于模型评估与产品配置相关的潜在故障和风险的影响，生成标准的故障管理工件，例如 FMEA、可靠性图。接下来，转到可靠性和安全性分析，该模型使用这些模型来预计何时会发生故障，如何减轻风险，并计算对系统成本、安全性和可用性的影响。然后，通过建议传感器设计人员诊断范围以确保预防性故障检测，提供积极主动的方法来创建可抵抗故障的可靠的故障产品。通过数字线程质量支撑系统，还可以将安全和可靠性信息带入装备全生命周期，使用当前数字线程相关数据和信息来生成分析模型，并填充进行安全性、可靠性和可支持性分析所需的相关参数。这样，设计师能够看到风险较低的机会，从而生成基于设计的健壮、安全、可靠的产品。这种方法从理念和根本上将质量管理的事后惩治转变为事前控制，将局部预防转变为全过程预防管理。

7.7.2　基于模型的安全可靠性建模分析技术

通过基于模型的安全可靠性设计分析，模型中的每个分系统和部件都与关键属性及参数相关联，包括功能描述、故障信息、每个分系统及部件的故障物理信息（原因、机制、故障、条件、症状）等（图 7-29）。其可用于对复杂装备系统的功能需求进行建模，随着从概念设计到详细设计，可以把系统模型细化到分系统、组件和零件层次。这些模型可以在其他分析任务中重用，这种基于模型快速生成或更新系统模型的能力意味着引入分析过程的配置管理——这是使用电子表格根本无法实现的。

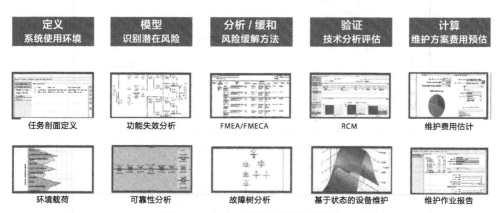

图 7-29　安全可靠性建模分析技术

模型创建

根据复杂装备系统的组成建立标准化、规范化的"功能－结构－故障－测试"模型，应用标准化的故障物理过程分类建立部件故障的因果失效路径，按照"部件－子系统－系统－整机"方式建立清晰的多层次结果，按照功能流描述功率、信号和质量流的传递转换工作方式，具有层级明确、直观清晰等特点。通用质量特性后期的安全风险评估、RAM 分析、测试方案设计、维修方案权衡研究等都将基于此模型展开。

任务剖面及其环境载荷定义

任务剖面是对复杂装备系统在规定任务时间内所经历的事件和环境的时序描述。对于某一复杂装备系统完成的多种任务需制定多个任务剖面。任务剖面应包括以下内容：产品的工作状态、维修方案、随时间发生的环境因素（外部和诱发的压力、温度、高度、电磁辐射等），以及任务成功或严重故障的定义等（图 7-30）。环境适应性被定义为装备（产品）在其生命周期内预计可能遇到的各种环境的作用下能够实现所有预定功能和性能且不被破坏的能力。

功能－结构－故障模型建模

按照故障机理理论，功能－结构－故障模型中融合并集成以下 5 个因素：原因、机理、故障、症状和条件。模型实例如图 7-31 所示。

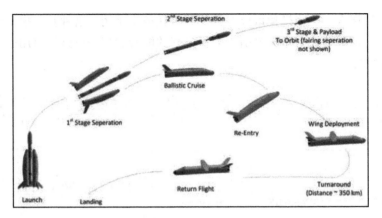

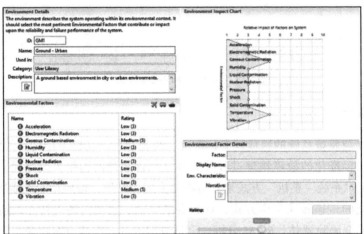

图 7-30 任务剖面实例

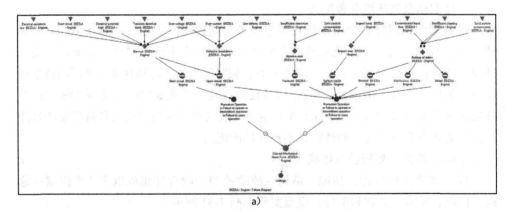

图 7-31 功能－结构－故障模型实例

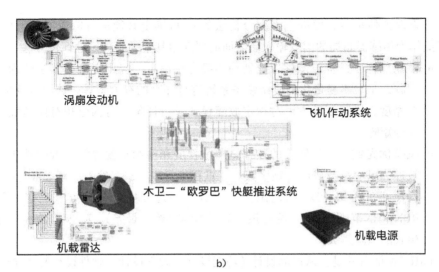

图 7-31 （续）

安全风险评估

功能危险分析

复杂装备系统产品的安全风险评估应采用综合因素法，加权因子是检测难度、故障概率和危害性、工作时间以及环境条件的综合函数。根据产品功能和故障逻辑的定义，基于模糊认知图（fuzzy cognitive map）或键合图（bond graph）技术，自动模拟整个系统对底事件的响应情况，保证故障分析和系统设计可以同步进行。

故障模式、影响及危害性分析

故障模式、影响及危害性分析（FMECA）起源于 20 世纪 50 年代 Grumman 战斗机操作系统上的应用，是指针对产品所有可能的故障，并根据对故障模式的分析，确定每种故障模式对产品工作的影响，找出单点故障，并按故障模式的严酷度及发生概率确定其危害性。所谓单点故障指的是引起产品故障的，且没有冗余或替代的工作程序作为补救的局部故障。

危害性分析的目的是根据每一种故障模式的严重程度及该故障模式发生的概率所产生的综合影响对系统中的部件组成进行分类，以便全面评价系统中各种可能发生的产品故障的影响。危害性分析常用的两种方法是风险优先数（Risk Priority Number，RPN）和危害性矩阵法，风险优先数主要用于汽车等民用工业领域，危害性矩阵法主要用于国防军工领域。

利用 FMECA 的分析结果，按照多种风险评价方法（如风险优先数、危害数法、危害性评估指数、模糊危害度分析法等），可确定必须进行监测的故障模式，并以此作为传感器布局的信息输入。下面简要介绍其中的两种风险评价方法：

- 模糊危害度：基于模糊理论处理不确定性信息，应用定量的方法处理定性问题，是对不易量化的复杂装备系统进行评判的有力工具。从故障发生度、严酷度、检测度等方面对指定故障模式进行评价，可构建相对模糊危害度评分矩阵。
- 风险优先数：事件发生的频率、严重程度和检测难度等级三者的乘积，也被称为风险系数或风险顺序数。严重程度等级（S）、发生概率等级（O）和检测难度等级（D）的范围为 1～10，通过专家评估的方式确定，所以 RPN 值的范围为从 1（绝对最好）到 1000（绝对最差）。RPN 值越大，故障模式的风险越大。

FMECA 的目的是：从产品设计（功能设计、硬件设计、软件设计）、生产（生产可行性分析、工艺设计、生产设备设计与使用）和使用角度发现各种影响产品可靠性的缺陷和薄弱环节，保证有组织地找出系统所有可能的故障模式及其影响，进而采取相应的措施，为提高产品的质量和可靠性提供改进依据，为可靠性、维修性、安全性、测试性和保障性工作提供定性依据。FMECA 方法主要包括功能 FMECA、硬件 FMECA、软件 FMECA、过程 FMECA 等，表 7-2 总结了产品生命周期各阶段的 FMECA 方法。

表 7-2 产品生命周期各阶段的 FMECA 方法

阶段	方法	目的
论证、方案阶段	功能 FMECA	分析及研究产品功能设计的缺陷与薄弱环节，为其改进和方案的权衡提供依据
工程研制与定型阶段	功能 FMECA、硬件 FMECA、软件 FMECA、DMEA、过程（工艺）FMECA	分析及研究产品硬件、软件、生产工艺、存储性与易损性设计的缺陷与薄弱环节，为其设计和改进提供依据
生产阶段	过程（工艺）FMECA	分析及研究产品生产工艺的缺陷和薄弱环节，为其改进提供依据
使用阶段	硬件 FMECA、软件 FMECA、DMEA、过程（工艺）FMECA	分析及研究产品使用过程中可能或实际发生的故障、原因及其影响，为提高产品可靠性、改进产品、改型或研制新产品以及维修决策等提供依据

共因分析

共因分析是复杂装备系统安全性评估中的一项重要内容，贯穿于整个设备设计制造的整个过程。共因分析包括特定风险分析、共模分析和区域安全分析三部分内容。为了提高可靠性和安全性，复杂装备系统常常把关键分系统设计为冗余结构。然而在实际应用中，常常会发生两个或多个部件由于某种共同的原因而同时出现故障的情况，即共因故障，严重影响了冗余系统的安全作用，可能使系统的可靠性降低几个数量级，成为系统失效的主要根源。

区域安全性分析

区域安全性分析是继系统故障树分析（FTA）之后，对同一区域分系统之间的相容性进行分析，评估某一事故引起的失效对其相应区域内设备和系统产生的影响，分析产生故障的可能性，提出改进意见，保证各系统之间的相容性和完整性。目标是确保系统设计和安装满足安全性要求，维修差错的影响和验证设计满足 FTA 事件独立性要求。区域划分是区域安全性分析的基础，会对后续区域安全性分析的评估复杂度、评估精度产生直接影响。

共模分析

共模故障的基本定义是：由一个相同的原因引起的多个故障模式相同的失效，且这些多重失效之间没有因果关系。造成共模故障的原因包括工程因素、使用因素和环境因素。这是一种相依失效事件，该事件的存在增加了复杂装备系统的联合失效概率，降低了冗余系统的可靠度，给系统设备带来了巨大的安全隐患。共模分析的分析对象主要是那些可能破坏独立性原则而导致灾难性失效状态的潜在共模故障、级联故障和多重故障。

风险矩阵图

风险矩阵（risk matrix）图又称风险矩阵法，是一种根据危险发生的可能性和伤害的严重程度综合评估风险大小的定性的风险评估分析方法。它是一种风险可视化工具，主要用于风险评估领域。

可靠性设计和分析

可靠性分配和预计

可靠性分配是指在产品初始设计过程中，将产品研制任务书中规定的总指标，从平台到子系统自顶向下分解到各个分系统及设备的过程，需借助以往型号的经验并综合考虑分系统和设备的复杂度、技术水平、任务情况和重要度。目的是使各个分系统和设备的研发人员获得设计要求并进行评估，是一个反复迭代的过程。可靠性分配方法包括：等分配法、评分分配法、比例组合法、综合评分分配法、余度系统的比例组合法、直接寻查法、具有约束条件的优化分配法等。

在复杂装备系统的研制过程中，采用相关软件可以花最短的时间达到总体分配的可靠性指标，在满足可靠性指标的前提下防止对某个零部件提出过分苛刻的要求，有效降低设计难度和减少试验费用。

可靠性预计是指在设计阶段对系统可靠性进行点估计，根据产品的历史可靠性数据、产品系统的构成及结构特点、产品系统的工作环境等因素来估计组成系统的部组件及子系统的基本可靠性和任务可靠性。可靠性预计是自下而上、从小到大、从局部到整体的过程。可靠性预计的常用方法包括：相似产品法、评分预计发、元器件计数法、应力分析法、可靠性框图法（图7-32）。

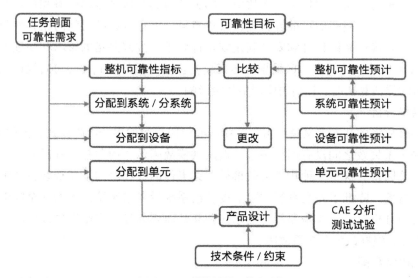

图 7-32 可靠性分配与预计

冗余设计与容错设计

冗余设计又称余度设计技术，是指在系统或设备完成任务时起关键作用的部件或子系统中，增加一套以上完成相同功能的功能通道、工作元件或部件，以保证当该部分出现故障时，系统或设备仍能正常工作，减少系统或者设备的故障概率，提高系统可靠性。判断是否采用冗余设计需综合考虑以下因素：基本可靠性、任务可靠性、技术可行性、重量和体积、研制和维护的费用及时间成本。

容错设计是指系统在发生特定故障的情况下能继续正确执行的能力，反映了产品或系统在发生故障情况下的工作能力。

冗余设计是产品通过多增加相同功能类型的设备完成规定功能的方法和手段，在当前设备发生故障的情况下，启动冗余设备替换原有设备，使故障部分从系统中切除。容错设计强调了技术实施的最终结果，比冗余设计包含的内容更加广泛，通过在产品设计中消除或控制故障（错误）影响的措施，实现提高产品任务可靠性和安全性的目的。

静态 / 动态故障树

故障树是评价复杂系统可靠性与安全性的重要方法，起源于 20 世纪 60 年代在美国民兵导弹发射控制系统中的应用。它是一种特殊的树状逻辑因果关系图，用规定的事件、逻辑门和其他符号描述系统中各事件之间的因果关系，静态故障树是指仅含静态故障逻辑门的故障树，即仅包含与门、或门、表决门和非门。动态故障树是指包含一个以上动态逻辑门的故障树，具有顺序相关、资源共享、可修复以及冷 / 热备份等特性。FTA 的目的是寻找系统故障的全部故障模式，系统的故障模式即为系统的割集，系统完好正常的模式即为系统的路集。若从割集中任意去掉一个底事件后，剩下的底事件就不再是割集了，则称之为最小割集。路集是指其所含底事件均不发生时顶事件必然不发生的集合。传统的故障树分析方式是基于静态逻辑和静态故障机理提出的系统可靠性分析方法，但不适用于具有动态随机性故障和相关性的系统。动态故障树中顶事件的发生不仅与底事件的组合有关，也与底事件的失效顺序有关。动态故障树定性分析主要是求动态系统的最小顺序割集，从而确定动态系统的失效模式。

故障树是一种系统化的演绎方法，它以系统不希望发生的一个事件（顶事件）作为分析的目标，用逻辑图来表明产品哪些组成部分的故障或外界事件或它们的组合将导致产品发生某种给定的故障。故障树构图的元素是事件和逻辑门：事件用来描述系统和元部件故障的状态；逻辑门把事件联系起来，表示事件之间的逻辑关系。

故障树分析是指通过对可能造成产品故障的硬件、软件、环境、人为因素进行分析，画出故障树，从而确定产品故障原因的各种可能组合方式和发生概率（图 7-33）。

马尔可夫分析

马尔可夫分析法（Markov analysis）又称为马尔可夫转移矩阵法，是指在马尔可夫过程的假设前提下，通过分析随机变量的现时变化情况来预测这些变量未来变化情况的一种预测方法。马尔可夫分析用于多工作状态和复杂冗余备份涉及的系统可靠性和可用性分析，在可视化环境下建立可修 / 不可修系统状态转移模型。

当构成系统各部件的寿命时间和故障后修理时间服从指数分布时，只要适当定义系统的状态，这样的系统就可以用马尔可夫过程来描述。它包括状态转移图、状态转移矩阵和状态转移概率等。

蒙特卡罗方法

蒙特卡罗方法是一种统计试验方法，在功能–结构–故障模型的基础上，分析系统参数的随机变化对当前系统风险的影响。蒙特卡罗分析是当系统组成部分的参数服从任意分布（正态分布、随机分布等）时，输入参数抽样值并分析可靠性参数偏差的一种统计分析方法。蒙特卡罗模拟计算得到风险顺序数的平均值和风险顺序数的概率累积曲线。

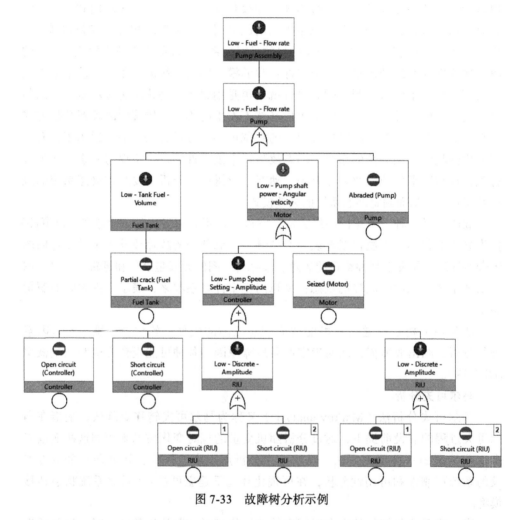

图 7-33　故障树分析示例

以可靠性为中心的维修管理（RCM）

RCM 的国际定义为：确定有形资产在其使用背景下的维修需求的一种过程。RCM 的国军标定义为：以最少的能源销售保持装备固有可靠性和安全性的原则。其内涵是对系统进行功能与故障分析，明确系统内各故障的后果；用规范化的逻辑决断方法，确定各故障后果的预防性对策；通过现场故障数据统计、专家评估、定量化建模等手段在保证安全性和完好性的前提下，以维修停机损失最小为目标优化系统的维修策略。RCM 通常从分析资产的功能入手，而反向 RCM 则从现有维修任务入手，根据现有维修任务重故障模式发生的情况确定维修工作，通过减少现有维修任务重故障模式发生的概率来达到保证资产可靠性的目的。

维修方案权衡研究

考虑三级维护保障体制——现场级、中继级、基地级，评估系统、分系统、部件的可靠性。自定义维修措施和维修费用，计算结果以报告形式输出。快速评估多种方案的可用性和维护费用，推荐最优维修方案以辅助工程决策。

故障预测与健康管理（PHM）

PHM 的主要技术手段包括关键部件或系统的实时状态监控、故障诊断（监测、隔离、监控）、可靠性评估、产品部件剩余寿命预测、辅助决策、资源管理、信息传输与管理。PHM 技术经历了外部测试、机内测试（BIT）、智能 BIT、综合诊断、PHM 共 5 个阶段。PHM 技术在产品应用层次上，从过去的部件与分系统级，发展到覆盖整个平台各个主要分系统的系统集成级；在应用层面上，从电子产品扩展至结构与机构、机电产品等领域。

目前，PHM 技术已经成为美国军事装备研制阶段与使用阶段的重要组成部分。代表性的 PHM 系统包括：F35 战机的自动后勤信息系统（ALIS），直升机的健康与使用监控系统（HUMS），波音飞机的飞机状态管理系统（AHM），NASA 飞行器的综合健康管理（IVHM），美国海军的综合状态评估系统（ICAS）以及预测增强诊断系统。我们以最为先进的 F35 战机的自动后勤信息系统为例介绍其发展历史和组成。20 世纪 80 年代初，美国开始了第四代战斗机的研制工作，为实现经济可承受性的目标，美军提出了自主保障要求，并在联合攻击机（JSF）上得到实现。JSF 的 PHM 系统分为三个层次：最底层分布于飞机分系统部件中的传感器；中间层为区域管理器（包括推进系统实时监控、航电系统实时监控、机体结构实时监控、液压系统实时监控）；最上层为飞机平台管理器。最底层的传感器将飞机各分系统及部件的相关信息传递给中间层的区域管理器，区域管理器经过处理融合，筛选出特征信息传送到最高层的飞机平台管理器中。通过将所有系统故障信息相关联，并与历史数据和产品模型相比对，确认并隔离故障，最终形成维修信息并通过分布式系统传递给后面的后勤信息系统，据此来判断飞机的安全性、安排飞行任务、更新飞机的状态记录、调整使用计划、生成故障决策。表 7-3 总结了 PHM 技术在国际军事领域的应用情况。

表 7-3　PHM 技术在国际军事领域的应用

类别	PHM 系统	应用情况
航天器	IVHM ISHM	X34 超高速飞行器、X37 空天飞机、NASA 第 2 代重复使用运载器
固定翼飞行器	PHM HUMS	F-35、F-22、B-2、全球鹰、鹰教练机、C-130、C-17、RQ-7A/B "影子" 200 战术无人机系统、P-8A、AMRAAM 导弹系统、阵风战斗机、EF-2000 台风
直升机	HUMS JAHUMS	AH-64 阿帕奇、UH-60 黑鹰、CH-47 支奴干、RAH-66 科曼奇、EH-101、Bell-206、欧盟 "虎式" 直升机、NH-90、AS350 松鼠、战地侦查直升机(BRH)、水面作战海上旋翼机(SCMR)、AH264、山猫直升机
船舶	ICAS PEDS	"华盛顿" 号、"林肯" 号、"星座" 号、"里根" 号、"提康德罗加" 号航母、"宙斯盾" 导弹巡逻舰、"阿利·伯克" 级驱逐舰、"佩里" 号导弹护卫舰、英国机敏级攻击型核潜艇、澳大利亚皇家海军科林斯级潜艇、加拿大维多利亚级潜艇、荷兰 1400 吨 "海鳝" 级潜艇

传感器布局方案的设计、分析和优化

传感器优化配置是系统测试性设计的重要内容，也是故障检测和健康管理系统的基础。传感器的优化配置需要解决以下 3 个问题：在保证系统故障覆盖和辨识的前提下，确定需要采用的传感器的类型和数目；对选定传感器的布局进行优化，其优化准则是在保证系统具有较高可靠性的前提下具有较好的检测性能；考虑各种传感器自身的故障检测性能（故障率、信噪比、灵敏度等）。在满足 PHM 系统测试指标要求的条件下，研究如何在最关键的位置配置合适数量的传感器，具有十分重要的理论意义和工程实用价值。

- 基于安全风险评估和安全可靠性分析的结果，基于风险优先数等定量评价指标进行传感器设计，以满足故障检测覆盖率的要求。
- 根据系统对底事件故障模式的响应，生成感知健康状态的传感器布局，技术人员在此基础上进行调整，对比评估并最终选择最佳方案。
- 通过在系统中进行故障注入，分析传感器对这些故障的检测效果和覆盖率，标识出无法被传感器诊断方案覆盖的故障模式，并输出报告。
- 基于提高故障检测覆盖率的目标，考虑传感器约束条件，对传感器布局进行优化。
- 构建丰富的传感器数据库以备客户选择查找，同时可根据客户需要进行科学分类，根据传感器供应商的产品参数创建新的传感器以备后用。

基于模型的故障诊断方法

故障诊断技术是基于对已建立的监控系统获取的数据信息进行分析处理的需要而发展起来的，被控系统的复杂度随着计算机技术和控制技术的飞速发展而不断提高，其可靠性和安全性的要求也越来越高。故障诊断的性能指标主要有：故障诊断的及时性，早期故障诊断的灵敏度、故障的误报率和漏报率、故障定位和故障评价的准确性，故障诊断系统的鲁棒性等。故障诊断的方法主要包括三类：基于模型、基于信号处理和基于经验知识。其中基于模型的故障诊断是随着解析冗余思想（1971 年由麻省理工学院的 Beard 首先提出）的不断发展而形成的，这种方法的特点是基于完整准确的系统模型深入动态系统的本质，快速进行故障检测和诊断。

模型库

模型库主要包含以下内容：失效故障、工业产品、传感器。用户可以自定义模型或知识库以方便重用。

- 失效故障模型库分为 5 类：原因、机理、条件、故障、损耗症状。
- 工业产品模型库按照产品所属工业类型分类：电子电气（通信、网络、电力系统、电气系统、发电机/电动机），液体（冷却、燃油、操纵），机械（传动、飞控、起落架、齿轮、动力机车），气动（供气系统、防冰系统、火箭发动机、航空发动机）。
- 传感器模型库按物理量纲分类：力、功率、电磁、光、流量……

7.7.3 基于数字线程的安全可靠性管理

基于系统设计阶段生成的功能模型和结构模型，通过数字线程质量支撑系统，可以将安全和可靠性信息带入装备全生命周期，还可使用当前数字线程相关数据和信息来生成分析模型，并填充进行安全性、可靠性和可支持性分析所需的相关参数。根据当前的配置及设计状态，基于模型的安全可靠性系统会自动识别和显示匹配的项和层次结构，变更会自动更新系统模型，并确保模型和分析的一致性，以优化安全性、可靠性和可靠性，并提供有前瞻性的见解，使设计师能够看到风险较低的机会，从而生成基于设计的健壮、安全、可靠的产品。通过集成支持可用性、安全性和拥有成本的贸易研究所需的分析能力，确保了决策过程的一致性以及跨越生命周期的知识转移和管理能力，创建了一个基于数字模型的产品可靠性表示，具有标准化的工作流和数据结构，以及与上游/下游工程和资产管理集成的能力。

物联网、云和机器人等技术正在彻底改变制造业，尽管很多装备制造行业在数字化转换功能（例如研究、开发、生产和维护）中获得了一定的动力，但在安全可靠性管理过程的数字化方面却明显置后。传统的质量管理数据都运行和存储在一些业务部门和系统中,无法为决策层提供整个企业的整体视图。我们今天可以通过云、人工智能、大数据和物联网等先进技术,编织一个"质量工程数字线程",实现跨系统层级、业务部门的双向信息流,以增加协作和操作的灵活性,实现基于模型的端到端的质量管控和全生命周期追溯,并可以获得实时性能指标的可见性。

总而言之,复杂产品存在安全性和可靠性问题,这需要一种新的方式来考虑质量工程,将质量工程与系统生命周期集成在一起,可以提供主动的方式来预见即将到来的风险和问题,并调整过程来避免这种情况的发生。例如,确保所有系统研发相关人员都使用通用的描述符来描述潜在的故障,或者提供 SysLM 系统之间的直接集成,以为安全和可靠性分析提供输入,在故障识别过程中引入自动化等。

例如,西门子 PLM 平台 Teamcenter 和澳大利亚 PHM 公司 MADe 软件集成后可实现以下工作流程:MADe 软件导入存储于 Teamcenter 平台的基于模型的系统工程模型,执行安全可靠性分析,然后将结果和模型保存回 Teamcenter 平台。具体工作流如图 7-34 所示。

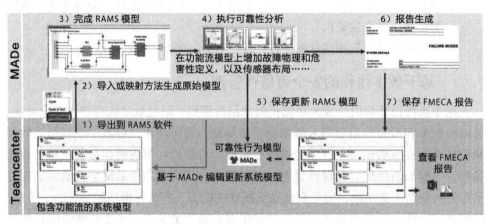

图 7-34 Teamcenter 与 MADe 软件集成

随着系统的日益复杂化,为了更有效地对整个系统进行快速、准确、全面的监测、故障诊断、寿命预测和健康管理,迫切需要将所有功能子系统的信息采集、传输和处理融为有机的整体,以此来提高系统的管理能力和设备利用率,建立在线故障诊断和在线寿命预测。建设自主化故障信息闭环管理系统,需包含以下组成部分:工业物联网平台、SysLM 平台、基于模型的安全可靠性软件(图 7-35)。

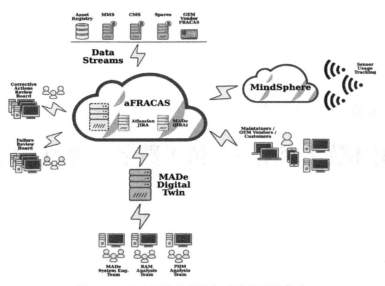

图 7-35　安全可靠性系统与工业物联网集成

基于模型和全面质量管理的思想，不断将安全可靠性系统与产品科研生产价值链流程的其他业务系统深度融合，依据不同对象的使用习惯，实现业务活动的多系统执行，基于模型和数字线程技术实现全部安全可靠性相关业务活动的完整且详细的策划、执行和控制，并将相关信息实时反馈到集成化的数字系统，构建系统全生命周期基于模型的全层级、全过程的安全可靠性信息集成。在此基础上，构建产品、过程和体系监测指标、评价模型、预警模型，实现自动对产品、过程和体系进行监控预警、预测分析、考核评价等决策辅助，并通过知识工程和数据挖掘等方法，针对科研生产与经营管理各个业务活动场景，构建并推送相应的业务规则、表单模型、故障模式模型等质量知识和信息，实现业务活动的自动策划、智能作业、自动控制和自主改进，并根据业务活动的实施质量，不断提炼、补充、优化业务规则、表单模型、故障模式等知识模型，达到全生命周期数字化、可视化、智能化的质量管理。

第 8 章 | Chapter 8

闭环数字孪生——依于数字，智周万物

> 给我一个支点，我可以撬起整个地球。
>
> ——阿基米德

> 科学最伟大的进步是由崭新的、大胆的想象力所带来的。
>
> ——约翰·杜威

本章导读

本章结合 Hackrod（一家美国汽车初创公司）与西门子合作的高速赛车概念验证项目 La Bandita，以数字思维为引领，以数字模型为支撑，以数字线程为主线，探讨了数据探索中的先进技术，如语义网、XR（VR、AR、MR 等）技术、基于模型的先进制造和数据闭环实践应用，给出了第四范式（数据探索）时代智能工业的畅想，作为面向协同创新的集团企业研发设计资源集成共享平台技术研究与应用项目实施的终极目标。

在本书的第 1 章，我们简要讨论了科学研究的四个范式，在积累了巨量数据的基础上，大数据时代的脚步推动着我们转向第四范式的研究和思考方式。事实上，我们听到的很多热门概念，比如工业 4.0、Web 3.0 等，本质上都是各个行业迈向数据驱动的"第四范式"，其核心在于研究如何充分挖掘数据中的信息和知识，通过数据指导设计和决策并创造价值。有了数据驱动的技术和工具，计算机可以分担大量的工作，让人们更加专注于创造创新，不再将大量精力耗费在烦琐的事务上。我们将进入一个"智能的时代",那么"智能"的工业时代到底是什么样的呢?它具有哪些特点和优势?数字孪生在其中发挥着什么样的作用?我们耳熟能详的数字创新相关概念和技术是如何融入其中的呢?

本章将围绕上述几个问题展开讨论。首先,我们将通过 Hackrod 的案例揭开智能工业时代的一隅,接着我们将透过这个案例,探讨它背后的特点和技术,以及本书着重介绍的数字孪生在其中的位置和作用。

8.1 Hackrod:游戏化的工业 4.0

Hackrod 是总部位于美国加利福尼亚州的一家汽车创业公司,成立于 2017 年。与一般汽车生产商不同,他们的愿景不是通过一系列的自动化设计仿真和制造技术生产特定的产品,而是让消费者成为汽车领域的创造者和设计者,实现车辆设计制造的民主化。Hackrod 官方网站的首页上写着下面这段话:"我们相信所有人都应该能够创造任何事物。随着我们进入一个可承受的按需制造的时代,我们看到了消费者即为创造者的萌芽。我们的任务是将这样的个体连接到制造网络中去,并为他们提供工具,使他们能够按照自己的需求和品位来塑造产品。"[74]

Hackrod 的理念来自消费者观念的转变。一方面交通市场呈现出越来越明显的细分趋势,比如租车、电动车、共享单车等公共交通方式的盛行,说明消费者越来越追求能够全方位满足个人需求的交通工具,这种定制化的需求在赛车行业更早盛行。另一方面,以 80 后、90 后为主的消费者希望所有事情都能通过社交网络完成。换言之,消费者希望能够创建自己的"账户",能够发布个人的创意想法,能够方便快捷地搜索到产品信息或者寻找其他用户。消费者希望参与到设计的过程中去,而这个过程要能够在客户端上方便快捷地完成。这是一种"民主化"的趋势,其实,从近几年来直播、短视频等平台的流行已经可以看出文化作品创作的民主化趋势了,但是目前这种民主化还局限于 2D 的世界。Hackrod 希望能够引领 3D 制造民主化,建立"工厂社交网络",如图 8-1 所示,把小型企业、消费者和零部件供应商、软件公司、科学工作者、物流等联系起来,让企业或者消费者像玩游戏一样进行真实产品的设计,并直接实现规模化的定制生产。Hackrod 将之称为工程的游戏化(gamification of engineering)。

Hackrod 实现这一宏大愿景的核心是将游戏引擎引入大规模工业设计,创建了名为 AUTONOMO 的定制汽车设计平台。通过与西门子工业软件合作,结合 VR、AI 等技术在虚拟现实环境中完成车辆的全部设计并进行测试验证和优化,通过 3D 打印直接打印出全尺寸底盘,快速实现定制汽车从概念到大规模生产的完整流程[76]。

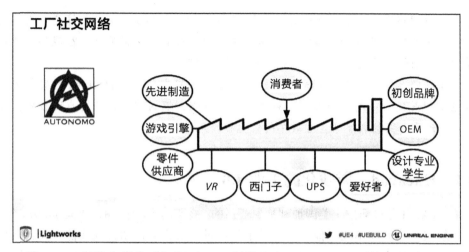

图 8-1　工厂社交网络（来自 Hackrod 创始人之一 Felix Holst 在 Unreal Engine Build: Munich'18 的演讲）[75]

　　2018 年 Hackrod 和西门子合作完成了概念验证项目：高速赛车 La Bandita。如图 8-2 所示，这是全世界第一台完全通过 VR 设计的、3D 打印全尺寸底盘的车辆。如图 8-3 所示，La Bandita 开始于一张 2D 手绘样稿，通过到 Solid Edge、Fusion 360、Vred 等建模软件将手稿导入，建立数字化的 3D 模型；或通过扫描真实零件、利用已有工业 CAD 等方式，获得车辆零部件的 3D 模型及装配关系图。此时，设计概念已经转化为具体数据，虽然这个 3D 模型还只存在于 2D 屏幕上。接着，AUTONOMO 利用 CAD 自动处理管线工具 SLIPSTREAM（原属于英国 VR 设计公司 Lightworks，现已加入西门子工业软件解决方案，与 NX 结合）建立视觉真实的（photorealistic）VR 模型，即车辆的 3D 数字孪生。设计者可以在 VR 环境下观察车辆的所有部件，甚至坐到车里进行直观的驾驶体验；也可以基于该数字孪生进行结构、流体、声学等方面的仿真模拟和测试验证，并在 3D 环境中观察仿真结果；还可以进行设计探索，通过机器学习算法优化车身拓扑结构，利用 NX 融合建模优化制造工艺，在统一软件环境下完成 3D 打印和常规制造方式相结合的工艺准备。

　　在设计优化过程中，Hackrod 公司早期利用回收车辆采集的赛车在极端环境下的行驶数据起到了巨大作用：他们在回收车辆的底盘上布置了大量传感器，根据传感器采集的数据训练机器学习模型、设定设计探索约束、定位车身关键结构位置，等等。在整个虚拟设计的过程中，身处全球不同地点的工程师和专家可以同时通过 VR 设备进入数字孪生的世界，直接面对视觉真实的 3D 数字孪生进行交流探讨，充分利用不同领域专家的经验和知识,使协同和合作达到前所未有的深度[76, 78]。

图 8-2　La Bandita [77]

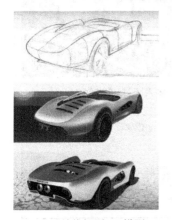

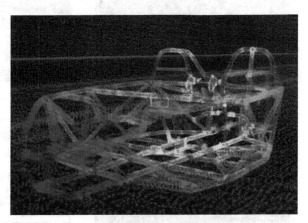

a) 2D 手绘线框到 3D 模型　　　　　　　b) 传感器网数据采集结果

c) 设计者通过 VR 设备观察视觉真实的 3D 数字孪生

图 8-3　La Bandita 从概念设计到虚拟验证优化过程 [78]

d）局部观察 La Bandita 数字孪生

e）VR 第一视角　　　　　　　　　　　　f）多人同时 VR 在线

g）CFD 流体仿真可视化　　　　　　　　h）底盘结构设计探索

图 8-3（续）

当数字孪生通过虚拟世界的测试验证后，赛车数据直接传输至制造设备进行整车生产。La Bandita 底盘的制造由国际顶尖的先进制造技术专家 Slade Gardner 指导，采用了大尺寸金属 3D 打印（增材）和 CNC 制造工艺（减材）相结合的混合制造方式，先利用 3D 打印堆叠出部分形状，紧接着利用 5 轴机床进行铣、切割、磨等操作，时刻保证制造精度和表面质量，底盘结构如图 8-4 所示。该过程全部自动化，集成了基于西门子 PLC 的 Simatic 自动化解决方案和基于 CNC 数控系统的 Sinumerik 数控系统解决方案[79]。

Hackrod 还采用了西门子 Mindsphere 作为 La Bandita 的 AI 基础架构和物联网云平台，实现机器与数字世界之间的无缝连接，获得更高的生产力和效率、缩短停机时间、增加产量并提高厂房空间利用率。La Bandita 的设计、测试、制造和运行数据也都能够存储在云平台上,确保数据的连贯性和唯一性,同参与设计、制造、维护等各个方面的用户实时共享,并能够为下一代的设计更新所利用。

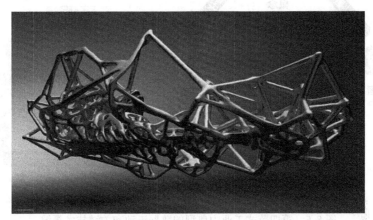

图 8-4 La Bandita 3D 打印全尺寸底盘[77]

8.2 数据探索时代工业的特点

从 Hackrod AUTONOMO 和 La Bandita 的案例中可以归纳总结出,在典型的数据驱动的工业生产中,数据和知识是如何以不同的形式流动、转化并创造价值的。如图 8-5 所示,数据和知识的载体主要有五种形式:概念设计、数字孪生、实际产品、数据库以及人(包括行业专家、科研人员、消费者等)。可以看出,第四范式数据探索与第三范式最大的不同在于:在产品设计前端,所有的设计、协作和测试都在虚拟环境中基于数字孪生进行,样机和实际产品出现在整个设计生产流程的后端,从中也可见数字孪生在数据探索工业中的关键枢纽作用。

从 Hackrod 的案例中还可以看到,数据探索给新时代的工业带来了激动人心的三个特点:高效性、大规模柔性定制以及全球性的人机结合协同形式。通过数字孪生进行迭代设计和测试可以极大程度地缩短从设计到上市的周期,降低试验成本;模型化、自动化的工艺设计方便了个性化的生产制造,"工厂社交网络"的概念也为节约制造成本和物流成本提供了思路。游戏引擎和沉浸式技术的加入让产品全生命周期及整条供应链相关人员能够流畅无阻地获取一致信息,不再受时间和地域的限制。图 8-5 中,这些关键技术领域的突破发展作为数据探索的基石,为我们搭建了一个前所未有的美好愿景。

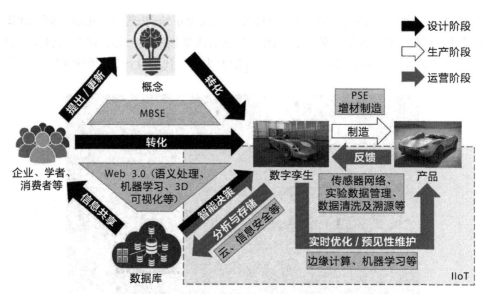

图 8-5 第四范式工业中典型的数据流动和关键技术领域

8.3 数据探索中的先进技术

之前的章节重点介绍了如何构建复杂装备系统的数字孪生,故而本章不做更多展开。通过全方位落实 iMBSE 的思想、实现全系统多学科多层次的数字化,我们建立起了产品数字孪生的全副"骨骼",再通过扩展现实(eXtended Reality,XR)技术为这副"骨骼"盖上"皮肤",我们就得到了 Hackrod 案例中视觉真实的产品数字孪生。围绕数字孪生这个核心,还需要发展一系列的先进技术,以实现真正高效、可靠、智能的数据探索。

8.3.1 智能网络

语义网/Web 3.0

最早的互联网是只读网络,信息由商业机构向消费者单向传递(一般是公司展示描述他们的业务),用户只能搜索阅读,无法评论或上传自己的内容,这个时期被称为 Web 1.0 时代。实际上现在很多的公司网站仍然是 Web 1.0 的模式。2003年 O'Reilly 传媒副总裁 Dale Dougherty 提出了 Web 2.0 的概念,即"可读写"的网络——一个信息双向交互的平台,用户不只可以搜索和浏览,还可以创造并上传自己的内容,比如 Youtube、Facebook、微信、微博、知乎、大众点评等。这个概念迅速席卷全球，在这十余年间重新定义了商务运营、市场营销乃至人们的社交方式，互联网行业的体量也迅速扩大了数十倍。相对于 Web 1.0，Web 2.0 更加民主化，用户的互动性更强。

未来的智能互联网将在 Web 2.0 的基础上进一步深化网络的民主性和互联互通。通过结合 Web 2.0 的现有技术和经验，结合语义网络（semantic Web）、人工智能、3D 图像等新技术，我们可以拥有智能化的网络，即机器可以根据用户的语言输入分析背后的含义，并自主地对网络上的其他信息进行整合和分析，产出新的内容反馈给用户。信息的交互变成了生产者、内容消费者和机器三者之间的多向交互[80]。有业界人士将其称为 Web 3.0。一个典型的例子就是淘宝、亚马逊等电商平台的智能推荐，网站根据用户搜索的词条，自动解析搜索同义词条的其他用户，并将他们经常搜索的内容推荐给你。互联网的体量也将随之继续扩张，如图 8-6 所示，在 2014 年的时候，万维网就拥有约 10 亿有索引的网站和 25 亿网络用户[81]。随着手机、PC、摄像头、先进传感器等智能设备加入网络，互联网将会无处不在（ubiquitus）。

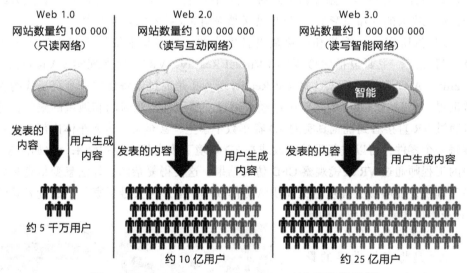

图 8-6　Web 1.0、Web 2.0 和 Web 3.0 的架构和体量[81]

Web 3.0 的关键技术飞跃在于互联网本身能够"理解"网络上的内容并产生自主的决策，它的核心是语义网络。语义网络的概念是万维网之父 Tim Berners-Lee 提出的，在 1999 年他曾设想[82]，"我梦想着网络能够分析其上的所有信息——内容、链接、人或计算机之间的各种事务。能够实现这一梦想的'语义网络'还没有出现，但当它出现时，人们的贸易、公务甚至生活的日常机制都可以通过机器与机器的对话完成。人们吹嘘了很久的'智能代理'终将实现。"据统计，2013年的时候已有400万网站包含了语义网的标志性特点[83]。语义网通过统一资源标识符（Uniform Resource Identifier，URI）、可扩展标记语言（eXtensible Markup Language，XML）和资源描述框架（Resource Description Framework，RDF）对信息建立唯一的、系统的标记，促进多个参与者之间的信息集成，能够链接来自不同网站或数据库的数据，无须大量的预先协调。再通过RDFS（Resource Description Framework Schema）、OWL（Web Ontology Language）等描述网络文档中术语的明确含义和它们之间的关系，使计算机可以采集和整合不同来源的数据，并学习数据的含义和逻辑关系[84]。结合人工智能算法来处理信息和数据，智能网络时代的计算机将具备自主决策的能力，如区分数据的好坏等。

XR 技术

智能工业时代的网络不只要实现"万物互联"，还要连接人，包括行业专家、企业管理者、客户等，充分利用人的智慧和经验，与计算机的存储和计算能力结合，形成庞大的"知识孪生"。这里就必须强调 XR 技术的重要作用。

XR 指所有由计算机和可穿戴设备生成的、真实和虚拟组合起来的环境以及人机交互，主要包括虚拟现实（Virtual Reality，VR）、增强现实（Augmented Reality，AR）和混合现实（Mixed Reality）。VR 是通过设备建立一个沉浸式的虚拟世界，在 La Bandita 的案例中已经介绍过，工程师不受时间和地域的限制，可以通过 VR 直接看到视觉真实的 3D 赛车数字孪生，甚至可以进入车体内部放大观察每一个零件，可以进行设计修改或在 3D 环境下观察仿真模拟结果，比如图 8-7 中的工程师通过 VR 眼镜观察 CFD 仿真结果。这使得复杂的设计信息变得直观而易于理解，能够极大程度地提高团队协作效率。电影《头号玩家》中的世界就将 VR 技术应用到了极致，构建了一个完整的虚拟世界。

AR 是将虚拟世界的景象植入现实世界中，但我们自身的感知还停留在现实世界。比如最新版本的 Solid Edge 2020 已经嵌入了 AR 功能，允许用户通过扫描二维码，在移动设备上呈现 3D

图 8-7　通过 VR 观察 CFD 仿真结果

CAD 实体并通过手势操控，有效提高装配、空间布局等工作的效率，如图 8-8 所示。MR 则是 VR 和 AR 的综合，虚拟世界和现实世界相互融合，物理和数字对象实时共存并能够互动。比如在电影《钢铁侠》当中，托尼就创建了战甲的数字孪生模型，他可以随意拆解全息投影的战甲部件，将个别单元拿出来研究并且能直观地看到它的性能。若只有传统的分析方式，他只能把实体样机拆开测量或者依靠数值公式推算，相比于通过 MR 分析，效率将大打折扣。

图 8-8　Solid Edge 2020 的 AR 功能

通过 Web 3.0 和 XR 技术，技术知识的共享将不再受时间空间的限制，工程师可以建立全球范围的知识网络（knowledge network），作为对传统企业社交网络的补充。该知识网络以"任务"为驱动，计算机可以自主地查找、识别网络上的有效信息并反馈给用户。工程师很容易找到目标领域的专家，并可以通过知识网络导航检索，快速找到相关的最佳实践案例。

8.3.2　基于模型的先进制造

视觉真实的数字孪生可以非常方便地实现定制设计，但是，把这些定制设计转变为真实产品的制造过程是高效生产和柔性生产的瓶颈。对于大型工厂来说，定制生产涉及车间布局优化、工具配置优化、库存调度等方面的复杂因素，更不用说目前大多数制造企业仍采用二维工程图进行工艺设计，要经历从三维到二维再到三维的烦琐转化，期间存在数据重复、不一致、管理混乱，制造周期冗长等问题。而对于初创公司来说，他们还需要考虑工具的购入、厂房的建设、风险资本筹集等，种种问题都可能将他们的创新设计扼杀在摇篮中。

提高生产效率和生产柔性的未来将是通过基于模型的生产系统工程（PSE）构建生产数字孪生。集成零件工艺设计、工艺仿真、MES/MOM 系统、知识管理及资源管理等核心功能，真正实现协同制造和从数字孪生到规模化产品的一步到位。本书主要关注产品数字孪生部分，对于生产数字孪生，《数字孪生实战：基于模型的数字化企业（MBE）》[85]一书有更为详细的介绍。

提到柔性生产，我们还要回到 Hackrod 提出的"工厂社交网络"概念上，因为这个概念从群体的维度刻画了柔性生产的未来。试想当全球各地的工业企业都通过一个社交网络连接起来时，人们就可以通过正当授权访问全球的设计和生产资源。不管设计者是谁或者在哪里，最终的消费者可以智能地抓取距离自己最近的生产厂家来提交订单，最大限度地缩减运输成本，提高产品落地效率。该生产商同样可以访问目标设计资源，保证设计生产的一致性。这样就真正地实现了"Connect globally, manufacture locally"[76]的愿景。

打通制造瓶颈的另一个关键点就是基于模型的增材制造（3D打印），特别是大型金属增材制造，近年来已经成为材料制备科学和先进制造技术学科领域的国际前沿研究和竞争热点之一。增材制造是深度实现柔性生产的首选制造技术，尤其是进行创成式设计时，传统减材制造方案往往无法实现，必须通过增材制造进行。但是增材制造也面临着"大尺寸高精度"的挑战，一个解决方法是多轴混合增材制造技术。通过将增材制造与传统减材制造集成到一台机床上，可以结合减材制造的精度和增材制造的灵活性，使以往难以想象的生产工艺成为可能，比如无支撑打印、多元材料打印等。特别是在航空航天和国防工业领域，经常生产一次性制造的产品，并使用高度复杂的零件，混合增材制造具有十分重要的意义。本章提到的 La Bandita 底盘就是通过这种混合增材制造的方式打印出来的。该项目的领导者 Slade Gardner 建立了 Big Metal Additive，专门致力于大尺寸金属部件的混合增材制造。如图 8-9 所示，Big Metal Additive 采用电弧增材制造技术（Wire Arc Additive Manufacturing，WAAM），直接在空气中打印铝制部件，并使用五轴 CNC 机床加工每个沉积层，去除表面的氧化、污染物和碎屑，留下理想的表面构建下一层。该过程背后包含着复杂的拓扑优化、热力分析、工具运动控制等，也必须依托基于模型的 PSE 和 PLM 平台，才能真正实现高效的自动化生产流程。

图 8-9　Big Metal Additive 混合增材制造[86]

在本书的第 7 章中，我们讨论了基于数字线程的端到端闭环质量管理，强调了质量流程的统一、标准化以及信息数据共享，但没有详谈质量过程中的智能化体现。机器学习在智能质量管理方面将起到重要作用，事实上，当下已经有很多这样的案例，通过训练机器学习模型判断产品缺陷，辅助或替代传统的质量检测仪器或人工质检，实现"智能增强"（IA）。例如，奥迪就在尝试使用机器学习程序进行板材裂缝检测。当下的光学检测系统每次生产一个新部件，都需要人工对摄像头进行重新配置。而通过卷积神经网络（CNN）算法对大量已有图片进行识别和判断，则可以获得自动检测模型，实时报告部件缺陷信息并做出决策[87]。在一些极端的生产环境下，如高温高压铸造过程，无法在关键位置布置传感器来测量质量参数，但是通过引入机器学习模型，可以根据外围较容易获取的数据预测极端生产环境下的部件质量或性质，给出产品不合格的概率。对于高概率不合格的产品，就没有必要进行下一步的质检了。所以说机器学习能够节约质检设备成本，提高质量管理效率。

在高效的生产流水线上，有很多质量检测需要在几分钟甚至几秒钟的时间段内进行，因为它们将会影响接下来的生产步骤。这里机器学习的优势更为明显：虽然训练模型时往往需要几周甚至几个月的时间搭建训练集，但是在真正使用模型进行预测时，只要根据计算体量和计算资源合理分配云端和边缘计算，就能够实现实时智能判断，在工厂底层完成现场决策，不仅高效，还比人工判断更加准确，体现了智能生产系统自学习、自适应的能力。

将机器学习模型预测的结果返回产品和生产数字孪生，可以不断进行产品和工艺流程的优化迭代；结合仿真模拟和实际测量数据，还可以持续训练优化模型，不断提升机器学习模型的准确性，形成数据闭环。这个闭环通过基于云的工业物联网平台实现，直接体现了数据探索科学的巨大作用和潜力。下一节我们将进一步展开这个闭环。

8.3.3 数据闭环

数据的采集和整理（curation）

虽然数字孪生是工业第四范式下的核心和枢纽，但是数字孪生决不能脱离物理世界存在，而连接物理世界与数字孪生的第一步就是先进传感技术。未来传感器的发展具有微型化、可移动化、集成化和智能化的趋势，低成本、低功耗的微型嵌入式传感器不断普及，有关产品状态、缺陷的参数（如温度、压力、蠕变、裂缝）和相关工具设备的参数（转速、功耗等）以及所有与之相关的环境参数（温度、湿度、污染物排放等）都可以被捕捉，从而构建起庞大的拓扑结构可变的传感器网络。网络中的每个传感器节点都具有四个功能模块：传感模块、电源模块、微处理器模块和无线通信模块。针对不同应用场景，还可能添加不同的增强功能模块。微处理器能够实现一定程度的逻辑判断、功能计算和自检自校功能。在大数据时代，将原始数据直接上传到数据库再进行处理分析，这从时间和硬件资源上都是不可行的，比如飞机的一次飞行就可能产生 5～8TB 的数据，其中还存在数据异常或缺省。这时就必须在数据闭环的底端处理这些庞杂的原始数据，有意义的原始数据存储在本地，经过智能传感器整理的数据传送到云端数据库，提升大数据的处理速度和效率。无线通信模块利用蓝牙、Wi-Fi、GPS 以及 5G 等技术进行相互通信并管理多媒体传感器信号，减少线路的影响，避免极端环境下的人工操作。

除了产品及周边环境的传感器数据之外，还需要收集控制器和 ERP、MES 等企业管理系统的数据；除了制造商数据，还有供应商和客户数据等。它们遵循统一的通信协议（如 ZigBee），实现多种不同数字设备相互间的无线组网、相互通信或者接入因特网，如图 8-10 所示。

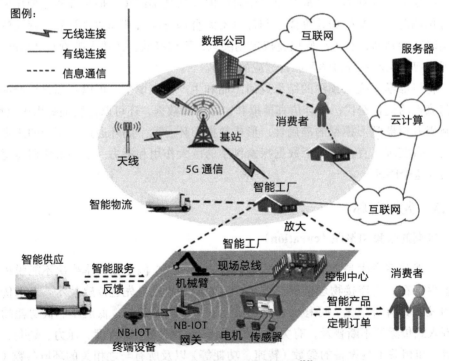

图 8-10　典型的工业网络架构[88]

数据分析

根据不同需求，经过整理的数据或存储于本地数据库，或上传到网络数据库共享分析。这也是最能体现工业物联网互操作性（interoperability）的过程。

要想使物联网真正成为开放互通的平台，数据交换和设备管理必须标准化，比如工业数据交换有 OPC-UA、软件版本控制，生命周期管理有 OSGi 框架等。

而云计算、雾计算和边缘计算可以为数据探索提供计算基础设施。本书第 1 章介绍了分布式计算和云计算的概念；而雾计算可以理解为本地化的云计算，和云相比，数据分析处理更接近边缘设备，其最早是为了应对黑客而提出的，现在在工业物联网的构建中成为有效分散计算分析能力同时提高分析效率的一个重要计算层次。边缘计算则是利用靠近数据源头的边缘设备来完成计算分析，根据数据规模、实时性、安全性等方面的要求，云、雾和边缘计算分别处理不同层次的数据分析任务。比如，工厂中的能耗监控和优化可以通过传感器、PC 等终端实现；而自动库存管理系统涉及供应链中的多个工厂和仓库，多位置的材料、设备和供应水平的监测和平衡就可以通过构建雾计算层进行，在合适的节点自动触发订单。云计算层进而得以集中性能强大的服务器进行企业或更高层面的复杂分析。通过三种计算层次的合理分配，数据探索得以有效分散计算资源，充分利用计算能力，兼顾大数据体量的挑战和时效性、灵活性的要求。

云、雾和边缘计算保障了基础计算能力，而针对某个具体问题的分析则需要大数据、高精度物理模型和基于机器学习的数据驱动模型三者结合，如图 8-11 所示，形成一种混合式的分析建模方法（Hybrid Analysis and Modeling，HAM）[89]。产品和制造数字孪生已经系统地整合了高精度的物理模型和部分数据驱动模型，再结合产品或系统运营过程中产生的大量数据，所构建的 HAM 既拥有物理建模方法的可解释性和可靠的理论基础，同时还具有机器学习或人工智能算法的高效性、准确性以及自动识别能力。

伴随着数字孪生而来的是网络安全方面的隐忧。由于 IIoT 上连接了成千上万的设备，需要抵御外部环境（如电源、温度等）对传感器和网络的干扰，需要保证相邻设备间不发生未授权的信息交互，需要保证数据传输过程不被有意或无意的干扰篡改等。同时由于数字孪生极大程度上"克隆"了真实的物理对象，一旦黑客获取了数字孪生的信息，他们就能以此为蓝本轻易了解真实产品或系统的内部信息，威胁到相关的企业。2019 年一项对 220 位工业领域安全负责人的调研显示，79% 的组织都在一年内遭受过针对物联网的网络攻击[90]，可见工业物联网网络安全的紧迫性。在抵御外来攻击的同时，保证平台上的不同用户能够无阻碍地获取授权信息也是同样重要的,否则工业物联网带来的种种便利都将大打折扣。美国工业互联网联盟(IIC)发布了其制定的工业互联网安全框架"Industrial Internet of Things Volume G4: Security Framework"(IISF)[91],包含六个相互关联的功能模块:四个核心安全功能模块块,即端点保护、通信和连接保护、安全监测和分析以及安全配置管理;以及数据保护层、安全模型和策略。这些安全功能模块端到端地部署在从边缘到云端的整个物联网上,由 IT 和 OT 技术互相连接并提供支持。

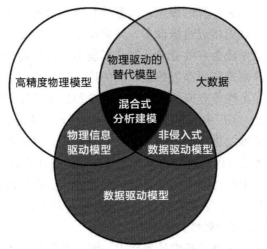

图 8-11　混合式分析建模:物理模型、数据驱动模型和大数据的交叉 [89]

在 Web 3.0 时代,用户与计算机之间深度的数据信息交互必然会带来更多的隐私性问题;当所有人和计算机都连接起来后,服务变得民主化,那么保护用户的隐私安全也必将民主化,或者说去中心化。这就要靠新一代的区块链技术,用户的数据信息不再像 Web 2.0 时代那样存储在集中的服务器上,而是通过去中心化的加密协议,分散存储在多个网络节点上。

数据支持决策

前文介绍了在设计和制造过程中基于数字孪生的数据探索所能起到的巨大作用,同样,数据探索也能支持产品或复杂装备系统的智能运营,主要作用体现在实时优化以及早期预警和预见性维护两个方面。

● 实时优化。复杂装备系统的运营过程经常产生实时性要求非常高的数据,一旦产生就必须被迅速采集分析,甚至需要马上做出决策;一旦延迟,该部分数据就会失去使用价值。这类数据称为快数据。例如在活跃的电力市场中，燃料及电力价格可能产生大幅波动，传统的人工调控方式很难及时根据市场情况合理调控发电，结合燃料、电路数字孪生以及在过往电力市场数据上训练得到的机器学习模型，可以构建高级控制软件以实现调度优化，电厂运营商可以实时响应市场变化，做出短期和长期的经济调度决策；在适当的市场条件下，燃机电厂还可以通过峰燃动态"存储"和增加发电量，从而在相同的运行区间内使利润最大化。

类似的例子还有智能楼宇的环境调控、工厂或住宅的节能减排等，都需要充分发挥上一节说到的混合式分析建模，达到比现有控制手段更稳定、更灵敏的响应。

- 早期预警和预见性维护。复杂设备或系统的意外停机总会带来经济损失、人力浪费甚至安全问题。意外停机的原因复杂，比如操作偏离原来的设定、组件失效、设备之间产生不利的相互作用等。比如在铣削分割 PCB 元件的过程中，铣削产生的粉末会导致铣床主轴的不正常运行，起初人们不知道问题的原因，如何预防也就无从谈起。而在西门子安贝格电子工厂（EWA）中，工程师分离出了与非计划性停机存在明显关联的两组参数——铣床主轴的转速以及驱动所需电流。将这些数据输入一台边缘设备，预先训练的算法可以识别出过程数据中存在的异常与停机时间之间的相互关系，工作人员可以通过 Performance Insight 应用程序在云端查询结果，并可以提前 12 到 36 小时收到对可能出现的系统故障的提醒，据此及时采取相应措施。

8.4 从芯片到城市

罗马不是一天建成的，围绕数字孪生的智能工业也需要循序渐进的、系统性的、持续性的努力。IIC 发布的工业数字孪生白皮书中，把能够单独产生价值而不需要进一步细分的单体称为单元数字孪生（discrete digital twin）[92]。仍以智慧交通为例，一台电机、一个变速箱或者自动驾驶芯片就是一个单元数字孪生；随着各组件被制造出来并组装成整车，产品的各个单元数字孪生和制造数字孪生组合在一起；在车辆投入使用后，运营数字孪生也加入其中。在这个过程中，数字孪生的规模不断扩大，信息量、复杂程度和实时性不断提升，数据探索的作用也越来越强大。再引入交通系统、城市规划、能源环境等更高级别的数字孪生和企业之间的"工业社交网络"，最终呈现的是一个智慧互联的数字城市。每个阶段的数据通过基于云的工业物联网平台形成闭环，并与物理世界紧密关联，如图 8-12 所示。

对于企业自身来说，合理判断不同的数字孪生对公司业务而言非常重要，从关键业务的单元数字孪生开始逐步进行数据探索，使数字化和智能化转型的每一步都能为公司带来实际利益增长，形成可持续发展模式。重点是要贯彻基于模型的系统工程思想，使每个层级的数字孪生都具有可拓展性和互操作性。

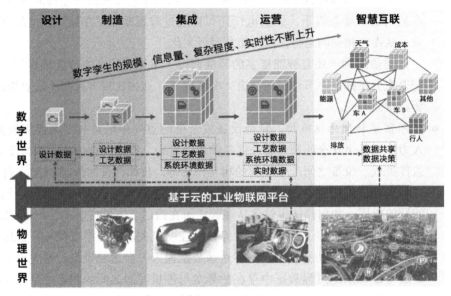

图 8-12　从单元数字孪生到城市级智慧互联

参考文献

[1] NASA. NASA Systems Engineering Handbook[M]. Washington：National Aeronautics and Space Administration，1995.

[2] 钱学森. 论系统工程 [M]. 长沙：湖南科技出版社，1982.

[3] 钱学森，于景元，戴汝为. 一个科学新领域——开放的复杂巨系统及其方法论 [J]. 自然杂志，1990，1：3-10.

[4] 张新国. 新一轮工业革命与中国航空工业的发展 [J]. 国际航空，2014（1）：16-19.

[5] INCOSE. INCOSE SE Vision 2020[R]. 2007.

[6] Clough, Ray W. The Finite Element Method in Plane Stress Analysis[C]. ASCE 2nd Conference on Electronic Computation，1960.

[7] 林雪萍. 仿真软件的鲨鱼时代——改变历史的并购 [EB/OL].（2018-08-28）[2020-01-09]. https://mp.weixin.qq.com/s/ldo5lFee6e1bDeYpFdxMcA.

[8] NASA. NASA-STD-7009 STANDARD FOR MODELS AND SIMULATIONS[S]. 2008.

[9] D Gelernter. Mirror Worlds[M]. Oxford：Oxford University Press，1991.

[10] 迈克尔·格里夫斯. 智能制造之虚拟完美模型：驱动创新与精益产品 [M]. 方志刚，等译. 北京：机械工业出版社，2017.

[11] E H Glaessgen，D S Stargel. The Digital Twin Paradigm for future NASA and U.S. Air Force Vehicles[C]. AIAA，2012.

[12] T S Kuhn. The Structure of Scientific Revolutions[M]. Chicago：University of Chicago Press，1962.

[13] J Gray. A Transformed Scientific Method[C]. National Research Council and Computer Science and Telecommunications Board (NRC - CSTB)，2007.

[14] Tony Hey, Stewart Tansley, Kristin Tolle. The Fourth Paradigm: Data-Intensive Scientific Discovery[M]. Redmond：Microsoft Research，2009.

[15] Viktor Mayer-Schönberger, Kenneth Cukier. Big Data: A Revolution That Will Transform How We Live，Work，and Think[M]. Oxford：Oxford University Press，2015.

[16] A M Turing. Computing Machinery and Intelligence[J]. Mind，New Series，1950，59：236.

[17] Grosz, J Barbara. One Hundred Year Study on Artificial Intelligence (AI100) [M]. San

Francisco: Stanford University, 2016.

[18] N J Nilsson. Understanding Beliefs[M]. Massachusetts: The MIT Press Essential Knowledge series, 2014.

[19] Daniela Girimonte, Dario Izzo. Intelligent Computing Everywhere: Artificial Intelligence for Space Applications[M]. London: Springer, 2007.

[20] United States Department of Defense. Digital Engineering Strategy[R]. 2018.

[21] R Gold. Digital Engineering in Complex Systems: From Leadership Understanding Through Application[R]. 2017.

[22] O Tabaste, C Campguilhem. Thermal Trade Off Sustained by Multi-Disciplinary and Multi-Level Optimization[C]. ECCOMAS Congress, 2016.

[23] European Union. Final Report - VIVACE (Value Improvement through a Virtual Aeronautical Collaborative Enterprise)[R/OL].（2011-04-14）[2019-11-18]. https://cordis.europa.eu/project/id/502917/reporting.

[24] Crescendo Consortium. Publishable summary: Collaborative and Robust Engineering using Simulation Capability Enabling Next Design Optimisation[R/OL].（2014-07-08）[2019-11-20]. https://cordis.europa.eu/project/id/234344/reporting/fr.

[25] P Coleman. Behavioural Digital Aircraft (BDA) for simulation in collaborative product development[C]. MSC 2013 Users Conference, 2013.

[26] European Commission. Clean Sky at a Glance, Bringing Sustainable Air Transport Closer[EB/OL].（2012-02）[2019-11-20]. http://ec.europa.eu/research/jti/pdf/cleansky_at_a_glance.pdf.

[27] 鲁百年. 创新设计思维：设计思维方法论以及实践手册[M]. 北京：清华大学出版社，2015.

[28] R H Mckim. Experiences in Visual Thinking[M]. 2nd ed. Boston: Cengage Learning, 1980.

[29] P G Rowe. Design Thinking[M]. Cambridge: MIT Press, 1991.

[30] E Crawley, B Cameron, D Selva. SyStem Architecture: Strategy and Product Development for Complex Systems[M]. New York: Pearson Education Limited, 2015.

[31] R D Arnold, J P Wade. A Definition of Systems Thinking: A Systems Approach[C]. 2015 Conference on Systems Engineering Research, 2015.

[32] 国际系统工程学会（INCOSE）. 系统工程手册：系统生命周期流程和活动指南[M]. 张新国，译. 北京：机械工业出版社，2017.

[33] B Richmond. Systems Dynamics/Systems Thinking: Let's Just Get On With It[C]. International Systems Dynamics Conference, 1994.

[34] 圣吉. 第五项修炼：学习型组织的艺术与实践 [M]. 张成林，译. 北京：中信出版社，2018.

[35] Jamshid Gharajedaghi. Systems Thinking: Managing Chaos and Complexity-A Platform for Designing Business Architecture[M]. 3rd ed. New York：Elsevier，2011.

[36] D Long，Z ScottBlacksburg. A Primer for Model-Based Systems Engineering[M]. 2nd ed. Virginia：Vitech Corporation，2011.

[37] R J Halligan. Description of the Wedge Model[R]. Project Performance International Pty Ltd，2013.

[38] 钱学森. 再谈开放的复杂巨系统 [J]. 模式识别与人工智能，1991，4（1）：1-4.

[39] 中国航天系统科学与工程研究院研究生管理部，中国航天社会系统工程实验室. 系统工程讲堂录：中国航天系统科学与工程研究院研究生教程：第二辑 [M]. 北京：科学出版社，2014.

[40] 许晓明，高岩，车宏安. 钱学森系统科学思想的形成和发展 [J]. 上海理工大学学报，2011，33：569-593.

[41] 维纳. 控制论：或关于在动物和机器中控制和通信的科学 [M]. 郝季仁，译，北京：科学出版社，1985.

[42] 钱学森，宋健. 工程控制论：上册 [M]. 3 版. 北京：科学出版社，2011.

[43] 涂序彦，王枞，郭燕慧. 大系统控制论 [M]. 北京：北京邮电大学出版社，2005.

[44] M I Jordan. Artificial Intelligence: Perspectives and Challenges[C]. NSB Meeting，2018.

[45] M I Jordan. Artificial Intelligence—The Revolution Hasn't Happened Yet[EB/OL].（2019-07-01）[2019-07-02]. https://hdsr.mitpress.mit.edu/pub/wot7mkc1.

[46] NDIA Systems Engineering Division M&S Committee. Final Report of the MBE Subcommittee[R]. 2011.

[47] C/S2ESC - Software & Systems Engineering Standards Committee. IEEE Standard for Application and Management of the Systems Engineering Process：IEEE Std 1220[P]. 2005-03-20.

[48] ISO/IEC/IEEE International Standard. Systems and software engineering - Life cycle processes -Requirements engineering：Patent ISO/IEC/IEEE 29148[P]. 2011.

[49] P Roques. Systems Architecture Modeling with the ARCADIA Method[M]. London：ISTE Press Ltd，Elsevier Ltd，2018.

[50] M Eigner，T Dickopf，H Apostolov，et al. System Lifecycle Management: Initial Approach for a Sustainable Product Development Process Based on Methods of Model Based Systems Engineering[C]. PLM 2014，IFIP AICT 442，2014.

[51] S Friedenthal，A Moore，R Steiner. A Practical Guide to SysML: The Systems Modeling

Language[M]. 2nd ed. Waltham: Morgan Kaufmann/OMG Press, 2012.

[52] L Delligatti. SysML distilled : a brief guide to the systems modeling language[M]. New York: Pearson Education, 2013.

[53] P Roques. MBSE with the ARCADIA Method and the Capella Tool[C]. 8th European Congress on Embedded Real Time Software and Systems, 2016.

[54] 施特赖歇特, 特劳布. 汽车电子/电气架构——实时系统的建模与评价 [M]. 张英红, 译. 北京: 机械工业出版社, 2017.

[55] 杜功焕, 朱哲民. 声学基础 [M]. 3 版. 南京: 南京大学出版社, 2014.

[56] Cai, et al. Low-Vibration Design of Switched Reluctance Motors for Automotive Applications Using Modal Analysis[J]. IEEE Transactions on Industry Applications, 2003, 39 (4): 971-977.

[57] F Chauvicourt, C Faria, A Dziechciarz, et al. Infuence of rotor geometry on NVH behavior of synchronous reluctance machine[C]. Tenth International Conference on Ecological Vehicles & Renewable Energies, 2015.

[58] O B Ozdoganlar, B D Hansche, T G Carne. Experimental modal analysis for microelectromechanical systems[J]. Experimental Mechanics, 2005, 45 (6): 498-506.

[59] F D Santos, J Anthonis, F Naclerio, et al. Multiphysics NVH Modeling: Simulation of a Switched Reluctance Motor for an Electric Vehicle[J]. IEEE Transactions on Industrial Electronics, 2014, 61 (1): 469-476.

[60] J C Samin, O Brüls, J F Collard, et al. Multiphysics modeling and optimization of mechatronic multibody systems[J]. Multibody System Dynamics, 2007, 18 (3): 345-373.

[61] E Lourens, E Reynders, G D Roeck, et al. An augmented Kalman filter for force identification in structural dynamics[J]. Mechanical Systems & Signal Processing, 2012, 27: 446-460.

[62] F Naets, J Cuadrado, W Desmet. Stable force identification in structural dynamics using Kalman filtering and dummy-measurements[J]. Mechanical Systems & Signal Processing, 2015, 50-51: 235-248.

[63] J S Hwang, A Kareem, W J Kim. Estimation of modal loads using structural response[J]. Journal of Sound & Vibration, 2009, 326 (3-5): 522-539.

[64] H V d Auweraer, J Anthonis, S D Bruyne, et al. Virtual engineering at work: the challenges for designing mechatronic products[J]. Engineering with Computers, 2013, 29 (3): 389-408.

[65] 宋少云, 李世其. 多场耦合问题求解策略的研究 [EB/OL]. (2005-06-27) [2020-02-12].

http://www.paper.edu.cn/releasepaper/content/200506-146.

[66] H Matthias. An efficient solver for the fully coupled solution of large-displacement fluid-structure interaction problems[J]. Comput. Methods Appl. Mech. Engrg., 2004, 193: 1-23.

[67] E Walhorn, A Kolke, B Hubner, et al. Fluid-structure coupling within a monolithic model involving free surface flows[J]. Computers and Structures, 2005, 83: 2100-2111.

[68] C Felippa, K Park. Synthesis Tools for Structural Dynamics and Partitioned Analysis of Coupled Systems[C]. Proc. NATO-ARW Workshop on Multi-physics and Multiscale Computer Models in Non-linear Analysis and Optimal Design of Engineering Structures Under Extreme Conditions, 2004.

[69] Y H Park, K Park. Anchor Loss Evaluation of MEMS Resonators - I: Energy Loss Mechanism through Substrate Wave Propagation[J]. Journal of Micro-electromechanical Systems, 2004, 13（2）: 238-247.

[70] 段宝岩，宋立伟. 多物理场场耦合问题的建模与求解[C] // 庆祝中国力学学会成立50周年暨中国力学学会学术大会'2007论文摘要集（上），2007.

[71] G P Guruswamy. A review of numerical fluids/structures interface methods for computations using high-fidelity equations[J]. Comput. Struct., 2002, 80: 31-41.

[72] AIA. Life Cycle Benefits of Collaborative MBSE use for Early Requirement Development[R]. 2016.

[73] P Embry. Digital Tapestry[Z]. Lockheed Martin Space Systems Company, 2016.

[74] Hackrod, Inc. Hackrod Official Website[Z/OL].（2019）[2020-03-06]. https://www.hackrod.com/.

[75] Slipstream. Presenting Hackrods La Bandita at Unreal Build Munich '18[Z/OL].（2019-05-03）[2020-03-13]. https://www.youtube.com/watch?v=KMZoDgha5W0.

[76] CXOTALK. Siemens PLM and Hackrod with Mouse McCoy - CxOTalk[Z/OL].（2019-07-14）[2020-03-06]. https://www.youtube.com/watch?v=v__qoJsAs48.

[77] R Reuland. Racing toward a revolution, hackrod designs the first fully 3D printed bespoke speedster[EB/OL].（2018-03-25）[2020-03-25]. https://www.designboom.com/technology/la-bandita-3d-printed-car-hackrod-03-24-2018/.

[78] TCT group, Hackrod. How 20th century Hot Rodding is shaping 21st century industry[Z/OL].（2017-22-28）[2020-03-24]. https://www.youtube.com/watch?v=E_NuTLdJ7AQ.

[79] R Ahmed. La Bandita: Siemens Automotive Project Uses Hybrid Manufacturing[EB/OL].（2018-09-19）[2020-03-25]. https://3dprinting.com/news/la-bandita-siemens-automotive-project-uses-hybrid-manufacturing/.

[80] K Nath, S Dhar, S Basishtha. Web 1.0 to Web 3.0 - Evolution of the Web and its various challenges[C]. 2014 International Conference on Reliability Optimization and Information Technology (ICROIT), 2014.

[81] Research Hub. Web 1.0, 2.0 and 3.0 Application Architecture[EB/OL].（2015）[2020-04-06]. http://researchhubs.com/post/computing/web-application/web-1-2-and-3.html.

[82] T Berners-Lee, M Fischetti. Weaving the Web: Chapter 12[M]. San Francisco: Harper, 1999.

[83] R V Guha. Light at the End of the Tunnel[C]. International Semantic Web Conference 2013 Keynote, 2013.

[84] J Hendler. Web 3.0 Emerging[J]. Computer, 2009, 42（1）: 111-113.

[85] 梁乃明，方志刚，李荣跃，等. 数字孪生实战：基于模型的数字化企业（MBE）[M]. 北京：机械工业出版社，2020.

[86] A S Brown. Big Metal 3D Printing Startup Out of a Garage[EB/OL].（2019-11-12）[2020-03-25]. https://www.asme.org/topics-resources/content/big-metal-3d-printing-startup-out-of-a-garage.

[87] Audi Media Center. Audi optimizes quality inspections in the press shop with artificial intelligence[EB/OL].（2018-10-15）[2020-04-02]. https://www.audi-mediacenter.com/en/press-releases/audi-optimizes-quality-inspections-in-the-press-shop-with-artificial-intelligence-10847.

[88] L JianQiang, Y Richard, D Genqiang, et al. Industrial internet: A survey on the enabling technologies, applications, and challenges[J]. IEEE Communications Surveys & Tutorials, 2017, 19（3）: 1504-1526.

[89] A Rasheed, O San, T Kvamsdal. Digital Twin: Values, Challenges and Enablers from a Modeling Perspective[J]. IEEE Access, 2020, 8: 21980-22012.

[90] M Hearn, S Rix. Cybersecurity Considerations for Digital Twin Implementations[R/OL].（2019-11）[2019-12-30]. https://www.iiconsortium.org/news/joi-articles/2019-November-JoI-Cybersecurity-Considerations-for-Digital-Twin-Implementations.pdf.

[91] S Schrecker, H Soroush, J Molina. Industrial internet of things volume G4: security framework[R/OL].（2016-09-19）[2019-12-21]. https://www.iiconsortium.org/pdf/IIC_PUB_G4_V1.00_PB.pdf.

[92] Industrial Internet Consortium Digital Twin Interoperability Task Group. Digital Twins for Industrial Applications: Definition, Business Values, Design Aspects, Standards and Use Cases[R/OL].（2019-11）[2019-12-30]. https://www.iiconsortium.org/news/joi-articles/2019-November-JoI-Digital-Twins-in-Industrial-Applications.pdf.